Matthias Koch

Torsten Mattuschka
Kultkicker mit Herz und Plauze

MATTHIAS KOCH

TORSTEN MATTUSCHKA

KULTKICKER MIT HERZ UND PLAUZE

VERLAG DIE WERKSTATT

Bibliografische Information der Deutschen Nationalbibliothek:
Die Deutsche Nationalbibliothek verzeichnet diese Publikation
in der Deutschen Nationalbibliografie; detaillierte bibliografische
Daten sind im Internet über http://dnb.d-nb.de abrufbar.

Auch als E-Book erhältlich: ISBN 978-3-7307-0328-1

Copyright © 2017 Verlag Die Werkstatt GmbH
Lotzestraße 22a, D-37083 Göttingen
www.werkstatt-verlag.de
Alle Rechte vorbehalten
Umschlagabbildungen: Matthias Koch
Satz und Gestaltung: Die Werkstatt Medien-Produktion GmbH
Druck und Bindung: Westermann Druck Zwickau

ISBN 978-3-7307-0327-4

Inhalt

„Sein Trikot hat bei mir einen Ehrenplatz"......................7
Vorwort von Christoph Kramer

Und dann war „Tusche" auf einmal weg 9
Vorwort von Matthias Koch

Kapitel 1
Geburt und erste Jahre in Cottbus und Umgebung...............11
1980 bis 1985

Kapitel 2
In Merzdorf fing alles an....................................16
1985 bis 1988

Kapitel 3
Zur BSG Energie und Rauswurf beim FC Energie.................23
1988 bis 1996

Kapitel 4
Wilde Jahre in Merzdorf und Dissenchen.......................29
1996 bis 2001

Kapitel 5
Zurück bei Energie...40
2001 bis 2004

Kapitel 6
Neue Heimat 1. FC Union......................................56
2004 bis 2007

Kapitel 7
Auf Bewährung bei Uwe Neuhaus................................66
2007 bis 2010

Kapitel 8

Familienvater – Kapitän – Derbyheld 78
2010 bis 2012

Kapitel 9

Vereinsikone und Topscorer 96
2012 bis 2014

Kapitel 10

Abgang mit Nebengeräuschen 110
2014

Kapitel 11

Zurück zu den Wurzeln 127
2014 bis 2016

Kapitel 12

Letzte Ausfahrt Altglienicke 140
Ab Sommer 2016

Kapitel 13

Der Blick in die Zukunft................................... 152
Heute

Kapitel 14

Die Lausbubengeschichten des Torsten M..................... 164

Zahlen und Fakten... 176
Best of Mattuschka 182
Quellenverzeichnis... 188
Dank 189
Der Autor 190

„Sein Trikot hat bei mir einen Ehrenplatz"

Vorwort von Christoph Kramer

Da war ich also mit meinen 20 Jahren angekommen in der 2. Liga. Für mich so unerwartet wie wunderschön. Ich entwickelte ein sehr großes Interesse für alle Gegner und Mannschaften, mit denen wir uns mit dem VfL Bochum messen konnten. Anstatt der Champions League und Bundesliga schaute ich jetzt fast ausschließlich die 2. Liga, und das mit Begeisterung. Aber lassen wir das mit der überschwänglichen Einleitung …

Ja, ich muss zugeben, Torsten Mattuschka ist mir direkt aufgefallen. „Tusche" sah ich in einer meiner ersten Zweitliga-Konferenzen im TV – vermutlich an einem Sonntagnachmittag. Zwischen viel Hektik, noch mehr Kampf und teilweise Krampf stach „Tusche" doch deutlich heraus.

Vielleicht war er nicht mehr der Allerschnellste. Und böse Zungen würden behaupten, dass er zwei Kilogramm zu viel auf den Rippen hatte, aber er faszinierte mich trotzdem. Er war ein unfassbar spielintelligenter und begnadeter Kicker. Ich habe ihm einfach gern zugeschaut bei seinen Kreiseln, Drehungen, Raffinessen und Freistößen. Eine Idee hatte er immer, und er fand in der Regel auch die richtigen Lösungen.

Am fünften Spieltag der Saison 2011/12 spielten wir an der Alten Försterei gegen Union Berlin. Bei der 1:2-Niederlage erlebte ich dieses Stadion zum ersten Mal. Ich bekam Gänsehaut beim Einlaufen. Es ist einfach ein geiles Stadion. Ein zweites Mal Gänsehaut bekam ich bei einem Freistoß, zu dem „Tusche" antrat. Es muss eine ganz besondere Ehre sein, wenn Anhänger eines Klubs wie Union Berlin dir ein eigenes Lied widmen. Das hat sich „Tusche" aber auch einfach verdient und erarbeitet.

Am 18. Februar 2012, einen Tag vor meinem 21. Geburtstag, kam es dann zum Rückspiel gegen Union in Bochum. Wir siegten mit 4:2. Sowohl „Tusche" als auch ich mussten in die Dopingkontrollen. Die sind immer sehr nervig, aber diese war mit Sicherheit die bisher angenehmste meiner Karriere. Als heimlicher Mattuschka-„Fan" lernte ich „Tusche" dabei ein wenig kennen.

Er zog Bier um Bier weg, damit es lief. Und wir kamen ins Plaudern. Er imponierte mir mit seiner Art. Er war total offen, sagte sowohl lustige als auch vernünftige Sachen. Und er interessierte sich auch für mich. Als junger Spieler fand ich das irgendwie cool. Seitdem mochte ich ihn noch mehr: fußballerisch sowieso, aber auch menschlich. Nach seinem Trikot zu fragen, kostete mich damals ein wenig Überwindung. Bis heute hat es einen Platz bei mir zu Hause. Aktuell über einer kleinen Bar.

Schade, dass „Tusche" nicht mehr zur besten Sendezeit in Liga zwei oder drei zu sehen ist. Sein Abgang bei Union war sicherlich nicht so, wie er es verdient gehabt hätte. Aber im Fußballgeschäft ist es manchmal so, dass es brutal schnelllebig zugehen kann.

„Tusche" wird dennoch seinen Weg finden und gehen. Fußballertypen wie er sterben leider nach und nach aus. Im von Normen geprägten Profigeschäft ist wenig Platz für Individualisten wie „Tusche", der eher weniger über Dynamik und Athletik kam. Deswegen bin ich froh, dass ich ihn sowohl auf als auch neben dem Platz erlebt habe.

Wir fingen alle mit dem Fußballspielen an, weil es uns Spaß gemacht hat. Verkörpert wird dieser Spaß bei den Profis sehr selten. „Tusche" hat man immer angesehen, dass er Spaß am Fußball hat, und deswegen hat er mich am Fernseher stets begeistert. Dafür Danke. Ehre ist natürlich ein großes Wort. Dennoch ist es mir eine kleine, dass ich das Vorwort zu diesem Buch schreiben durfte.

Viel Spaß beim Lesen wünscht Christoph Kramer.

Christoph Kramer wurde 2014 in Brasilien Weltmeister mit der deutschen Nationalmannschaft. Der 1991 in Solingen geborene Fußballer startete seine Profikarriere beim VfL Bochum. Seit 2013 spielt er – unterbrochen von einer Saison bei Bayer Leverkusen – bei Borussia Mönchengladbach.

© Matthias Koch

Und dann war „Tusche" auf einmal weg

Vorwort von Matthias Koch

Es muss im Spätherbst 2013 gewesen sein. Da standen einige Reporterkollegen und ich mal wieder in der kleinen Zuschauerbox am Trainingsplatz des 1. FC Union Berlin gleich neben dem Stadion An der Alten Försterei. Wir hatten gerade mit Torsten Mattuschka über eines seiner 299 Pflichtspiele für die Eisernen gesprochen. Mattuschka reicherte das Pool-Interview wie immer mit der einen oder anderen witzigen Aussage an. Zum Abschied sagte er zu den Medienvertretern traditionell: „War es das, Jungs? Dann Sport frei, Jungs!" Alle lachten. Die Sätze Mattuschkas – egal über wen und zu welchem Thema – waren praktisch schon druckreif.

Die meisten Journalisten kannten Mattuschka seit Jahren. Er galt inzwischen als das Gesicht des Vereins. Der immer etwas füllig wirkende Mittelfeldspieler, den es so nicht im Katalog gab, war zum populärsten Unioner aufgestiegen – spätestens nach dem Weggang von Karim Benyamina und Mattuschkas Freistoßtreffer zum 2:1-Sieg gegen Hertha BSC im Berliner Olympiastadion, der im Februar 2011 die historische Stadtmeisterschaft sicherte.

Als Kapitän der Mannschaft übernahm Mattuschka in dieser Zeit stets Verantwortung. Wenn sich andere Spieler nach Niederlagen wegduckten, konnte man sich auf Aussagen von Mattuschka immer verlassen. Er war auch selbstkritisch und erschien nur in absoluten Ausnahmefällen nicht in der Mixed Zone oder zum Smalltalk nach dem Training. Geschichten mit oder über Mattuschka wurde ich als freier Journalist und Fotograf bei fast jeder Zeitung los – egal, ob es um den nächsten Gegner oder den Weltfrieden ging.

Die Medienvertreter, die bei Union mit Mattuschka zu tun hatten, machten sich Ende 2013 aber schon ein bisschen Sorgen. Irgendwann würde der Tag kommen, an dem sich die Wege der Köpenicker und Mattuschka trennen sollten. Verlässliche Aussagen mit solch großem Stellenwert würde es dann vorläufig nicht mehr geben.

Niemand konnte zu diesem Zeitpunkt ahnen, dass Mattuschka bereits Ende August 2014 fluchtartig zu Energie Cottbus wechseln würde. Das Ende der Trainer-Ära von Uwe Neuhaus überlebte er nur wenige Monate. Dass er 2013/14 mit jeweils zwölf Toren und Vorlagen Topscorer der 2. Bundesliga gewesen war, nutzte ihm nichts mehr. „Tusche" war auf einmal weg.

Ich habe seinen Weg weiter verfolgt, erst bei Energie Cottbus, dann bei der VSG Altglienicke. Schon vor seinem Abschied bei Union war das gemeinsame Buchprojekt mit Torsten Mattuschka längst besprochen. Nun ist es mit Hilfe des Verlags Die Werkstatt auch tatsächlich verwirklicht worden. Dabei kam mir als Autor zugute, dass ich ihn seit zwölf Jahren mit dem Stift und der Kamera in guten wie in schlechten Momenten bei Wind und Wetter „verfolgt" habe.

Das erste Foto von Mattuschka machte ich allerdings bereits am 30. April 2003, als ich Porträtaufnahmen der Amateurmannschaft von Energie Cottbus schoss. Den jungen Mann mit einem Piercing über dem rechten Auge kannte ich damals nicht persönlich. Das sollte sich nach seinem Wechsel zu Union im Sommer 2005 ändern. Wir führten bis heute unzählige Interviews und Telefonate. In meiner Bilddatenbank www.matzekoch.com gibt es inzwischen über 4.000 beschriftete Mattuschka-Fotos. Selbst private Momente des Fußballers – bei seinem Junggesellenabschied, seiner Hochzeit, einem seiner Umzüge oder dem Wiedereintritt ins Berufsleben nach dem Wechsel nach Altglienicke – durfte ich dokumentieren.

Ich habe bereits Vereinsbücher über Energie Cottbus (2004), den 1. FC Union (2013) und den FC Carl Zeiss Jena (2014) geschrieben. Eine Biografie ist für mich Neuland. Aber der „Fall" Mattuschka ist es den Versuch allemal wert, denke ich. Gespräche mit ihm, seiner Familie, Freunden und Weggefährten haben hoffentlich ein rundes Werk über den Kicker und Menschen Torsten Mattuschka entstehen lassen.

KAPITEL 1

Geburt und erste Jahre in Cottbus und Umgebung

1980 bis 1985

Cottbus, die DDR und die Welt am 4. Oktober 1980
Torsten Mattuschka wird rund neun Jahre vor dem Mauerfall in Cottbus in der DDR geboren. Deutschland ist seit über 30 Jahren in Ost und West geteilt. Der kalte Krieg zwischen den westlichen Staaten der NATO und den sozialistischen Ländern des Warschauer Paktes erlebt in dieser Zeit eine heiße Phase des Wettrüstens.

Cottbus gehört nicht zu den Epizentren der DDR. Bis zur polnischen Grenze sind es Luftlinie gerade einmal 23 Kilometer. Aber mit rund 100.000 Einwohnern ist es die Hauptstadt des Bezirkes Cottbus. Berlin, die Hauptstadt der DDR, ist gute 100 Kilometer entfernt, die Kulturstadt Dresden ungefähr 90. Das Gebiet um Cottbus gehört seit über zwei Jahrzehnten zu den wichtigsten Kohle- und Energielieferanten der DDR. Erholungsmöglichkeiten für Cottbuser bietet der Spreewald.

Am 4. Oktober 1980 scheint es prominente Fußballer geregnet zu haben. Neben Torsten Mattuschka in Cottbus erblicken auch Tomáš Rosický in Prag, Giovanni Federico in Hagen und Ahmed Madouni in Casablanca das Licht der Welt. Der tschechische Nationalspieler Rosický erlebte als Mittelfeldmann seine Glanzzeit bei Borussia Dortmund und dem FC Arsenal in London. Federico bestritt 59 Erst- und 160 Zweitligaspiele für den 1. FC Köln, den Karlsruher SC, Borussia Dortmund, Arminia Bielefeld und den VfL Bochum.

Mit Karlsruhe wurde der Deutsch-Italiener Federico zweimal Topscorer der 2. Bundesliga: 2005/06 (14 Tore / 8 Vorlagen) und 2006/07 (19 /14). Mattuschka schaffte dieses Kunststück 2013/14 mit dem 1. FC Union Berlin mit jeweils zwölf Treffern und Torvorbereitungen. Mit dem Franzosen Madouni, der in den 2000er Jahren bei Borussia Dortmund und Bayer Leverkusen unter Vertrag stand, spielte Mattuschka sogar zwischen 2010 und 2012 zusammen bei Union. Fast hätte Mattuschka Madouni in

Cottbus wiedergetroffen. Verteidiger Madouni kickte in der Rückrunde 2013/14 für Energie. Mattuschka kehrte im September 2014 nach neun Jahren bei Union in die Lausitz heim.

Zurück zum 4. Oktober 1980. Zum „Schlüpfen" hat sich Mattuschka einen Samstag ausgesucht. Das Wetter ist recht annehmbar. „Bei schwachen bis mäßigen Winden aus Südost bis Süd heiter, nachmittags zunehmend wolkig und nachfolgend Durchzug eines Regengebietes, Tageshöchsttemperaturen 16 bis 20 Grad, tiefste Nachttemperaturen 11 bis 8 Grad", vermeldet die *Lausitzer Rundschau*.

Das Fernsehen der DDR bietet an diesem Tag auf seinen beiden Kanälen die Klassiker jener Zeit an. Auf Fernsehen 1 läuft beispielsweise *Wir sprechen Russisch* (7.55 Uhr), *Bei Freunden zu Besuch – Russisch in Spielszenen* (8.25 Uhr), *Aktuelle Kamera* (9.25 Uhr und 19.30 Uhr), *Filmreport aus fernen Erdteilen – Mit polnischen Kameraleuten unterwegs* (13.30 Uhr), *Programmvorschau* (14.10 Uhr), *Flimmerstunde / Das Pferdemädchen* (14.15 Uhr), *Jugendklub* (16 Uhr), *Sport aktuell* (17.35 Uhr), *Das Sandmännchen* (18.50 Uhr) und *Fete Elysée – Melodien zum 100. Geburtstag von Jacques Offenbach* (20 Uhr). Vor dem Sendeschluss gibt es um 23.15 Uhr letztmals *Nachrichten*.

Fernsehen 2 startet erst am späten Nachmittag seinen Betrieb mit *Was – wann – wo?* (16.25 Uhr). Bevor die *Aktuelle Kamera* bereits am frühen Abend (21 Uhr) das Programm beendet, gehören *Alte Kriminalfälle: Zwischenfall am Donnerstag*, eine tschechoslowakische Fernsehserie (18 Uhr), *Phon – Eine Musikillustrierte mit viel Unterhaltung und Information* (19 Uhr) sowie *Sport am Abend – TSC-Boxturnier* (19.30 Uhr) zum Unterhaltungsprogramm an Mattuschkas Geburtstag.

Die Zeitungen der DDR berichten am 4. Oktober 1980 über den Sozialismus in seinem Lauf. Die Schlagzeilen in der *Lausitzer Rundschau* lauten „Einheimische Rohbraunkohle stärker direkt einsetzen", „30.000 Cottbuser Neubauwohnungen" oder „Alltag im Kapitalismus – Anti-EG-Demonstrationen".

Die *Berliner Zeitung* muss insgeheim etwas von der Geburt Mattuschkas geahnt haben. Sie schreibt prominent platziert über „Eine Schildkröte mit flotter Gangart". Es dreht sich dann aber doch nicht um Fußballerbeine, sondern um den Volkseigenen Betrieb (VEB) Berliner Schleifmittel.

Auf der sportlichen Schiene steht bei allen Zeitungen an diesem Tag die Auslosung der 2. Runde im Fußball-Europacup im Blickpunkt. „Pokalsieger Jena trifft auf Cupverteidiger FC Valencia", druckt *Neues Deutschland* über seinen Text. Im Landesmeister-Wettbewerb bekommt es der BFC Dynamo mit Baník Ostrava zu tun. Im UEFA-Pokal lauten die Paarungen mit DDR-Beteiligung Twente Enschede – Dynamo Dresden, AC Turin – 1. FC Magdeburg und VfB Stuttgart – Vorwärts Frankfurt/Oder.

Und wo und wie haben am ersten Wochenende im Leben des Torsten Mattuschka jene Mannschaften gespielt, deren Trikot er später einmal im Profibereich tragen wird? Der 1. FC Union Berlin siegt am 4. Oktober 1980 in der Staffel B der DDR-Liga bei Stahl Hennigsdorf vor 4.300 Zuschauern mit 6:2 und steht nach dem fünften Spieltag mit 8:2 Punkten hinter Chemie Schwedt auf Rang zwei.

Energie Cottbus gewinnt am selben Tag in der Staffel D der fünfstaffligen zweithöchsten Spielklasse im Stadion der Freundschaft vor 2.000 Fans gegen Motor Werdau mit 3:0. Energie führt die Tabelle mit 8:2 Zählern vor der TSG Gröditz (7:3) an. Die Cottbuser schaffen am Saisonende sogar zum dritten Mal in der Vereinsgeschichte den Aufstieg in die DDR-Oberliga.

Musikalisch ist in der Bundesrepublik Oliver Onions mit „Santa Maria" die Nummer eins, der vom 22. September bis 2. November 1980 die Hitparade anführt. Abgelöst wird er dann kurioserweise von der deutschen Fassung des Titels. Roland Kaiser thront mit ihm bis zum 7. Dezember 1980 ganz oben.

Der kleine Torsten ist da – der Vater bald weg

Am 4. Oktober 1980 kommt Torsten Mattuschka als zweites Kind der Familie im Bezirkskrankenhaus Cottbus auf die Welt, das 1991 in Carl-Thiem-Klinikum umbenannt wird. Der kleine Torsten, der nicht unbedingt ein Wunschkind ist, wiegt am Tag seiner Geburt 3.800 Gramm. Die Größe ist mit 52 Zentimetern überliefert. Die genaue Zeit seiner Geburt wusste Mattuschka bis ins Jahr 2016 hinein nicht. Aber Mutter Christa, 1958 in Tranitz geboren, konnte Abhilfe leisten. Um 8.40 Uhr beginnt an jenem 4. Oktober die Zeitrechnung ihres Sohnes.

Christa Mattuschka ist von Beruf Fleischermeisterin, Vater Horst, geboren 1955, als Rettungssanitäter unterwegs. Torsten hat eine Schwester Katja, die drei Jahre älter ist. Die Mattuschkas leben in Tranitz. „Da hatten meine Eltern die Gaststätte Wieder. Die gehörte Opa Heinz", erinnert sich Christa Mattuschka.

Die damals zum Kreis Cottbus-Land zählende kleine Gemeinde liegt im Lausitzer Tagebaugebiet. Das hört sich nicht nur nach großen Schaufelbaggern, Lärm und viel Dreck an. Das ist sogar das Todesurteil für das Dorf. Der Tagebau Cottbus-Nord, in dem erst 35 Jahre später im Dezember 2015 die letzte Kohle gefördert wird, schluckt schon bald nach der Geburt von Torsten Mattuschka auch Tranitz.

In den Jahren 1983 und 1984 wird der 1463 erstmals urkundlich erwähnte Ort vollständig abgebrochen. 171 Menschen müssen umgesiedelt werden. Einige zieht es nach Cottbus, andere in die nahegelegenen Dörfer Dissenchen und Merzdorf, die 1993 eingemeindet werden und dann zur Stadt Cottbus gehören.

Die Mattuschkas und ihre Vorfahren verlassen im Frühjahr 1982 Tranitz. Für die Großeltern Irmgard und Heinz Wieder († 2006), die Eltern von Christa Mattuschka, ist der Heimatverlust besonders schmerzlich. Sie verlieren das Haus, in dem Heinz Wieder aufgewachsen ist. Sie ziehen nach Merzdorf um. Die Familie des späteren Fußballprofis wird in Cottbus-Sachsendorf in der Bertolt-Brecht-Straße 7 heimisch. Die Vertriebenen erhalten vom Tagebau in einem Neubau mit elf Stockwerken eine Vier-Raum-Wohnung. „Wer kein Grundstück wollte, hat eine Wohnung bekommen", sagt Christa Mattuschka.

Im Umzugsjahr ist die Familie von Torsten Mattuschka noch komplett. Er geht in Cottbus-Sandow in den Kindergarten. Zwei Jahre später gibt es für die Geschwister Katja und den vierjährigen Torsten jedoch eine weitere gravierende Änderung. Die Eltern lassen sich im November 1984 scheiden. Weil der Vater auszieht, entscheidet sich Christa Mattuschka schließlich für eine kleinere Wohnung in der Bertolt-Brecht-Straße 18 in Sachsendorf. „Ich hätte mir das sonst nicht mehr finanziell leisten können", erinnert sie sich. Wieder geht es in eine Platte, diesmal vom Typ P2. Von nun an schmeißt Christa Mattuschka den Familienladen allein.

Opa Heinz wird nun quasi zum Ersatzvater des kleinen Torsten. Er spielt später auch eine entscheidende Rolle bei der sportlichen Entwicklung seines Enkels. Die Großeltern meinen es generell gut mit dem jüngsten Spross der Familie. „Opa hat mir manchmal einfach so 20 Mark gegeben und gesagt, dass ich Oma nichts sagen soll", berichtet Torsten Mattuschka. „Dann bin ich zur Oma gegangen. Die reichte auch 20 Mark rüber und sagte, dass ich Opa nichts sagen soll. Opa und Oma haben alles für mich gemacht."

Torsten Mattuschka verkauft Fahrräder

Mit seinem Erzeuger hat Torsten Mattuschka auch wegen der frühen Trennung der Eltern später kaum Berührungspunkte. „Zum Vater gibt es wenig Kontakt. So richtig gab es den nie. Zweimal war er im Verlauf meiner Profikarriere vielleicht im Stadion", erinnert sich Mattuschka. „Vom Vater hat er nicht viel mitbekommen", meint Christa Mattuschka.

Eines aber doch: einen ziemlich einprägsamen Nachnamen. Die Suchmaschinen spucken dazu einiges aus. 2002 wurden 35 Millionen Telefonteilnehmer in Deutschland erfasst. Dabei kam der Name Mattuschka 116-mal in 33 Landkreisen vor. Es gab 309 Personen mit diesem Nachnamen. Damit gehört er schon zu einem der selteneren. Mattuschka lag lediglich an Stelle 32.458 der häufigsten Nachnamen. Die meisten Menschen mit dem Familiennamen Mattuschka wurden in Cottbus gefunden. Der Name kam 18-mal im Telefonbuch vor.

Auf der Internetseite von *Das Örtliche* sind für Cottbus 2016 zwölf Mattuschkas erfasst. Und bitte nicht wundern, der Fahrradeinzelhandel „StadtRad" wird sogar von einem Menschen namens Torsten Mattuschka betrieben. Es handelt sich allerdings nur um einen Namensvetter des Kickers. „Der war in meiner Zeit bei Union sogar mal im Stadion An der Alten Försterei. Da hat er seinen Ausweis als Beweis vorgelegt", sagt Mattuschka. „Als wir noch in Cottbus gewohnt haben, kaufte ich in seinem Laden ein Fahrrad für meine Tochter Miley."

Auch andernorts lassen sich noch weitere Mattuschkas finden. „Der Name kommt in sorbischen Gebieten relativ häufig vor. In Drachhausen und Guhrow gibt es einige Mattuschkas", sagt die Mutter von Torsten Mattuschka.

KAPITEL 2

In Merzdorf fing alles an

1985 bis 1988

Sein Freund der Ball

Die Erziehung von Torsten Mattuschka fällt vermutlich nicht leicht. „Beim Mistbauen war ich immer weit vorne dabei. Ich habe Muttern einmal sogar Geld geklaut und damit meine Kumpels aus der Klasse auf den Rummel eingeladen. Da war ich vielleicht acht, neun Jahre alt. Mutter hatte immer Geld in einer Mon-Chéri-Büchse geparkt", berichtet Mattuschka.

Mama Christa findet das gar nicht gut, zumal sie erst einmal nach dem familieninternen Täter fahnden musste. „Torsten und ich sollten so lange in unserem Zimmer sitzen, bis es einer zugegeben hat", erzählt Schwester Katja. Torsten streitet erst einmal alles ab. Nachdem er dann doch mit der Sprache herausrückt, gibt es von der Mutter ein paar auf die Finger. Dabei will Torsten niemandem schaden. „Ich bin ein Typ, der gern einen ausgibt. Wir waren auf dem Rummel, sind Karussell gefahren und haben Lose gekauft", erinnert er sich.

Den Quatsch, den er als Erwachsener immer noch macht, kann er damals nicht immer in halbwegs elegante Bahnen wie heute lenken. „Scheiße hat Torsten früher schon gebaut. Er war kein einfaches Kind. Es ging sehr viel kaputt bei ihm", schaut Mama Mattuschka zurück. „Er hatte nur den Ball im Kopf. Häufig wurde bei uns geklingelt, weil Torsten an ein Auto geschossen hatte." Schwester Katja betont aber, dass ihr Bruder keinesfalls frech gewesen sei.

Am 29. August 1987 wird Torsten Mattuschka eingeschult. Bis zur sechsten Klasse besucht er die 30. Oberschule und spätere 11. Gesamtschule im Cottbuser Stadtteil Sachsendorf. Seine Liebe zum Fußball wird aber auf dem Dorf in Merzdorf gefördert. Dort ist er oft bei den Großeltern zu Besuch. Während seine Mutter häufig auch am Sonnabend arbeiten geht, um Torsten und seine Schwester Katja durchzukriegen, steuert Torsten Oma und Opa an. „Nach Merzdorf bin ich mit dem Fahrrad gefahren. Das hat schon eine halbe Stunde gedauert", berichtet

Mattuschka. Es geht meistens freitags nach der Schule los und am Sonntagabend wieder nach Sachsendorf zurück.

Die Begeisterung für den Fußball ist schon vorhanden. Opa Heinz erkennt das Talent und lenkt es in die richtigen Bahnen, ein bisschen wohl auch aus Selbstschutz. „Ich war schon damals so fußballverrückt, dass ich sogar beim Mittagessen mit der Pille unterm Tisch jonglierte. Um nicht ihr komplettes Geschirr den Bach runtergehen zu sehen, haben Oma und Opa mich dann lieber 1985 bei der BSG Aufbau Merzdorf angemeldet. Da war ich fünf Jahre alt", erzählt Mattuschka 2014 dem Magazin *11Freunde*.

Der 1952 gegründete Verein hieß zu DDR-Zeiten zunächst BSG Traktor Merzdorf und wird nach der Wende in SV Rot-Weiss Merzdorf 1952 umbenannt. Heute gibt es dort einen großen Rasenplatz, eine weitere kleine Grünfläche zum Trainieren und ein schmuckes Funktionsgebäude. Damals wie heute trennt eine Straße eine Längsseite des Sportplatzes von anliegenden Einfamilienhäusern. Früher sorgten Pappeln für etwas Lärm- und Sichtschutz, aber sie mussten in den 2000er Jahren gefällt werden. „Ihre Wurzeln haben irgendwann die Straße angehoben. Sie wuchsen auch ins Feld rein. Der Platz war eine Katastrophe", schaut Mattuschka-Kumpel Robert Zeitz zurück.

Spaß haben die Knirpse dennoch. Eine alte grüne Torwand mit weißen Löchern wird ohne Ende bearbeitet. Ab und an spielt und trainiert Mattuschka im Verein auch mit Älteren, weil er so viel Talent mitbringt. Sein erster Trainer ist Andreas Raack.

In Merzdorf findet Mattuschka Freunde fürs Leben. „Wir sind eine Truppe von zehn, zwölf Mann. Der richtig harte Kern besteht aus sechs oder sieben Leuten. Und das schon seit über 30 Jahren", sagt Mattuschka stolz. Der Kontakt reißt auch in den neun Jahren, in denen Mattuschka beim 1. FC Union in Berlin spielt, nie ab. Daniel Dubrau wird Silvester 2011 sogar Mattuschkas Trauzeuge bei der Hochzeit mit Susanne. Robert Zeitz hat einen Partykeller in Merzdorf. Dort schaut die Merzdorf-Gang regelmäßig Fußball – bevorzugt Champions-League-Spiele von Bayern München. Da ist die Torschnaps-Garantie besonders hoch, munkelt man. Die eine oder andere Nacht soll Mattuschka im Hause Zeitz im Partykeller auf der Couch verbracht haben ...

„Die Wurzeln gingen bis mitten auf den Sportplatz"
Interview mit Andreas Raack, Mattuschkas erstem Trainer

Andreas Raack stammt aus dem in den 1980er Jahren abgebaggerten Groß Lieskow und landete nach der Umsiedlung in Merzdorf. Beim heutigen Vorstandsmitglied des SV Rot-Weiss Merzdorf machte Mattuschka zwischen 1985 und 1988 seine ersten Schritte als organisierter Fußballer.

Herr Raack, Sie sollen der allererste Trainer von Torsten Mattuschka gewesen sein?
„Das ist so. Ich habe in Merzdorf früher immer die jüngsten Jahrgänge trainiert. Torsten hat mit knapp sechs Jahren bei mir angefangen. Mit sieben Jahren spielte er bereits in der Altersklasse, die heute der D-Jugend entspricht. Mindestens einen Jahrgang über seinem eigentlichen hat er aufgrund seiner Stärke immer mitgewirkt, bevor er 1988 zu Energie Cottbus gewechselt ist."

Heute heißt der Verein SV Rot-Weiss Merzdorf. Und wie 1985?
„Da war es die BSG Aufbau Merzdorf. Als deren Trägerbetrieb fungierte das Kalksandsteinwerk in Dissenchen. Die haben uns so lange unterstützt, wie es das Werk gab. Uns wurde ein Lkw der Marke W50 mit einem Personenkoffer gestellt. Mit dem sind wir auch zu Auswärtsspielen gefahren. Wohl bis zu Beginn der 1970er Jahre hieß der Verein Traktor Merzdorf. Mit der Wende wurde es der SV Rot-Weiss, weil Rot als Farbe auf den Trikots irgendwie immer dazugehörte. 1990 war Merzdorf noch eine eigenständige Gemeinde. Von der haben wir die ganze Sportanlage in Eigentum übernommen – das Gebäude und den Platz."

Dort sollen früher Pappeln an der Straße gestanden haben ...
„Ja, die waren riesengroß. Ich glaube, 2004 oder 2005 wurden die zwölf Pappeln gefällt. Sie haben einen Haufen Ärger gemacht. Als Flachwurzler suchten sie sich das Wasser. Die Wurzeln gingen bis mitten auf den Sportplatz und haben auch die anliegende Straße zerstört."

Die Rasenqualität war also nicht die beste, als Mattuschka hier in den 1980er und 1990er Jahren spielte?
„Der Platz war uneben. Durch das nahe Tagebaugebiet wurde mit der Absenkung des Grundwassers auch die Erde bewegt. Die unebene Rasenfläche ist ein anerkannter Bergbauschaden."

Wie sah es ungefähr aus, als der kleine Mattuschka mit dem Kicken bei Aufbau Merzdorf anfing?
„Es gab ein Rasengroßfeld und hinter einem Tor eine Schmirgelscheibe zum Trainieren. Dort gab es mehr Sand als alles andere."

Welche Erinnerungen haben Sie an die Anfangszeit?
„Torsten war ein sehr aufgeweckter Junge und zu allem Blödsinn bereit. Aber wenn man ihm einen Ball hingeschmissen hat, war es mit dem Quatschmachen vorbei. Dann zählte nur noch die Pille."

Wie bewerten Sie es, dass er es trotz etlicher Höhen und Tiefen in seiner Karriere bis in den Profifußball geschafft hat?
„Das kam für mich schon sehr überraschend, dass er das bei Energie unter Eduard Geyer hinbekommen hat. In Dissenchen spielte er in der 7. Liga und traute sich dann noch mal den Sprung zu. Wäre er einige Jahre früher zu Verstand gekommen, hätte er es vielleicht noch weiter gebracht."

Zwischenzeitlich spielte Mattuschka in der B- und A-Jugend noch mal zwei Jahre für Merzdorf. Wurde ihm der Wechsel zum Lokalrivalen nach Dissenchen übel genommen?
„Ein bisschen schon. Torsten hat in Dissenchen eine Malerlehre absolviert. Wir haben ihm in Merzdorf auch eine angeboten. Aber der Opa von Torsten hat sich dann für die Ausbildung in Dissenchen bei der Firma Laschke stark gemacht. Das war traurig für Merzdorf. Aber von uns aus hätte er den späteren Sprung zurück zu Energie nicht geschafft."

Stimmt es, dass Sie mit Torsten mehr oder weniger verwandt sind?
„Nicht wirklich. Ich bin quasi angeheiratet. Seine Mutter Christa und meine Frau Silvia sind Cousinen. Meine Schwiegermutter Elsbeth und

Torstens Opa Heinz waren Geschwister. Der Opa hat in Merzdorf gewohnt, wo sich Torsten oft nach der Schule und am Wochenende aufgehalten hat. Mutter Christa hat ihn dann nach dem Training abgeholt."

Wie wurden die Auswärtsspiele bewältigt?
„Alles mit Autos und mit Hilfe der Eltern. Die Kinder, die aus Cottbus kamen, wurden teilweise abgeholt und wieder nach Hause gebracht."

Sind Sie noch im Verein aktiv?
„Ja, im Vorstand. Ich kümmere mich hauptsächlich um die Anlage und die Gebäude."

Einige Anwohner sollen nicht so sehr über die aktive Ultra-Szene des SV Rot-Weiss erfreut sein?
„Na ja, bei Heimspielen ist es schon ganz schön laut. Aber der Sportplatz war vor den Häusern da."

Sind Sie stolz darauf, dass einer wie Mattuschka in Merzdorf angefangen hat?
„Sicher. Und als er Dissenchen wieder verlassen hatte, wurde auch nicht mehr negativ über ihn gesprochen. Man darf nicht vergessen: Er zog ja noch andere Jungs aus unserem Verein nach Dissenchen nach, beispielsweise seinen späteren Trauzeugen Daniel Dubrau. Aber viele ehemalige Merzdorfer sind zurückgekehrt und spielen inzwischen bei den Alten Herren. Einige haben auch ein paar Jungs produziert, sie sind Väter geworden. Wir haben derzeit eine F- und eine Bambini-Mannschaft."

Aktuell spielen Merzdorf und Dissenchen bei den Männern nach 37 Jahren wieder in einer Liga. Wie groß ist die Feindschaft noch?
„Die Spieler untereinander verstehen sich. Die Sprüche vom verbotenen Dorf Dissenchen fallen aber immer noch. Die sind die Süd-Molukken, und wir sind die Nord-Molukken."

Hat Merzdorf eigentlich mal eine Ausbildungsentschädigung für Mattuschka erhalten?
„Nein, wir haben darauf verzichtet. Das könnte auch daran liegen, dass der Wechsel von Merzdorf zu Energie nicht ganz sauber verlief. 1988 hat Energie einfach einen neuen Spielerpass für Torsten ausgestellt, obwohl er bei uns schon einen hatte. Uns hat damals aber keiner gefragt."

(K)ein guter Esser

Torsten Mattuschka fehlt es in seiner Jugend finanziell an nichts. Die alleinerziehende Mutter hat keine Probleme, die Kinder durchzubringen. „Mama hat alles dafür getan, dass wir gute Klamotten haben", weiß Mattuschka zu berichten.

Christa Mattuschka bringt von ihrem Job im Fleischerei-Fachgeschäft auch gern etwas mit zum Futtern nach Hause. Dass Torsten später nicht zu den Grazien unter den Profifußballern Deutschlands gehören wird, nimmt sie ein bisschen auf ihre Kappe. „Es liegt wahrscheinlich auch an mir, dass Torsten ein guter Esser geworden ist. Weil ich meine Kinder gut versorgt habe. Wir hatten zu DDR-Zeiten alles. Ich habe selbst gern gegessen. Häufig gab es Schnitzel oder Bratwurst", erzählt Christa Mattuschka. Ihre Freundin hatte zudem in Sachsendorf einen Imbissstand.

Häufig bittet der heranwachsende Torsten die Mutter um Geld – für Pommes. Auf dem Markt ist Torsten Stammkunde. Mutter Christa berichtet, dass sie auch gern mit den Kindern zu McDonald's gefahren sei. Das tut Mattuschka heute noch. Der Autor dieses Buches hat es auch schon erlebt, dass der im Auto sitzende Mattuschka ein Telefonat kurz unterbricht, um mal eben am Drive-in-Schalter eines Schellrestaurants eine Bestellung aufzugeben.

Überraschend ist jedoch die Aussage Mattuschkas, dass er schon immer ein Mäkelfritze gewesen sei. „Ich sehe zwar so aus, als ob ich alles fresse, aber es ist nicht so. Ich mag keine Leberwurst und keine Bockwurst. Auch Ananas kann ich nicht mehr sehen, seitdem mir einmal davon richtig schlecht geworden ist", berichtet Mattuschka. „Wenn ich mich vom Essen übergeben muss, bekomme ich das nie mehr herunter. Das ist anders als beim Saufen."

Von wegen „Tusche"

Für Tausende Fans ist heute klar: Der Spitzname von Torsten Mattuschka lautet „Tusche", und dieser hat sich vor allem in seiner Zeit beim 1. FC Union herauskristallisiert. Seit wann der beliebte Fußballer so gerufen wird, ist aber nicht belegt. Früher war es auch üblich, dass er als „Tuschkasten" verunglimpft wurde. Mattuschka glaubt, dass es den „Tusche" oder „Tuschi" auch schon in seiner ersten Phase bei Energie Cottbus gab – selbst wenn dieser Spitzname damals längst nicht so häufig wie heute benutzt wurde.

Mattuschka stellt aber auch klar, dass er in Merzdorf schon immer der „Higgins" gewesen sei. Woher dieser Spitzname stammt, weiß er nicht genau. Eine Vermutung ist, dass dieser auf der US-amerikanischen TV-Serie *Magnum* beruht, die zwischen 1984 und 1991 zunächst im ARD-Fernsehen ausgestrahlt wurde. Der von Tom Selleck gespielte Privatdetektiv Magnum gerät darin immer wieder mit dem Grundstücksverwalter Jonathan Quayle Higgins in Konflikt, den Schauspieler John Hillerman mimte. „Da war ich fünf oder sechs Jahre alt. Da wurde ich in Feuerwehrkleidung gesteckt. Die Stiefel waren viel zu groß. Da hat irgendjemand gesagt, der sieht aus wie Higgins", beschreibt Mattuschka die Entstehung seines ersten Spitznamens.

Seine Schwester Katja pflichtet dem bei. In Merzdorf wisse jeder, wer mit „Higgins" gemeint sei. Sie selbst schreibe ihn bei WhatsApp immer mit „Mein Kleiner" an. Mutter Christa nennt ihren Sohn ebenfalls den „Kleinen" oder schlichtweg „Torsten". Bei Frau Susanne ist er der „Schatzi".

Im Merzdorf-Clan wird heute noch über die Schreibweise des Urspitznamens von Mattuschka gerätselt. Robert Zeitz geht von der Schreibweise „Hegens" aus. Daniel Dubrau widerspricht. „Ich sagte immer Higgins zu ihm. Ich wusste anfangs gar nicht, dass er anders hieß." Fest steht nur, dass er in Merzdorf nicht der „Tusche" ist. „Das ist erst bei Union entstanden. Für uns ist und war er immer der Higgins. So hieß er von klein an", meint sein erster Merzdorfer Trainer Andreas Raack.

KAPITEL 3

Zur BSG Energie und Rauswurf beim FC Energie

1988 bis 1996

Beim größten Fußballverein der Stadt
Torsten Mattuschka ist sich ganz sicher: Er hat in jungen Jahren immer die meisten Tore geschossen. Egal, ob beim Training, in Spielen von Aufbau Merzdorf oder beim unorganisierten Kicken mit seinen Jungs in Käfigen und auf Bolzplätzen in Cottbus, Merzdorf und Umgebung.

Sein Talent bleibt auch Energie Cottbus nicht verborgen. Der heutige Fußballklub firmiert Ende der 1980er Jahre noch unter dem Namen Betriebs-Sport-Gemeinschaft (BSG) Energie Cottbus. Mattuschka fällt den Energie-Spähern 1988 bei einem Schulturnier im Stadion der Freundschaft auf. Seit 1987 gibt es die sogenannte Stadtmeisterschaft für die zweiten Klassen der Cottbuser Oberschulen. Dabei werden Talente für das Cottbuser Trainingszentrum (TZ) gesichtet. „Dort waren alle Nachwuchstrainer von Energie im Einsatz", sagt der frühere Energie-Trainer, langjährige Cottbuser Nachwuchscoach und TZ-Leiter Ulrich Nikolinski, Jahrgang 1944.

Nikolinski vermutet, dass Mattuschka im September 1988 an so einem Schulturnier teilnahm und nach den Herbstferien des gleichen Jahres in die Mannschaft der Altersklasse (AK) 8 von Energie integriert wurde. Mattuschka selbst hat hinsichtlich seines genauen Eintrittsdatums bei Energie Gedächtnislücken. Aber an die Sichtung kann er sich erinnern. „Das Turnier fand auf vier Kleinfeldern statt. Meine Schule war dabei. Ich habe gut gespielt und auch einige Tore geschossen", berichtet Mattuschka. „Ich weiß nicht mehr, ob der Verein direkt auf mich zugekommen ist. Wahrscheinlich haben sie mit meinem Opa Heinz gesprochen."

In den ersten Jahren bei Energie wird Mattuschka auch vom ehemaligen Cottbuser DDR-Oberliga-Spieler Karl-Heinz Jahn trainiert. Er schaute genau auf das damalige Sichtungsturnier der AK8, weil er als verantwortlicher Trainer der nächstfolgenden AK9 schon seine zukünftige Truppe im Blick hatte, die er mit zusammenstellte. „Die Sichtung wurde im Stadion durchgeführt. Die Kinder kamen aus allen Cottbuser Schulen. Torsten war mit seinem Opa da. Die ausgesuchten Jungen haben alle einen Zettel bekommen", sagt Jahn. „Die Spieler der Mannschaft wohnten meist in Sachsendorf in den Neubauten. Die haben sich nach dem Training oft getroffen und weiter Fußball gespielt."

Der Abschied von seiner Merzdorfer Gang fällt Mattuschka nicht leicht. Aber schließlich ist Energie Cottbus der größte Verein der ganzen Gegend. „Ich war stolz darauf, dass ich zu Energie gehen durfte und dass sie mich wollten", sagt Mattuschka heute. Durch den Wechsel zu Energie reißt 1988 der Kontakt zu seinen Freunden ein wenig ab, auch weil Mattuschka nicht in Merzdorf, sondern in Cottbus wohnt. „Wir waren Kinder, dann kam halt der nächste Kumpel. Als wir mal gegen ihn gespielt haben, bekamen wir 19, 20 Dinger von Energie – und Higgins hat acht Tore geschossen", berichtet Busenfreund Daniel Dubrau. „Ich kann mich aber auch erinnern, dass Torsten mit zwölf oder 13 Jahren als Cottbuser schwarz für Merzdorf aufgelaufen ist."

Bei den Knaben (heute D-Junioren) und Schülern (C-Junioren) ist Mattuschka als Stürmer oder hängende Spitze sehr präsent. Im Schülerbereich wird er von Joachim Helas, geboren 1955, und Karl-Heinz Jahn zwischen 1993 und 1995 trainiert. Die beiden sprechen sich beim Training und der Wettkampfplanung mit Spielern aus dem jüngeren und älteren Jahrgang ab. „Torsten hat als Jüngerer auch schon mal bei den Älteren mitgespielt. Körperlich und vor allem fußballerisch war er ein Leistungsträger", berichtet Helas. Auch Jahn lobt den jungen Mattuschka: „Er war technisch und vom Schuss her einer der Besten, die ich je gesehen habe."

Was ein Neunjähriger zur Wende so macht

Torsten Mattuschka hat ein gutes Jahr bei Energie gespielt, als der politische Wandel die DDR, die BRD, ja ganz Europa erfasst. In Berlin fällt 1989 die Mauer. Der heranwachsende Fußballer kann noch nicht einschätzen, was das bedeutet. Schließlich ist er erst neun Jahre alt. „Politik hat mich in meinem Alter nicht interessiert. Ich habe vielleicht an diesem Tag den Ball bei meiner Oma in Merzdorf an die Hauswand geknallt", meint Mattuschka.

An seine Zeit als Jungpionier besitzt Mattuschka kaum Erinnerungen, dafür aber an die materiellen Verlockungen der Wende. „Den Mauerfall habe ich so wahrgenommen, dass Mama, Katja und ich in den Westen rübergefahren sind und uns jeder einen 100-DM-Schein abgeholt haben. Davon konnte ich mir einen Walkman kaufen", sagt Mattuschka.

Die Schule ist weniger Musik in Mattuschkas Ohren, auch wenn in der Grundschule die Leistungen noch in Ordnung sind. Doch in den nächsten Jahren locken nicht etwa Mädchen oder Discoklänge Mattuschka vom Schreibtisch mit den Hausaufgaben weg – sondern das runde Leder. Mattuschka nutzt es auch aus, unbeobachtet zu sein. „Ich war alleinerziehend und musste acht Stunden lang arbeiten gehen. Wenn ich nach Hause kam, spielte Torsten schon auf dem Bolzplatz", schaut Mutter Christa zurück. „Die Mappe wurde einfach in den Korridor geschmissen, und weg war er." Schwester Katja hat auch kein Auge auf den kleinen Bruder, der mit den Kumpels durch die Gegend zieht. Sie gibt heute ehrlich zu, dass ihr das zum damaligen Zeitpunkt vollkommen egal gewesen sei.

Im Verein ist Mattuschka sehr beliebt. „Er war immer sehr unbeschwert gegenüber anderen Jungen. Mit der Schule hat er sich nicht so ernsthaft befasst. Ihm ging es mehr um den Spaß und die Freude am Fußball", berichtet sein langjähriger Nachwuchstrainer Joachim Helas.

Das Ende der DDR: die Rettung vor dem BFC Dynamo?

Wer weiß, ob aus Torsten Mattuschka mit einer Vergangenheit beim BFC Dynamo später beim Erzrivalen 1. FC Union Berlin überhaupt eine Kultfigur hätte werden können? Möglicherweise rettete ihn vor einem Wechsel zum BFC nur das Ende der DDR. Ab 1975 mussten die besten Fußballer aus dem Bezirk Cottbus aus den Trainingszentren der Region an den DDR-Rekord-Meister abgegeben werden.

Es hätte auch Mattuschka treffen können. Diese These stellt sein ehemaliger Cottbuser Nachwuchstrainer Joachim Helas auf. „Er war von den technischen Voraussetzungen einer der besten Leute, die wir im Nachwuchs hatten. Wenn die DDR noch weiter bestanden hätte, hätte er damals sicher den Sprung zum BFC Dynamo geschafft", berichtet Helas. „Denn das Cottbuser TZ musste die besten Spieler ja immer zu Dynamo delegieren. Meistens geschah dies im Alter von zwölf Jahren. Das fiel mit der Wende weg. 1992 wäre er dran gewesen. Zu DDR-Zeiten gab es diese Auslese von den schulischen Leistungen her nicht. Er wäre sicher genommen worden."

In den 1970er und 1980er Jahren gab es im Bezirk Cottbus vier Trainingszentren. Diese befanden sich in der Stadt Cottbus, in Hoyerswerda, Senftenberg und Guben. Der frühere TZ-Leiter Ulrich Nikolinski sagt, dass im Bezirk Cottbus in puncto Nachwuchsarbeit in der DDR mit die beste Arbeit geleistet worden sei. Kein Wunder. Kooperationspartner war ja schließlich der BFC Dynamo.

Von den Zwölfjährigen hätten in jedem Jahr zwei Talente nach Berlin delegiert werden müssen, die im Stadtbezirk Hohenschönhausen direkt am Sportforum in die siebte Klasse der Kinder- und Jugendsportschule „Werner Seelenbinder" eingeschult wurden. „Für den Bezirk Cottbus erfolgte die Sichtung von Talenten auf Bezirksauswahlebene, der BFC Dynamo führte selbstständig Überprüfungen durch", sagt Nikolinski.

Er nennt einige Talente, die als Kinder und Jugendliche beziehungsweise im Männerbereich den Bezirk verlassen haben und später außerhalb der Lausitz für Furore sorgten. Beim BFC Dynamo taten dies beispielsweise Reinhard Lauck, Michael Noack, Bernd Schulz, Reinhard Schwerdtner, Rainer Troppa, Hans-Jürgen Riediger, Andreas Belka, Svend Fochler, René Rydlewicz und Jörg Schwanke. Zum FC Vorwärts Frankfurt (Oder) gingen zudem Volkmar Kuhlee und Ingolf Schneider. „Bei Torsten Mattuschka hätte die Delegierung höchstens an seinen Schnelligkeitswerten scheitern können. Aber er hätte es wohl geschafft", so Nikolinski.

Seit Mitte 1989 mussten sich die Trainingszentren des Bezirks Cottbus aber nicht mehr für den BFC ins Zeug legen. „Natürlich erwarten wir von dieser Maßnahme zukünftig einen qualitativen Nachschub von Talenten aus unserem eigenen Bezirk für die Oberliga", wird Energie-Sektionsleiter Hartmut Ohlig im Cottbuser Stadionprogramm vom 12. August 1989 zitiert.

Der Rauswurf bei Energie

1993 kommt Torsten Mattuschka in Cottbus auf die Sportbetonte Gesamtschule mit gymnasialer Oberstufe. Die 1975 als Kinder- und Jugendsportschule (KJS) eröffnete Einrichtung entwickelt sich nach der deutschen Wiedervereinigung 1990 zur Eliteschule des Sports des Deutschen Olympischen Sportbunds und ab 2006 zur DFB-Eliteschule des Fußballs.

Für Mattuschka wachsen nach dem Schulwechsel ab der siebten Klasse die Anforderungen im Unterricht. Es wird sich mittelfristig nicht als Vorteil erweisen, dass er der Schule nicht die ganz große Bedeutung beimisst. "Als ich in die sechste, siebte Klasse kam, habe ich immer mehr Scheiße gemacht. Aber ich war nur eine faule Sau. Ich war und bin nicht dumm", erklärt Mattuschka. "Ich hätte einfach nur lernen müssen, um gut zu sein. Aber für mich war immer nur die Pille wichtig, wenn ich nach Hause kam. Entweder habe ich zwischen Wäschestangen auf dem Hof gespielt – oder beim Training."

Das sollte sich rächen, auch weil Gespräche der Lehrer mit der Mutter und dem säumigen Schüler nicht fruchten. Teenager Torsten schafft die neunte Klasse nicht. Horst Schudack, langjähriger Vereinsfunktionär bei Energie und Schulpädagoge, war Mattuschkas Mathelehrer – nachdem der talentierte Kicker schon sitzengeblieben war. "Vielen jungen Menschen passiert es, dass die neunte Klasse für sie zu schwer ist. Ich habe ihn in seinem zweiten Anlauf übernommen, die neunte Klasse zu schaffen", erinnert sich Schudack. "Er ist in der Sportschule sitzengeblieben, und infolgedessen musste er die Schule und Energie verlassen. Dann kam er 1996 zu mir in eine neue neunte Klasse an der 4. Gesamtschule."

Schudack kannte Torsten aus dem Nachwuchsbereich von Energie. Ihn beschäftigte die Personalie Mattuschka. Schudack berichtet, dass die Klassen darunter auf der Sportschule zahlenmäßig sehr stark besetzt gewesen seien. Deshalb habe es keinen Platz für Sitzenbleiber gegeben. Neben Torsten sind damals wohl noch zwei weitere Schüler nicht durchgekommen. Schudack beruft sich auf Wolfgang Neubert, der damals Leiter der Sportschule in Cottbus war und es bis heute geblieben ist. "Von ihm bekam ich die Aussage, dass die Klassen überfüllt wären, wenn sie noch die Sitzenbleiber aufnähmen." Mattuschka berichtet, dass ihm zwei Fünfen und zwei Sechsen auf dem Zeugnis zum Verhängnis wurden. "Dann haben sie mich rausgeflaggt. Ich bin sitzengeblieben und musste dadurch automatisch beim FC Energie raus", erzählt er.

Das hat insofern eine gewisse Tragik, weil Mattuschka wohl zu den besten Kickern seines Jahrgangs gehörte. Er schießt in der Regel die meisten Tore. Beim letzten Saisonspiel erzielt Mattuschka gegen eine Forster Mannschaft beim 15:0-Kantersieg – eigenen Worten zufolge – satte zwölf Treffer. Dem Talent nützt es aber auch nichts, dass sich Eltern anderer Mitspieler für ihn einsetzen.

Die Entscheidung gegen Mattuschka ist da längst am grauen Schultisch gefallen. Ulrich Nikolinski, 1996 Sportchef des Nachwuchsleistungszentrums von Energie, schließt sportliche Gründe auch im Jahr 2017 noch aus. Rund 20 Jahre zuvor habe ihn die Causa Mattuschka durchaus mitgenommen. „Wenn ich die Schule betrat, stand ich sofort im Kreuzfeuer der Lehrer. Alle haben nach mir geschrien – wegen Torsten. Der hat viel Mist gebaut. Er war nicht gut in der Schule und hat die Lehrer genervt. Er war nicht kriminell, aber er ging den Lehrern auf den Geist", schaut Nikolinski zurück. „Torsten war schon damals nicht der Schnellste. Das hat vielleicht den Rausschmiss begünstigt. Aber jeder Lehrer hat sich bei ihm nur noch an Verhaltensmaßstäben orientiert. Sie meinten, wenn Torsten nicht rausfliegt, wer dann?"

Es gab wohl einen Dominoeffekt in der ohnehin schon schwierigen Klasse. Der heranwachsende Torsten gilt als einer der Rädelsführer im Quatschmachen. Andere ahmen ihn nach. 2017 zeigt sich Mattuschka reumütig. „Ich habe Leute um mich herum geschart. Wenn man davon zwei, drei in der Klasse hat, wird es für die Lehrer nicht einfacher." Die neunte Klasse wiederholt Mattuschka erfolgreich an einer anderen Schule. 1998 geht für ihn nach der zehnten Klasse die Schulzeit zu Ende.

2001 berichtet die *Sport Bild*, dass Mattuschka auch mangels sportlicher Perspektive die Sportschule und den Verein verlassen musste. Die Ausbootung bei Energie ist in dem Artikel mit dem Jahr 1994 zeitlich nicht korrekt wiedergegeben, weil sie tatsächlich erst 1996 stattfand. Aber vielleicht gab es ja neben den schulischen Problemen auch eine sportliche Talsohle?

Zumindest der Übergang vom Klein- zum Großfeld fällt Mattuschka wohl nicht leicht. Auf Fotos von seiner Jugendweihe 1995 wirkt Mattuschka noch sehr bubenhaft. „Ich war kaum größer als meine relativ kleine Oma. Ich bin erst später geschossen", sagt der heutige 1,86-Meter-Mann Mattuschka.

KAPITEL 4

Wilde Jahre in Merzdorf und Dissenchen

1996 bis 2001

Zurück in Merzdorf

Nach seiner Ausbootung beim FC Energie Cottbus bricht für den 15 Jahre alten Torsten Mattuschka eine kleine Welt zusammen. Zu allem Überfluss soll er im Sommer 1996 auch noch zu Lok Cottbus wechseln, dem zweitgrößten Verein der Stadt. Dort werden jene Spieler geparkt, für die es bei Energie aus unterschiedlichen Gründen nicht gereicht hat. „Ich hatte aber keinen Bock darauf, zu Lok zu gehen. Ich wollte lieber mit meinen Jungs in Merzdorf zusammen spielen", erzählt Mattuschka. „Ich habe mit Absicht meinen Pass nicht bei Lok abgegeben. Dadurch bekam ich eine Sperre und bin dann nach Merzdorf gegangen."

Beim FC Energie trainierte Mattuschka mindestens viermal in der Woche, in Merzdorf gibt es in der Regel nur zwei Einheiten wöchentlich. „Der große Fußball war damit für mich eigentlich gegessen", schaut Mattuschka zurück.

Zwei Spielzeiten kickt er dort, wo seine Laufbahn 1988 begann: 1996/97 in der B-Jugend und 1997/98 im ersten A-Jugend-Jahr. Allerdings heißt sein Heimatverein seit der Wende nicht mehr Aufbau Merzdorf, sondern SV Rot-Weiss Merzdorf. Bei den A-Junioren ist Peter Müller sein Coach. Mattuschka scheint sein Verhalten nicht geändert zu haben. „Er war bei uns der Mannschaftskasper. Er sorgte immer für Belustigung", sagt der bis heute in Merzdorf lebende Müller. Auch sportlich ist auf Mattuschka weiter Verlass. Er schießt Tor um Tor. Müller meint, dass Mattuschka die gute Technik ein bisschen im Blut gelegen habe: „Er war der Einzige weit und breit, der so etwas besaß – auch bei Freistößen. Da war er fast einmalig."

Das Unheil naht aber aus dem Nachbardorf. Der SV Dissenchen buhlt um die Dienste von Torsten Mattuschka. Müller: „Was zwischen Merzdorf und Dissenchen abging, hat generell für Unruhe gesorgt." Um die Brisanz des sich im Sommer 1998 anbahnenden Wechsels von Mattuschka von

Merzdorf nach Dissenchen zu verdeutlichen, ist ein Blick in die Vergangenheit und Gegenwart beider Vereine sehr hilfreich.

Die Rivalität zwischen den beiden Nachbardörfern, die seit 1993 zu Cottbus gehören, steht beileibe nicht auf einer Stufe mit solchen Hass-Derbys wie zwischen Borussia Dortmund und Schalke 04, Hertha BSC und dem 1. FC Union Berlin oder dem FC Carl Zeiss Jena und FC Rot-Weiß Erfurt. Aber dass sich die Fußballvereine von Merzdorf und Dissenchen nie grün waren, zeigt sich sogar noch in der Spielzeit 2016/17.

Da Merzdorf im Sommer 2016 nach 17 Jahren Abstinenz in die Kreisliga aufgestiegen war, kam es am 18. Dezember 2016 wieder mal zu einem direkten Duell mit Dissenchen. Das letzte hatte es 37 (!) Jahre zuvor gegeben. Im Sommer 1979 spielten Aufbau Merzdorf und Aktivist Dissenchen noch unter ihren DDR-Namen. Merzdorf siegte mit 3:2. In den folgenden Jahrzehnten kickten die Männer von Dissenchen immer höherklassiger als Merzdorf. 1992 stieg der SV Dissenchen 04 sogar als Meister der Bezirksliga Cottbus in die Verbandsliga Brandenburg auf. Damit war das Dorf eine Spielzeit lang fünftklassig „1993 sind wir gleich wieder in die Landesliga abgestiegen. Viele unserer Spieler gingen in den Westen. Wir konnten das finanziell auch gar nicht mehr durchstehen", erinnert sich der langjährige SVD-Trainer Bernhard Hansch. „Danach stiegen wir kontinuierlich wieder ab. Erst in die sechstklassige Landesliga und 1998 in die Landesklasse, die 7. Liga."

Als es nun anno 2016 wieder zum Derby zwischen Merzdorf und Dissenchen kam, veröffentlichten die Merzdorfer wenige Tage davor auf der Facebook-Seite des Vereins einen Flyer, in dem sie etwas süffisant auf die veränderten Bedingungen in Dissenchen hinwiesen. „Jahrzehntelang war ein Derby auf Augenhöhe nicht in Sicht. Doch seit einiger Zeit dreht sich das Rad in eine andere Richtung! Der Tiefpunkt dieser Entwicklung ist die Tatsache, dass unser geliebter Nachbar nicht einmal mehr die Kraft besitzt, eine eigene Mannschaft zu stellen, und so noch die Hilfe vom SV Haasow benötigt. Wogegen in unserem Kader insgesamt zwölf gebürtige Merzdorfer zu verzeichnen sind." Seit dem Jahr 2012 bildet Dissenchen mit dem Nachbardorf Haasow die Spielgemeinschaft (SG) Dissenchen/Haasow.

Seine Heimspiele trug Dissenchen/Haasow 2016/17 in der Hinrunde meistens in Haasow aus. Die Verbindung der ersten Mannschaft zum Vereinswirt in Haasow soll besser sein als zu dem in Dissenchen. Bei besagtem Derby am 18. Dezember trug die SG Dissenchen/Haasow übrigens schwarz-weiße Trikots mit der Aufschrift SV Schwarz-Weiß Haasow 98. „Aber wenn die Spielgemeinschaft in Dissenchen aufläuft, trägt sie Hemden des SV Dissenchen", sagt Hansch. Für Traditionalisten von Dissenchen ist das sicher wenig erbauend. Die Spielgemeinschaft siegte jedoch auch in Haasower Trikots nach einer torlosen ersten Halbzeit mit 4:0.

Merzdorf triumphierte dafür klar auf den Rängen. Es machte sich bezahlt, dass es bei Rot-Weiss seit einigen Jahren die Ultra-Gruppierung „Block M" mit rund 15 Mitgliedern gibt. Ihr Schlachtruf lautet „RWM Ahu". Ihre Sticker prangten in den Tagen vor dem Derby auch auf dem zweisprachigen Ortsschild von Dissenchen, das auf Sorbisch Dešank heißt. Beim Spiel half das wenig. Doch gewonnen haben am Ende alle. Trotz des miesen Wetters waren 230 Zuschauer gekommen. Das Eintrittsgeld in Höhe von 1.200 Euro wurde für Patienten der Kinderklinik Cottbus gespendet.

Für die Lehrstelle zum Erzrivalen

Mit der Rivalität zwischen den Ortsschild an Ortsschild liegenden Dörfern Merzdorf und Dissenchen ist Torsten Mattuschka groß geworden. 1998 nach dem Ende seiner Schulzeit wird er quasi zum Spielball in der Cottbuser Peripherie. Sein Opa Heinz Wieder aus Merzdorf und dessen Bekannter Werner Laschke aus Dissenchen sind Fußballfans. Sie setzen sich in diesem Fall über Befindlichkeiten von halb Merzdorf, halb Dissenchen und Teenager Mattuschka hinweg.

Im Sommer 1998 wechselt dieser tatsächlich von Merzdorf nach Dissenchen. „Ich wollte das eigentlich nicht. Dissenchen war für meinen Freundeskreis und mich schon eine Zumutung. Ich habe zu Opa gesagt, dass ich nicht zu den Molukken gehe", so Mattuschka über seine erste Reaktion. Alle seine Kumpels spielten schließlich in Merzdorf.

Doch der von seinem Großvater ausgehandelte Deal ist auf den zweiten Blick gar nicht so schlecht. Spielerpass gegen Lehrstelle lautet das Geschäft. Für den Eintritt beim SV Dissenchen 04 bekommt Mattuschka eine Ausbildung in Dissenchen bei der als Vereinssponsor agierenden Malerfirma Laschke. Dafür nimmt Opa Heinz auch in Kauf, in Merzdorf erst einmal der Buhmann zu sein. „Das war das erste Mal, dass mir der Fußball geholfen hat. Ich konnte kicken und eine Ausbildung machen", erinnert sich Mattuschka. „Mein Abschlusszeugnis war ja nicht so besonders. Ich hätte sonst Bewerbungen schreiben müssen." Die zehnte Klasse hat Mattuschka in elf Jahren geschafft. Seine Zensuren seien aber in keinem Fach herausragend gewesen – außer in Sport.

Am 1. August 1998 beginnt in Dissenchen die Zeitrechnung mit Mattuschka. Der damals 17-Jährige ist theoretisch noch eine Saison für die A-Jugend spielberechtigt. Ab und an wirkt er auch im Nachwuchs mit. Aber in erster Linie ist er geholt worden, um die Herrenmannschaft zu verstärken. „Am Samstag bin ich für die Männer aufgelaufen, am Sonntag bei den A-Junioren – meistens noch etwas voll. Aber in der Liga hat es auch halbsteif gereicht", spielt Mattuschka auf Partybesuche am Samstagabend an.

Neben seinem Entgelt als Lehrling gibt es für Mattuschka in Dissenchen keine zusätzlichen Prämien für das Auflaufen oder Torerfolge. Die siebte Liga ist auch für die Mitspieler eine reine Hobbyveranstaltung. „Bei uns wurde kein Geld gezahlt, das kann ich guten Gewissens sagen. Wir haben aus Freude und Spaß gespielt und waren froh, dass wir als kleines Dorf die Landesklasse gehalten haben", sagt Bernhard Hansch. Neben ihm gehörten in Dissenchen auch Peter Wöhler und Steffen Rettig zu den Übungsleitern der Herrenmannschaft, in der Mattuschka spielte.

„Torsten war leicht zu handhaben"
Interview mit Malermeister Timo Laschke, ehemaliger Chef und Mitspieler

Timo Laschke, Jahrgang 1967, ist bis heute in Dissenchen als Vereinssponsor aktiv. Die Werbung seiner Malerfirma prangt auf dem Sportplatz in Dissenchen an der Branitzer Straße omnipräsent am Funktionsgebäude, am Vereinsbriefkasten, an der Trainerbank und der Bande auf der Gegengeraden. In den 1990er und 2000er Jahren schnürte er auch selbst gemeinsam mit Torsten Mattuschka für den SV Dissenchen die Schuhe.

Herr Laschke, wie kam es dazu, dass Torsten Mattuschka in Ihrer Firma eine Ausbildung zum Maler und Lackierer absolvierte?
„Torsten spielte im Nachbarverein in Merzdorf bei den A-Junioren. Er agierte dort immer sehr auffällig durch seine Freistoßtreffer und sein Ball-

Der kleine Torsten in den Armen von Opa und Ersatzvater Heinz Wieder.

Torsten Mattuschka mit Schwester Katja bei Mama Christa (rechts) im Mai 2015 in Cottbus.

Torsten Mattuschka (l.) als Verkehrspolizist im Kindergarten (ca. 1986).

Die Mannschaft von Aufbau Merzdorf 1988: Torsten Mattuschka (oben, 3. v. l.), sein späterer Trauzeuge Daniel Dubrau (oben, 2. v. r.), ganz rechts Mattuschkas erster Trainer Andreas Raack.

Bei Energie Cottbus mit Trainer Joachim Helas vor der Wende (ca. 1989). Mattuschka hockt unten rechts.

Ab jetzt gehöre ich zu den Erwachsenen: Jugendweihe 1995.

Machte schon immer gern Faxen: Mattuschka 1995 im Jugendklub Merzdorf.

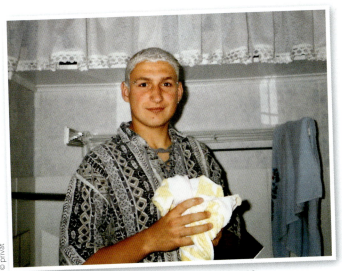

Selbst ist der Mann: Mattuschka beim Haarefärben 1998.

11. November 2000, SV Dissenchen – FSV Brieske/Senftenberg II: Mattuschka besorgt im Trikot des SV Dissenchen (und seines Arbeitgebers Malerfirma Laschke) in der 90. Minute den 3:1-Endstand.

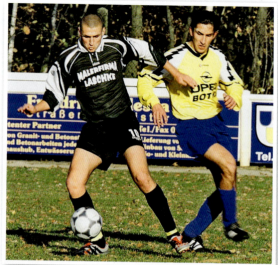

30. April 2003: Die allererste „Tusche"-Aufnahme des Autors dieser Zeilen vor dem Spiel der Cottbuser Amateure gegen Jena (0:3).

Torsten Mattuschka spielte viermal für den FC Energie in der Bundesliga. Hier ist er am 17. Mai 2003 vor Dieter Frey (1. FC Nürnberg) bei seinem einzigen Erstliga-Sieg (2:1) am Ball.

Am 21. August 2005 schießt Mattuschka für den 1. FC Union seine ersten beiden Punktspieltore gegen den Erzrivalen BFC Dynamo (8:0), rechts Jens Manteufel.

Union-Trainer Christian Schreier und der windschnittige Mattuschka beim Berliner Pokalendspiel gegen den Köpenicker SC (7:0) am 16. Mai 2007.

Die Stürmer Kenan Şahin, John Jairo Mosquera und Karim Benyamina (v. l.) lassen Mittelfeldspieler Torsten Mattuschka im September 2009 hochleben.

Das Bild vom 11. November 2009 täuscht: Trainer Uwe Neuhaus ließ Torsten Mattuschka auch Freiräume.

Mattuschka sorgte beim Shooting des Union-Mannschaftsfotos am 15. Juli 2010 für freizügige Ansichten – und Schlagzeilen.

Am 17. September 2010 spielt Mattuschka mit Union im ersten Stadtderby gegen Hertha BSC (1:1). Rechts sein späterer Cottbuser Mitspieler Fanol Perdedaj.

Das wichtigste Tor seiner Karriere: Torhüter Maikel Aerts (Hertha BSC) lässt am 5. Februar 2011 den Mattuschka-Freistoß zum 1:2-Endstand gegen Union im Berliner Olympiastadion im Zweitliga-Duell passieren.

Mattuschkas Tor zur Stadtmeisterschaft 2011 bei Hertha BSC setzte große Emotionen frei: v. l. John Jairo Mosquera, Dominic Peitz, Torsten Mattuschka, Santi Kolk und Karim Benyamina.

Mosquera und Mattuschka, die beiden Union-Torschützen gegen Hertha BSC, sorgten am 27. Februar 2011 bei ihrem dreistündigen Autogrammmarathon für großen Andrang im Forum Köpenick.

Torsten Mattuschka mit Freundin Susanne Heller, Tochter Miley und Yorkshire Terrier Lucy im Dezember 2010.

gefühl. Mein Vater Werner gehörte beim SV Dissenchen zum Betreuerstab. Er kannte auch den Großvater von Torsten seit vielen Jahren. Wir hörten davon, dass Torsten eine Lehrstelle sucht. Eine Hand wusch die andere. Torsten spielte bei uns Fußball und bekam dafür einen Lehrvertrag.

Mein Vater arbeitete zu DDR-Zeiten in einer großen Produktionsgenossenschaft des Handwerks, in der ich auch meine Lehre absolvierte und meinen Meisterbrief ablegte. Danach habe ich mich abgekoppelt und 1991 in Dissenchen die Malerfirma Laschke gegründet. Mein Vater stieß dazu."

Mattuschka sagt, dass Sie auch ein guter Abwehrspieler gewesen seien …
„Das stimmt. Er ist zwar einige Jahre jünger als ich, aber Torsten spielte ja schon im Alter von 17 Jahren bei uns mit. Er gehörte in der Landesklasse auch schnell zu den Leistungsträgern."

Für den Lehrling Mattuschka waren Sie Chef und Mitspieler zugleich. Wie funktionierte das?
„Unproblematisch. Dadurch, dass wir Sportsfreunde waren und ich eher ein Kumpeltyp bin, haben wir uns sowieso von Beginn an geduzt. Torsten war auch leicht zu handhaben. Er brauchte eigentlich nur einen Ball. Dann war er glücklich."

Er ist berühmt für seine Späße. Hat er das auch in seiner Zeit in Dissenchen ausgelebt?
„Ja, ich glaube, dass er als Clown geboren wurde. Er hat gern Faxen gemacht. In der Montagezeit sind die Jungen noch oft abends in die Stadt gezogen. In Berlin war die Chance dafür da."

Wie lief das eigentlich mit dem Training, wenn außerhalb von Dissenchen gearbeitet wurde?
„In dieser Zeit sind wir – auch ich – häufig auf Montage gefahren. Es ging oft nach Berlin. Zwischen acht und zehn Fußballer arbeiteten damals in meiner Firma. Ich glaube, die halbe Mannschaft bestand aus Malern. Da haben wir zweimal wöchentlich in Berlin-Lichtenberg auf einem Kunstrasenplatz trainiert. Zu unseren Gegnern gehörte damals auch der spätere Union-Profi Christian Stuff mit seiner Mannschaft. Die haben gemerkt, dass wir eine richtig starke Truppe sind."

Wie sahen die fachlichen Qualitäten von Torsten aus?
„Als Lehrling ist man noch nicht vollkommen. Praktisch konnte man über ihn nicht meckern. Da hat er sich Mühe gegeben. In der Theorie gab es Defizite. Aber das wollen wir mal nicht so hoch hängen. Insgesamt bekommt er von mir das Prädikat ‚solide'."

Wie haben Sie seinen weiteren Weg als Fußballer verfolgt?
„Natürlich habe ich mich gefreut, dass ein Kerl von uns so einen Erfolg hatte. Ich durfte mit ihm ja mal mitgurken. Und dann hat er es nach oben gepackt. Daran sieht man, dass alles machbar ist. Am Anfang hat er mit Energie Cottbus noch oft bei uns auf dem Platz in Dissenchen trainiert. Der Kontakt ist nie abgerissen, weil er auch während seiner Zeit in Berlin in der Heimat vorbeischaute. Dann hat er uns auch mal einen Kasten Bier hingestellt."

Dissenchen: Montage macht fett

Während seiner Zeit bei der Malerfirma Laschke haben die Angestellten und Lehrlinge häufig in Berlin zu tun. Sie gehen am Montagmorgen regelmäßig auf Montage. Die Heimreise erfolgt entweder am Donnerstagabend oder am Freitagmittag. Es gibt eine Wohnung für die älteren Kollegen und eine für die jüngeren.

Zu Letzteren zählt Ende der 1990er und Anfang der 2000er Jahre auch Torsten Mattuschka. In puncto Ernährung und Kultur muss das Niveau nicht sehr hoch gewesen sein. „Wenn man als 19- bis 20-Jähriger die gesamte Woche in Berlin unterwegs ist, ist es klar, dass man Scheiße baut. Die vier Jahre auf Montage haben mir richtig einen Bums gegeben", gibt Mattuschka zu. Damit meint er keinesfalls ein weiteres Plus an Schusskraft, sondern eines auf der Waage. Die Gewichtszunahme in dieser ungestümen Lebensphase ist enorm. Sie bringt ihn fast an die 100-Kilogramm-Grenze heran.

Einen Ernährungsplan gibt es nicht. Mattuschka & Co. futtern, was kommt. „Zur Frühstückspause um neun Uhr gab es entweder eine Currywurst oder eine Fünf-Minuten-Terrine und eine Semmel mit Fleischsalat. Am Nachmittag dasselbe", erzählt Mattuschka. „Ab 18 Uhr waren wir auf der Bude. Da haben wir uns Pizza, Döner oder etwas von McDonald's beziehungsweise Burger King reingehauen." Runtergespült werden muss das Ganze ja auch irgendwie. Vier, fünf halbe Liter Bier und das eine oder andere Gläschen Wodka Lemon gehören auch zur abendlichen Tagesration – zumindest in der WG der jungen Maler aus Dissenchen.

Vermutlich leben sie einfach so wie Tausende andere Montagearbeiter auch. Zugutehalten kann man ihnen aber, dass sie sich ein- bis zweimal die Woche noch sportlich betätigen. Für das Training beim SV Dissenchen fehlt ja die Zeit. Auslauf gibt es auf dem Sportplatz Zachertstraße in Lichtenberg. „Wir wollten ein bisschen bolzen und uns bewegen", so Mattuschka.

Dabei gibt es vermutlich im Jahr 1999 auch Duelle mit Christian Stuff. Der spätere Mitspieler Mattuschkas beim 1. FC Union kickt damals noch bei Borussia Friedrichsfelde und verbringt auf dem „Zachert" in Berlin-Lichtenberg auch außerhalb des Vereinssports seine Freizeit. „Meine Kumpels und ich waren am Abend immer auf der Suche nach Gegnern. Und irgendwann kamen ein paar Maler vorbei, die ganz gut waren. Wir haben dann ein paar Mal gegeneinander gezockt", sagt Stuff. „Das ging vielleicht ein, zwei Wochen. Dann habe ich sie leider nicht mehr gesehen. Sie hatten einen guten dicken Spieler mit Glatze. Das Gesicht hat sich mir damals aber nicht eingeprägt."

Einige Jahre vergehen. 2006 treffen sich Mattuschka und Neuzugang Stuff als Profis beim 1. FC Union wieder. Die Hobbykicks in Lichtenberg werden in der Kabine noch einmal ausgewertet. Stuff: „Wir saßen nebeneinander in der Kabine und haben festgestellt, dass wir uns eigentlich schon kennen."

Der Bomber vom Dorf: 100 Tore in 100 Spielen

In Dissenchen findet Torsten Mattuschka ideale Bedingungen vor: zwei fast gleichwertige Rasenplätze, ein annehmbares Funktionsgebäude und eine Vereinsgaststätte. „Abgesehen vom Geld, war es wie bei den Profis. Es gab Flutlicht. Wir besaßen sogar eine eigene Kabine, in der wir unsere Sachen lassen konnten", berichtet Mattuschka.

Bernhard Hansch, der langjährige Trainer und Funktionär des SV Dissenchen, verweist auf die frühere Unterstützung durch das Braunkohlenkombinat. „Wir hatten einen Trägerbetrieb, mit dem wir den B-Platz auch mit einer Beregnungsanlage versehen konnten. Damit besaßen wir gegenüber anderen Vereinen einen großen Vorteil", sagt Hansch.

Dass die Anlage bis heute in einem guten Zustand ist, liegt auch daran, dass sie im Besitz der Stadt Cottbus ist. Neben dem SV Dissenchen gehören auch Schulkinder zu den Nutzern. Mannschaften des FC Energie Cottbus trainieren bis heute dort. Auch Erst- und Zweitligisten bereiteten sich vor ihren Gastspielen in Cottbus auf die Auswärtsspiele gegen Energie vor.

Auf dem satten Grün von Dissenchen macht Mattuschka mit 17 Jahren seine ersten Spiele bei den Herren. „Er hat sich nicht sofort durchgesetzt. Aber schon in den Saisons 1999/2000 und 2000/01 wurde er Torschützenkönig in der Landesklasse", berichtet Hansch stolz. Die beiden dazugehörigen Pokale des Fußball-Landesverbandes Brandenburg für die Landesklasse (Staffel Süd) mit Namensgravur sind bis heute im Besitz von Mattuschka. 1999/2000 sind es 30 Buden, wie die *Lausitzer Rundschau* berichtet. Mattuschka verweist Guido Lesche und Maik Schwabe vom KSV Tettau auf die Plätze, die jeweils 25-mal eingelocht haben.

Die dritte Spielzeit in Dissenchen ist für Mattuschka – gemessen an der Anzahl der Tore – die erfolgreichste: 36-mal locht er 2000/2001 ein. Die Plätze hinter ihm belegen Michael Konzack (33) von der SG Sielow und Guido Lesche (31) aus Tettau. Mit Daniel Dubrau (14) taucht auf Platz neun noch ein weiterer Akteur aus Dissenchen auf. Seinen Kumpel und späteren Trauzeugen hat Mattuschka im Sommer 1999 aus Merzdorf nachgeholt. „Torsten hatte auf jeden Fall Anteil an meinen Wechsel", sagt Dubrau.

Die *Lausitzer Rundschau* bezeichnet Mattuschka in einer Unterschrift zu einem Foto des bekannten Lokalfotografen Michael Helbig als „Ballermann der Dissenchener". Mattuschka und Medien wie die *Berliner Zeitung* im Jahr 2008 verweisen darauf, dass ihm beim SVD in der Landesklasse 100 Tore in 100 Spielen gelungen seien. 66 Tore in den Spielzeiten 1999/00 (30) und 2000/2001 (36) sind medial belegt, auch wenn Mattuschka-Trainer Hansch in seinen Aufzeichnungen eine andere Verteilung (32/34) notiert hat.

Mattuschka sagt, dass ihm in seinem ersten Seniorenjahr 1998/99 18 Treffer gelungen seien. Und in der Hinrunde 2001/02 seien es vor dem Wechsel zu den Amateuren von Energie Cottbus 16 Tore in 14 Begegnungen gewesen. In der *Lausitzer Rundschau* sind in der Halbjahresbilanz zumindest 15 erfolgreiche Abschlüsse genannt. In der Torschützenliste nach der ersten Halbserie wird Mattuschka hinter Jörg Handrick und Daniel Müller auf Rang drei geführt. Die beiden Fußballer der SG Burg hatten jeweils 16 Tore auf dem Konto.

Einer seiner letzten Punktspieltreffer für Dissenchen gelingt Mattuschka im Dezember 2001 beim 1:0-Heimsieg gegen Eintracht Ortrand. Die Beschreibung seines Treffers in der *Lausitzer Rundschau* drückt die Willensstärke aus, mit der er sich den Weg zum entscheidenden Treffer bahnte: „Dissenchens Tormann Björn Münzenberger schoss das Leder blitzschnell zu Torsten Mattuschka. Der stand am Mittelkreis allein auf weiter Flur, stürmte zum Ortrander Tor, tänzelte drei Mann aus und schoss flach am rechten Pfosten vorbei ins Netz."

Mattuschka hat als Bomber vom Dorf Spaß. „Zu unseren Heimspielen kamen im Schnitt vielleicht 50 Zuschauer, und im Anschluss wurde Bier getrunken", schaut er zufrieden zurück. Sportlich fühlt er sich ebenfalls wohl. „Wir haben viele Tore wirklich gut herausgespielt. Es gab mit René Röder und Ralf Hansch auch sehr erfahrene Fußballer, die mit Energie vorher in der DDR-Oberliga oder DDR-Liga gespielt hatten", erklärt Mattuschka. „Meine Schusstechnik – mit Spin und herumgerissen – habe ich mir bei René Röder abgeschaut."

Die Gegner wissen mit der Zeit genau, was bei Partien gegen den SV Dissenchen und Torjäger Torsten Mattuschka auf sie zukommt. Aber es hilft oftmals nichts. Diese Erfahrung macht auch Jan Lehmann. Der Journalist, der bei der *Lausitzer Rundschau* zusammen mit Frank Noack schon viele Artikel über Mattuschka verfasst hat, spielte damals beim ESV Lok Falkenberg. Der Sechstligist muss im Herbst 2000 in der 3. Hauptrunde im Brandenburger Landespokal beim Siebtligisten Dissenchen antreten. „Vor dem Spiel kam einer unserer Leute in die Kabine und warnte: ,Jungs, ihr müsst auf den Dicken aufpassen. Der schießt hier die ganzen Tore'", erinnert sich Lehmann. „Ich habe mir nichts dabei gedacht. Fakt ist: Wir haben 0:3 verloren, und den Dicken konnte keiner einfangen. Ich glaube, er hat ein Tor erzielt und eins vorbereitet." Mattuschka schoss nachweislich das Tor zum 2:0 in der 52. Minute. Dissenchen stand somit erstmals im Achtelfinale des Landespokals, in dem Verbandsligist SV Altlüdersdorf erst mit 3:2 nach Verlängerung beim Außenseiter triumphierte.

Mattuschka muss aber auch lernen, dass selbst in der siebten Spielklasse Ernsthaftigkeit erforderlich ist. Trainer Bernd Hansch lässt seinen Torjäger bei einem Heimspiel einmal auf der Bank, weil Mattuschka im Training undiszipliniert war. Die Zuschauer fangen schon an zu murren, weil Dissenchen bis in die Schlussphase als Tabellenführer gegen einen Abstiegskandidaten mit 0:1 zurückliegt. „Ich habe Torsten dann noch reingenommen, und im Endeffekt haben wir mit 2:1 gewonnen", berichtet Hansch. „Torsten kam nach dem Spiel zu mir und sagte, dass ich alles richtig gemacht hätte."

Mattuschka sah in der ersten Halbserie der Spielzeit 1999/2000 in der Heimpartie gegen den SV Süden Forst (1:1) sogar eine Rote Karte, wie der Vorschaubericht auf das Rückspiel beider Teams im Frühjahr 2000 in der *Lausitzer Rundschau* beweist: „In Dissenchen vergab der SV Süden in der Hinrunde nach überlegenem Spiel beim 1:1 durch mangelnde Chancenverwertung einen durchaus möglichen Sieg. Der in der Hinrunde mit 14 Treffern beste Torschütze der Staffel, Torsten Mattuschka, wurde gut bewacht und kassierte eine unglückliche Rote Karte. Er erzielte, obwohl einige Spiele gesperrt, fast die Hälfte aller Gästetore."

Da ist im Rückblick natürlich die Frage zu stellen, wie es sich damals mit dem „unglücklichen" Feldverweis gegen Forst genau verhalten hat. Mattuschka kann sich noch sehr gut an diese Episode erinnern. „Ich wurde klar gefoult. Aber der Schiedsrichter hat einfach nicht gepfiffen. Da habe ich ihn gefragt: Was bist du denn für eine Plinse?"

Opa Heinz lässt nicht locker

Torsten Mattuschka hat in Dissenchen scheinbar seinen privaten, beruflichen und sportlichen Frieden gefunden. In der siebten Spielklasse trifft er nach Belieben, und seine Mannschaft bereichert die Südstaffel der Landesklasse durchaus. 1998/99 reicht es mit 54 Punkten hinter dem SV Werben 1892 (73) und dem FSV Lauchhammer (ebenfalls 54) zu Rang drei. 1999/2000 wird der SVD mit 47 Punkten Sechster. Vor ihm landen Einheit Drebkau, der FSV Lauchhammer 08 (beide 68), der KSV Tettau (62), der SV Süden Forst (56) und der SV Großräschen (50).

Die beste Serie in der dreieinhalbjährigen „Ära" Mattuschka spielt Dissenchen in der Saison 2000/01. Hinter dem KSV Tettau (66 Punkte) wird Dissenchen mit 62 Punkten Vizemeister. Dritter wird Süden Forst (50). Aufs Treppchen schafft es der SVD mit 56 Punkten auch in der Spielzeit 2001/02. Am Saisonende sind nur der SV Chemie Guben 1990 (62) und der FSV Lauchhammer 08 (58) besser.

Da hat Mattuschka den SV Dissenchen allerdings bereits verlassen. Er nimmt seinen Abschied nach der Hinrunde, als Dissenchen mit 28

Punkten hinter Guben, Lauchhammer (beide 31) und der SG Burg (29) auf Platz vier steht. Mit und ohne Mattuschka holt die Mannschaft also 28 Punkte pro Halbserie. „Nach seinem Weggang gerieten die Dissenchener etwas ins Trudeln, fingen sich dann aber wieder", beschreibt die *Lausitzer Rundschau* die Phase nach dem Abgang Mattuschkas.

Dass Mattuschka noch mal die Kurve zu Energie Cottbus und damit in Richtung Profifußball bekommt, verdankt er wieder mal vor allem Heinz Wieder. Dem Opa reicht es offensichtlich nicht, dass Torsten Mattuschka unterklassig von Tor zu Tor eilt oder wie im Mai 2000 beim 100-jährigen Forster Fußballjubiläum die Cottbuser Stadt-Elf verstärkt und beim 3:0-Erfolg gegen eine Forster Auswahl das 2:0 beisteuert. Opa Heinz traut Torsten mehr zu. Er geht bei Funktionären von Energie Cottbus fast schon auf Betteltour.

Dabei kommt Heinz Wieder zugute, dass die Amateurmannschaft des FC Energie Cottbus zu Beginn der 2000er Jahre regelmäßig auf der Anlage des SV Dissenchen trainiert. „Energie hatte damals noch nicht so viele Trainingsplätze für die Nachwuchsmannschaften und die Amateure. Der zweiten Mannschaft wurde für ein, zwei Jahre der Platz in Dissenchen zugewiesen", erzählt Jürgen Meseck. Der damalige Cottbuser Trainer der Amateurelf kann sich auch gut an die Großeltern Mattuschkas erinnern: „Der Opa und die Oma lebten in Merzdorf, waren aber Dissenchen-Fans. Sie meinten, dass ich den Torsten doch aus der Nachwuchsabteilung von Energie gut kenne und dass er in Dissenchen vergammle. Aus ihm wäre doch sicher mehr zu machen." Auch er hat Anteil daran, dass Mattuschka nicht in der Versenkung des Freizeitsports verschwindet. Mattuschka bekommt im Jahr 2001 tatsächlich ein Bewerbungsspiel bei Energie, das seine Rückkehr zum sportlichen Aushängeschild der Stadt im Jahr 2002 ermöglichen wird.

Eine Genugtuung dürfte dies besonders für Heinz Wieder gewesen sein. „Mein Opa war immer da. Ohne ihn wäre ich nie so weit gekommen. Er hat in Dissenchen immer noch gerührt, als der Zug eigentlich schon abgefahren war. Für mich war klar, dass es mit der Profikarriere eigentlich vorbei ist. Aber Opa hat Jürgen Meseck immer wieder vollgequatscht", sagt Mattuschka dankbar. Seine Schwester Katja bestätigt das: „Der Opa hat nicht locker gelassen."

KAPITEL 5

Zurück bei Energie

2001 bis 2004

Casting mit 97 Kilogramm Lebendgewicht

Torsten Mattuschka schließt die vom 1. September 1998 bis zum 18. Juli 2001 laufende Ausbildung als Maler und Lackierer erfolgreich ab. Die Vergütung im dritten Lehrjahr beträgt 825,56 DM, was heute in etwa 440 Euro entspricht. Als Geselle der Firma Laschke gibt es deutlich mehr. Im November 2001 sind bei Mattuschka beispielsweise 1.855,04 DM in der Lohntüte. „Ich war mit dieser Arbeit zufrieden. Natürlich will ich das nicht mehr missen, was ich später als Fußballer erleben durfte und darf", sagt Mattuschka. „Aber der Malerjob früher war auch in Ordnung. Ich lebte ja auch damals glücklich."

Eine Hintertür zum größeren Fußball tut sich jedoch 2001 noch einmal auf. Um das Probespiel von Torsten Mattuschka beim FC Energie ranken sich fast schon Legenden. Bei Cottbuser Trainern und Funktionären wie Eduard Geyer, Jürgen Meseck, Ulrich Nikolinski, Detlef Ullrich und Horst Schudack hinterlässt der Auftritt des Dissenchener Torjägers einen bleibenden Eindruck. Unisono erzählen alle, dass diese Partie *im* Stadion der Freundschaft stattfand. Doch hinsichtlich des genauen Datums und der aufeinandertreffenden Mannschaften gibt es unterschiedliche Angaben.

Profi Thomas Reichenberger, der vor seinem Wechsel von Eintracht Frankfurt zu Energie in derselben Partie für die erste Cottbuser Mannschaft getestet wurde, wechselte im Dezember 2001 in die Lausitz. Das Spiel muss also auf jeden Fall früher stattgefunden haben. Der damalige Mattuschka-Berater Bodo Fietze geht in seinen Erinnerungen im Jahr 2017 vom Sommer 2001 aus. Man kann wohl einen Spieltermin zwischen Juli und November 2001 in Betracht ziehen. Seinen Arbeitsvertrag bei der Firma Laschke kündigt Mattuschka jedenfalls am 30. November 2001 zum 31. Dezember 2001. „Auf eigenen Wunsch", berichtet Laschke 15 Jahre später nach dem Blick in die Bücher.

Mattuschka sagt, dass eine Mannschaft aus Probespielern gegen die der Cottbuser Amateure gekickt habe. Der langjährige Cottbuser Nachwuchstrainer und -leiter Nikolinski meint dagegen, dass eine Mischung aus Spielern der Amateurmannschaft und der zweiten Reihe der Profis gegen eine Auswahl von A-Junioren und Probanden angetreten sei. „Ich habe die Probemannschaft betreut", behauptet Nikolinski. Ullrich, damals im Energie-Nachwuchs tätig und ab Sommer 2002 Mattuschkas Trainer bei den Cottbuser Amateuren, liefert hingegen diese Version: „Hagen Reeck und ich haben die jüngeren Bundesligaprofis betreut. Ede Geyer und Petrik Sander die älteren. Neben Torsten waren noch zwei, drei andere Probespieler eingeladen."

Mit Reeck und Sander dürften also auch die beiden Co-Trainer von Eduard Geyer als Scouts dabei gewesen sein. Jürgen Meseck, Coach der Amateurmannschaft, war auch neugierig. Schließlich hat er sich Mattuschka von dessen Opa Heinz aufschwatzen lassen.

Mattuschka erinnert sich, dass er einen Tag vor dem Spiel von Fietze angerufen wurde, der in diesem Jahr mit seiner Sportagentur Fußballer beriet und vermittelte. Mit Fietzes Stiefsohn Kai Wussack spielte Mattuschka zusammen beim SV Dissenchen. „Bodo Fietze hat organisiert, dass ich ein Probespiel bestreiten kann. Am Spieltag bin ich um 5.30 Uhr aufgestanden. Bis 14.30 Uhr habe ich gearbeitet", so Mattuschka. „Nur einem Kollegen habe ich von dem Spiel erzählt. Ich bin dann vom Branitzer Hotel ins Energie-Stadion gefahren. Da waren schon mehrere Fußballer versammelt, auch Thomas Reichenberger."

Der eine oder andere Mitspieler und Gegner staunt mächtig in der Kabine und auf dem Platz. Mattuschka wiegt zu diesem Zeitpunkt 97 Kilogramm. Er trägt Glatze und am rechten Auge ein Piercing. Wie ein Profifußballer sieht er wahrlich nicht aus. Aber auf seinen weißen Fußballschuhen prangen demonstrativ die Sterne der Champions League. „Keiner hat etwas gesagt, die werden sich aber ihren Teil gedacht haben", sagt Mattuschka. „Ich machte aber ein Riesenspiel, ein Tor schoss ich selbst, zwei habe ich vorbereitet." Die zusammengewürfelte Truppe mit Mattuschka und Reichenberger gewinnt 7:3 oder 7:2. Das sagt Mattuschka. Reichenberger hat ein 4:2 in Erinnerung.

Mattuschka gewinnt so oder so. Ullrich berichtet, dass er mehrere gescheite Pässe schlug. Von den Bundesligaspielern sei das sonst nur bei Vasile Miriuță zu beobachten gewesen. „Torsten war dick, fett und schwammig. Ich dachte, wenn Ede den sieht, schmeißt er ihn gleich raus. Aber er hat mit Leistung überzeugt", erinnert sich Ullrich.

Nach dem Spiel nähert sich Eduard Geyer dem Testkicker Mattuschka. Die Cottbuser Trainerlegende kommt von halb links auf den Stürmer des SV Dissenchen zu und spricht ihn dann tatsächlich in breitem Sächsisch an: „Sag mal, du kannst echt gut Fußball spielen. Du bist aber zu fett. Du musst ein bisschen abnehmen. Dann kannst du mit Fußballspielen noch Geld verdienen."

Ob Geyer zu diesem Zeitpunkt die erste oder zweite Cottbuser Mannschaft im Kopf hat, weiß Mattuschka nicht. Er traut sich auch nicht, nachzufragen. Für ihn ist es schon ein Brüller, dass ihn Ede Geyer überhaupt angeredet hat. Mattuschka: „Ich war ein Dorfi, man. Ich habe nur genickt."

Am nächsten Tag muss Mattuschka wieder zur Arbeit. Bis zu seinem Wechsel zu den Amateuren von Energie Cottbus dauert es noch bis Anfang Januar 2002. Aber mit dem Probespiel erarbeitet er sich eine Option, sportlich mehr aus sich zu machen. Er ist zum richtigen Zeitpunkt am richtigen Ort. „Ich hatte Glück, dass ich gut gespielt habe und auch aufgefallen bin – nicht nur vom Äußeren", sagt Mattuschka fast 16 Jahre später. „Wenn ich scheiße gespielt hätte, wäre ich weiter jeden Tag auf irgendeine Malerbaustelle gegangen. Aber das wäre auch in Ordnung gewesen."

„Und dann packt der weiße Adidas-Schuhe aus"
Interview mit Thomas Reichenberger, ehemaliger Mannschaftskollege

Thomas Reichenberger stürmte für Bayer Leverkusen, Eintracht Frankfurt und Energie Cottbus in der Bundesliga. Der Angreifer erlebte das Probespiel von Torsten Mattuschka hautnah mit. Beide freunden sich später schnell an.

Herr Reichenberger, warum waren Sie 2001 in einem Testspiel in Cottbus dabei?
„Es war ein Stück weit ein Bewerbungsspiel von mehreren Personen – sowohl für die Bundesliga- als auch die Oberliga-Mannschaft. Ich stand noch bei Eintracht Frankfurt unter Vertrag. Energie-Präsident Dieter

Krein und Manager Klaus Stabach sagten Trainer Eduard Geyer, dass ich gut sei und er mich holen müsse. Geyer meinte aber, dass er mich erst einmal anschauen will. Ich war in dieser Partie als Testspieler für die erste Mannschaft vorgesehen, andere für die zweite. Einer davon hieß Torsten Mattuschka."

Der muss damals in der Kabine und auf dem Platz einen starken Auftritt hingelegt haben …
„Verstehen Sie mich nicht falsch, aber ich kam ja gefühlt von oben, aus der Bundesliga, und hatte schon in der Champions League gespielt. Und ich habe das Probetraining in Cottbus auch nicht auf die leichte Schulter genommen. Und dann sitzt mir genau gegenüber ein völlig unbekannter Typ, der mit fast 100 Kilogramm Gewicht, einem Piercing und gespanntem Trikot aufläuft. Und dann packt der auf einmal auch noch weiße Adidas-Schuhe aus. Ich glaube, der wollte sich am liebsten noch die Nummer zehn geben lassen. Ich wusste nicht, ob ich ganz richtig bin. Es hätte auch gut sein können, dass Torsten mit einem Traktor vorgefahren ist."

Der Eindruck täuschte aber glücklicherweise?
„Ja. Wir spielten letztlich zusammen in derselben Mannschaft. Nach wenigen Minuten habe ich festgestellt, dass der Typ am Ball gar nicht so schlecht ist. Ich glaube, er hat mir zwei oder drei Tore aufgelegt. Wir haben schon im Spiel einen ganz guten Draht zueinander entwickelt. Es entstand eine sportliche und persönliche Wellenlänge. Wir wurden später bei Energie zunächst für unterschiedliche Teams unter Vertrag genommen."

Einige Monate später, im Sommer 2002, nahm Mattuschka an der Sommervorbereitung der Profis in Österreich teil. Da war er wesentlich schlanker. Hat Sie das erstaunt?
„Schon. Torsten hatte in der zweiten Mannschaft ein halbes Jahr sein Zeug gemacht. Sein feines Füßchen ist da vielen aufgefallen. Dann ist ihm wohl gesagt worden, dass er ab einem bestimmten Gewicht auch zu den Profis darf."

Sein Weg ist ungewöhnlich, er war im Prinzip über fünfeinhalb Jahre raus aus dem Leistungssport. Wie haben Sie seinen weiteren Weg in Cottbus und beim 1. FC Union gesehen?
„Wir sind bis heute eng verbunden. Ich habe jeden seiner Schritte verfolgt. Ich war immer im Bild, wie es ihm geht. Bei Union hatte er selbst in der dritthöchsten Spielklasse ab und an Schwierigkeiten. Aber der Aufstieg von Union bis in die 2. Bundesliga ist eng mit seiner Person verbunden. Torsten wurde für den Verein immer wichtiger, je höher es ging."

Im Trikot sieht er bis heute fülliger als andere aus …
„Ich kann da mitfühlen. Ich bin ja auch nicht der Allerschmalste gewesen und eher noch ein bisschen gedrungener. Für meine Mutter habe ich gefühlt immer abgenommen, weil sie mich sonst im Fernsehen immer nur im Trikot sah. Bei ‚Tusche' hat es in Berlin dennoch zum absoluten Kultspieler in der 2. Liga gereicht, obwohl er so ist, wie er ist, und bei Energie in jungen Jahren zweimal durchfiel. Sein Talent wurde vielleicht hier und da verkannt, weil Disziplin und Aussehen bei ihm manchmal nicht ganz so sportspezifisch waren."

Das Rätsel von Dissenchen: Sperre trotz Freigabe

Nach dem erfolgreichen Vorspielen bei Energie ist der Weg für Torsten Mattuschka frei, zum Cottbuser Vorzeigeverein zurückzukehren. Mattuschka sagt, dass seine Lehre aber noch lief. Die wollte er noch zu Ende machen. Abgeschlossen hat er diese jedoch schon Mitte Juli 2001. Mit dem verantwortlichen Energie-Trainer Jürgen Meseck vereinbart er, im Januar 2002 zu den Amateuren von Cottbus zu wechseln.

Für den SV Dissenchen spielt er noch in der ersten Halbserie 2001/02. Mit 16 Treffern stellt er erneut seinen Torhunger unter Beweis. Für die zweite Energie-Mannschaft ist er aber nicht sofort spielberechtigt. Mattuschka wird für drei Monate gesperrt und darf sein erstes Punktspiel für die Cottbuser Amateure erst Anfang März 2002 bestreiten. Doch was ist der Grund für diese Sperre? Die Annahme, dass Mattuschka vom SV Dissenchen oder seinem Arbeitgeber Steine in den Weg gelegt werden, ist wohl falsch, auch wenn Malermeister Timo Laschke zunächst vermutet, dass sein Vater Werner damals bockig war. Die Firma hatte schließlich in den Lehrling Mattuschka investiert.

Bei der Firma Laschke kündigt Mattuschka zum 31. Dezember 2001 mit vier Wochen Vorlauf. Und Bernhard Hansch, früherer Trainer Mattuschkas beim SV Dissenchen und langjähriger Funktionär des Vereins, ist sogar im Besitz einer schriftlichen Vertragsvereinbarung zwischen dem SV Dissenchen und Energie Cottbus. Die hat Hansch mit dem Cottbuser Nachwuchsverantwortlichen Horst Schudack geschlossen, der diese auch unterschrieben hat. In der Vereinbarung heißt es: „Für den Wechsel des Spielers Torsten Mattuschka zahlt der FC Energie Cottbus an den SV Dissenchen eine Ausbildungsentschädigung in Höhe von 3.750 Euro. Der Wechsel wird am 9.12.2001 vollzogen. Der SV Dissenchen erteilt die sofortige Freigabe für den Spieler. Zahlungsziel für diese Entschädigung ist der 30.6.2002. Diese Entschädigung wird bei einer eventuellen späteren Lizenzerteilung für diesen Spieler angerechnet."

Schudack nennt 2017 zunächst die Zahl von rund 7.000 Euro als Ausbildungsentschädigung. Doch der frühere Mathelehrer erinnert sich dann, dass zum 1. Januar 2002 der Euro eingeführt wurde. Die „Ablöse" entspricht umgerechnet ungefähr 7.000 DM.

Datiert ist die Vereinbarung auf den 5. Dezember 2001. Eigentlich hätten alle glücklich sein können. Hansch kaufte von dem Geld rund 20 beschriftete Trainingsanzüge für Dissenchen. Und Mattuschka unterschrieb für 160 Euro im Monat seinen ersten Amateurvertrag bei Energie. „Ich bin schon ein Risiko eingegangen. Ab Januar 2002 hatte ich ja keine Arbeit mehr", erzählt Mattuschka heute. Warum also die Sperre?

Die Lösung des Rätsels bringt das erste Interview von Mattuschka mit der Cottbuser Stadionzeitung *Energie Echo* Ende März 2002. Demnach wurde Mattuschka für den Wechsel zu einer höherklassigen Mannschaft automatisch für drei Monate gesperrt. „Ich denke, dass diese Regelung mal überdacht werden sollte. Aber für mich war es schon ganz gut so, denn ich musste erst einmal meine Fitnesswerte verbessern, um in der Oberliga spielen zu können", äußert sich Mattuschka in dem Gespräch. „In Dissenchen hatte ich ja zweimal in der Woche Training, manchmal konnte ich gar nicht, weil ich in der Woche auf Montage war. Da hat mir schon einiges gefehlt." Das Foto zum Interview zeigt Mattuschka noch recht „kräftig" und mit einem kahlrasierten Schädel – in Mattuschka-Deutsch: Bombe.

Debüt bei den Energie-Amateuren

In der damals viertklassigen NOFV-Oberliga Süd stehen vor Beginn der Rückrunde 2001/02 der VFC Plauen, Dynamo Dresden und der FC Carl Zeiss Jena an der Tabellenspitze. Die Amateure des FC Energie Cottbus sind mit 22 Punkten auf Rang neun platziert. Die „Ost-Ausgabe" des *Kicker Sportmagazins* vom 17. Januar 2002 führt Torsten Mattuschka als Zugang der Cottbuser Amateurmannschaft vom SV Dissenchen, wobei der *Kicker* „Dissinchen" statt Dissenchen schreibt.

Sein erstes Spiel im neuen Trikot absolviert Mattuschka am 20. Januar 2002 beim Test gegen den VfB Lichterfelde. Bei der 1:4-Niederlage in Berlin wird Mattuschka nach 60 Minuten eingewechselt. „Ich denke, dass Torsten bei den Amateuren Fuß fassen kann", sagt Energie-Trainer Meseck in einem Interview mit der *Lausitzer Rundschau*.

Beim ersten Rückrundenspiel am 2. Februar 2002 zu Hause gegen den VfB Leipzig (0:1) sucht man Torsten Mattuschka wegen der Sperre vergeblich in der Aufstellung. Auch die nächsten vier Punktspiele finden ohne Mattuschka statt. Das ist für den Spieler zwar unerfreulich, hat aber auch gute Seiten. „In den ersten Wochen hatte ich beim Training überall Krämpfe", fällt Mattuschka anno 2016 noch ein.

Sein Pflichtspieldebüt erlebt Mattuschka erst am 23. Spieltag am 9. März 2002 im Heimspiel gegen den FV Dresden-Nord (0:1). Mattuschka spielt vor 100 Zuschauern von Beginn an zusammen mit Sven Kubis im Sturm. Er wird in der 77. Minute durch Oliver Keutel ersetzt.

Bis zum Saisonende steht er unter Meseck dann stets im zentralen offensiven Mittelfeld in der Startelf. Er absolviert insgesamt zwölf Spiele. Das erste Tor gelingt ihm am 23. März 2002. Beim Heimspiel gegen den VfB Zittau trifft Mattuschka in der 59. Minute zum 3:1-Endstand. 80 Fans sind Augenzeugen. Die Amateurelf ist beileibe kein Zugpferd. „Diese Zuschauerzahlen war ich aus Merzdorf und Dissenchen gewohnt", sagt Mattuschka. Eine Woche später, am 31. März 2002, kommen zur Partie in Jena (1:4) immerhin 2.522 Besucher ins Ernst-Abbe-Sportfeld. „Das hatte ich bis dahin noch nicht erlebt", erzählt Mattuschka mit 15 Jahren Abstand.

Am letzten Spieltag der Saison 2001/02 schlägt Mattuschka noch mal als Torschütze zu. Beim OFC Neugersdorf trifft er in der 85. Minute zum 1:0-Endstand. Mattuschka: „Da waren meine Mutter, meine Schwester und meine Großeltern auch vor Ort." Die Cottbuser Amateure sind am Ende Tabellenneunte mit 44 Zählern. In beiden Halbserien holen sie jeweils 22 Punkte.

Zur Saison 2002/03 gibt es für die Amateurmannschaft einen neuen Trainer. Auf der Ostseite des *Kickers* heißt es am 15. Juli 2002, dass Jürgen Meseck zurückgetreten ist und durch Detlef Ullrich ersetzt wird. Am 22. Juli 2002 veröffentlicht dasselbe Fachmagazin den Kader der zweiten Mannschaft für die NOFV-Oberliga Süd 2002/03. Torsten Mattuschka gehört im Mittelfeld dazu.

Doch unverhofft bietet sich dem damals 21 Jahre alten Fußballer die Chance, einen weiteren Quantensprung binnen eines Jahres zu schaffen. In Dissenchen spielte er in der 7. Liga, bei den Cottbuser Amateuren in Liga 4. Und die erste Mannschaft der Lausitzer startet 2002/03 in ihre dritte Saison in Folge in der 1. Bundesliga …

Abspecken für die Profis

Den Grundstein für seine Annäherung an den Profikader legt Torsten Mattuschka schon zum Ende der Spielzeit 2001/02. „Die erste Mannschaft hatte in der Bundesliga die Klasse gehalten und ist noch mal über die Dörfer gefahren. Es gab Spiele gegen Eisenhüttenstadt und den Dresdner SC. Trainer Eduard Geyer hat drei Amateure mitgenommen, auch mich", erinnert sich Mattuschka. Am 22. Mai 2002 spielt Cottbus in Forst gegen Stahl Eisenhüttenstadt und am 24. Mai 2002 in Finsterwalde gegen den Dresdner SC. Beide Freundschaftsspiele gewinnt Energie jeweils mit 7:1, gegen „Hütte" trägt sich auch Mattuschka in die Torschützenliste ein. „Ich machte zwei Superspiele. Gegen Eisenhüttenstadt habe ich einmal ins Tor geschossen und einmal den Pfosten getroffen", sagt Mattuschka. In diesen Tagen kommt es zu einer weiteren Begegnung mit Geyer, die der Spieler nie vergessen wird. „Der Trainer hat mich in die Kabine gerufen. Auf ein Stück Papier malte er ein Viereck und einen Kopf. Er meinte, dass ich genau so aussehen würde", berichtet Mattuschka.

Der letzte Nationaltrainer der DDR macht Mattuschka aber auch ein unverhofftes Angebot: Wenn er bis zum Trainingsauftakt der Saison 2002/03 82 Kilogramm wiegt, darf er mit ins Sommer-Trainingslager der Profis fahren. Rund 92 Kilogramm hat Mattuschka zum Zeitpunkt dieser

Ansage auf den Rippen. Bis zum ersten Training der Profis am 1. Juli 2002 um 15 Uhr im Stadion der Freundschaft bleibt ihm ein guter Monat.

Zehn Kilogramm muss er abspecken. „Da hat es klick gemacht. An manchen Tagen habe ich gar nichts gegessen oder nur einen Apfel. Dazu gab es ein Glas heißes Wasser", berichtet Mattuschka. Er stellt die Ernährung komplett um. Vollkornbrot und ein bisschen Butter oder Obstsalat sind erlaubt. Alkohol ist tabu. Doch nur Diät reicht nicht aus. Zweimal in der Woche absolviert er Läufe über jeweils zwölf Kilometer. Hilfe gibt es von Bodo Fietze. Der damalige Berater sagt 2017: „Ich habe mit Torsten ein umfangreiches Fitness- und Ernährungsprogramm durchgeführt."

Mutter Christa Mattuschka erinnert sich, dass sich ihr Sohn Torsten trotz Hitze zum Laufen ganz dick anzog. Jedes Gramm zählt. Es ist eine Quälerei, wenn der Magen knurrt und der Körper trotzdem Leistung bringen soll. „Es gab auch schlimme Tage, aber ich wollte es einfach schaffen. Ich habe es durchgezogen", sagt Mattuschka stolz.

Zum Trainingsauftakt am ersten Julitag des Jahres 2002 müssen alle Profis auf die Waage. 82,3 Kilogramm zeigt sie bei Mattuschka an. Mancher Mitspieler staunt und fragt, was passiert ist. Der schlankere Torsten fällt auf in der Kabine. Neuzugang Marco Gebhardt, mit dem Mattuschka einige Jahre später auch beim 1. FC Union Berlin zusammenspielen wird, sieht ihn an diesem Tag zum ersten Mal. Gebhardt und Mattuschka sitzen gemeinsam auf einer Bank, ein Platz liegt zwischen ihren Spinden. „Ich habe mich gewundert. Ich wusste nicht, wer Torsten Mattuschka ist. Ich sah nur, dass er relativ groß war und links und rechts Seitenaufprallschutz hatte", spielt Gebhardt auch 2016 noch auf Mattuschkas relative Körperfülle an. „Er war anders als der Rest, aber ehrgeizig. Für sein Ziel, im Profifußball anzukommen, hat er richtig Gas gegeben."

Das bleibt auch so. Fortan trainiert Mattuschka immer mit dem Bundesligakader. Auch wenn das unter Geyer kein Zuckerschlecken ist. Mattuschka fällt eine Anekdote aus dem Krafttraining in den ersten Wochen ein, als die Mannschaft Sit-ups an einer schrägen Bank absolviert. „Als Geyer angelaufen kam, hatte ich in meinen Beinen überall Krämpfe. Ich war fix und fertig. Da steht er neben mir, und ich habe versucht, ihm das nicht zu zeigen", berichtet Mattuschka. Er schafft aber nur noch drei oder vier Wiederholungen. Geyer bemerkt das und fragt Mattuschka im sächsischen Dialekt: „Bier saufen ist einfacher, hä?"

Aber Geyer hält sein Versprechen, und Mattuschka fährt vom 15. bis 24. Juli 2002 mit ins Trainingslager nach Lindabrunn bei Wien. Mattuschka spielt eine starke Vorbereitung, auch weil er sich keinen Kopf macht. Die Medien werden auf den Neuling aufmerksam. „Vom Volkssport in die Bundesliga", lautet die Schlagzeile am 19. Juli 2002 über einem großen Artikel in der *Lausitzer Rundschau*. Autor Frank Noack berichtet ausführlich über „die ungewöhnliche Karriere von FCE-Nesthäkchen Torsten Mattuschka". Im Text lobt Trainer Geyer Mattuschka mit den Worten: „Solch gute Voraussetzungen habe ich bei jungen Spielern selten gesehen." Geyer will Mattuschka ein halbes Jahr Zeit geben, um sich zu entwickeln. Die *Sport Bild* findet die Geschichte vom Aufstieg Mattuschkas auch schön. Hier lauten die Überschriften „Für die Bundesliga 15 Kilo abgespeckt" und „Die Märchenkarriere des Hobbykickers Torsten Mattuschka aus der 7. Liga".

Für Mattuschka beginnt nach und nach ein neues Leben. Energie sorgt dafür, dass der im April 2002 begonnene Zivildienst in einem Behindertenheim vorzeitig endet. Jörg Neubauer aus Berlin wird sein neuer Spielerberater. Zudem bietet Cottbus dem Spieler einen Profivertrag an. „Da habe ich erstmals in meinem Leben gutes Geld verdient. Ich glaube, dass es monatlich 4.000 Euro brutto waren. Für die Bundesliga war das nichts, für mich als Dorfi schon", so Mattuschka.

Dass Mattuschka zumindest ab Sommer 2002 zum Profikader gehört, freut auch Ulrich Nikolinski, der von 1992 bis 1994 der letzte Cottbuser Männertrainer vor der Verpflichtung von Eduard Geyer war und davor und danach viele Jahre im Energie-Nachwuchsbereich arbeitete. Er sieht Geyers Initiativen, Mattuschka sowohl nach dem Probespiel 2001 als auch im Sommer 2002 Hoffnungen zu machen, noch von einer anderen Seite. „Auch Cottbuser Nachwuchstrainer haben festgestellt, dass Torsten in Dissenchen ganz gut war. Aber keiner kam auf den Gedanken, ihn zurückzuholen. Das ist wohl auch der Tatsache zu verdanken, dass uns Eduard Geyer eins auszuwischen gedachte. Ich glaube, er wollte beweisen, wie doof wir im Nachwuchs sind. Das ist meine These", sagt Nikolinski 2017. „Vielleicht wollte Geyer uns zeigen, dass wir zu Unrecht einen der Besten weggeschickt haben. Das hat er uns nicht gesagt. Aber nur vom Probespiel her hätte man Torsten nicht nehmen müssen."

Nikolinski führt an, dass Geyer kaum auf Nachwuchsspieler aus dem eigenen Hause setzte. Er nennt als Beispiele René Trehkopf und Thomas Neubert. Nikolinski. „Die hätten in der ersten Mannschaft landen können. Aber sie wurden nicht herangeführt."

„Man macht aus einer Kuh kein Rennpferd"
Interview mit Trainer Eduard Geyer

Eduard Geyer, Jahrgang 1944, trainierte vom 1. Juli 1994 bis zum 23. November 2004 Energie Cottbus. Er übernahm den Verein in der Regionalliga Nordost. 1997 stieg er mit der Mannschaft in die 2. Bundesliga auf und erreichte im selben Jahr das DFB-Pokalfinale gegen den VfB Stuttgart (0:2). Höhepunkt seiner Tätigkeit war die dreijährige Bundesliga-Zugehörigkeit zwischen 2000 und 2003.

Herr Geyer, wie haben Sie Torsten Mattuschka in Erinnerung, als er 2001 zum Probespiel bei Energie Cottbus auftauchte?
„Es war ein einfaches Freundschaftsspiel, was man benutzt, um sich ein bisschen freizuspielen. Bei Torsten konnte man eine gute Schlagtechnik erkennen. Er hatte eigentlich auch immer eine ganz gute Lösung parat. Aber er konnte nicht rennen. Zudem war er übergewichtig. Aber wir haben immer nach Spielern Ausschau gehalten, die uns weiterhelfen konnten. Deshalb habe ich ihn nach dem Spiel angesprochen, dass er bei uns spielen kann, wenn er abnimmt. Das war für Torsten zugleich eine Aussage und ein Versprechen. Aber wenn man so etwas erreichen will, gehört dazu auch ein bestimmter Wille."

Kannten Sie Mattuschka vor dieser Partie?
„Nein, überhaupt nicht. Wir haben unmittelbar nach dem Spiel zum ersten Mal miteinander geredet. Als Trainer hat man mit der Zeit aber auch ein gutes Auge für Spieler, die Talent besitzen. Und da wir in Cottbus finanziell immer etwas klamm waren, mussten wir uns bis an die Decke strecken. Insofern war das ein Angebot für Torsten, das auch uns weiterhelfen sollte."

War dieser Fußballer eine Ihrer größten Herausforderungen als Trainer?
„In erster Linie musste sich der Spieler selbst motivieren. Nur weil er das gesagt bekommt, hat er noch nicht fünf oder zehn Kilogramm abgespeckt. Er hat sich bei uns aber nicht in der ersten Mannschaft durchgesetzt. Er musste den Weg über den 1. FC Union Berlin gehen. Ich habe seine Entwicklung natürlich verfolgt. Ich freue mich über seinen Werdegang. Denn ich hatte mit ihm keine Konflikte. Es war ein ganz normales Spieler-Trainer-Verhältnis."

Seine einzigen vier Bundesligaspiele bestritt Mattuschka unter Ihnen im Mai 2003. Wäre ohne seine Volkssportphase für Mattuschka eine größere Laufbahn drin gewesen?
„Man macht aus einer Kuh kein Rennpferd. Aber grundsätzlich konnte er ein Spiel gut lesen und seine Mitspieler vernünftig einsetzen. Das ist ihm auch gelungen. Und was er aus seinen Möglichkeiten gemacht hat, ist ja auch nicht wenig. Es gibt nach wie vor in der Bundesliga Akteure, die nicht extrem schnell sind, aber aufgrund anderer Fähigkeiten erfolgreich Fußball spielen."

Seine Profikarriere endete 2016 mit dem Drittliga-Abstieg bei Energie Cottbus. Hätte er 2014 lieber bei Union bleiben sollen?
„Der Abgang in Berlin war für ihn keine sehr glückliche Aktion. Er fühlte sich beim 1. FC Union ausgebootet. Man hätte mit ihm in der Frage vielleicht ein bisschen offener umgehen müssen. Denn viele Jahre lang leistete er für Union gute Arbeit. In Cottbus ist es dann nicht so gelaufen, wie er sich das vorgestellt hatte. Er spielte dann ja nicht mehr so oft."

Ist das heute im durchorganisierten Fußball noch denkbar, dass ein Kicker fünfeinhalb Jahre unterklassig und teilweise in der 7. Liga spielt und dann doch in der 1. und 2. Liga auftaucht?
„Auf alle Fälle ist es sehr schwierig. Es war in der damaligen Zeit eine Ausnahme. Es kann immer wieder mal vorkommen. Aber wenn man ein bisschen in der Versenkung verschwunden ist und in den unteren Ligen spielt, ist es nicht leicht, sich wieder hochzuarbeiten. Umso höher ist es einzuschätzen, dass Torsten das geschafft hat."

Die Bundesliga gestreichelt

Torsten Mattuschka trainiert ab Juli 2002 bei den Energie-Profis mit. Das macht seine Kumpels aus Merzdorf euphorisch. „Wir fanden das richtig gut. Wir waren ja auch alle Fans des Vereins", sagt Mattuschkas Trauzeuge Daniel Dubrau. Beim Essen und Partymachen muss sich Mattuschka als Leistungssportler aber fortan zurückhalten. Die Freunde verstehen das. „Meine Kumpels waren auch stolz, dass ich es geschafft habe", sagt Mattuschka.

Das gilt auch für Mattuschka. Als Knirps und Teenager trägt er beim Training schon mal Trikots von Fußballstars wie Jürgen Klinsmann, Diego Maradona und Marco van Basten. Doch bei Heim- und Auswärtsspielen von Energie feuert er die Kicker seiner Heimatstadt Cottbus an. „Wir Merzdorfer waren richtige Fans von Energie. Ich war auch 1997 beim berühmten Schneespiel gegen Karlsruhe im DFB-Pokal oder beim Relegationsspiel in Hannover dabei. Geyer war für mich ein Held", sagt Mattuschka.

Nach der Rückkehr aus dem Trainingslager in Lindabrunn wird es in der Hinrunde 2002/03 aber erst einmal nichts mit ersten Bundesligaeinsätzen, obwohl ihn Geyer als einen der Gewinner des Übungscamps bezeichnet. Aber Mattuschka ist zu diesem Zeitpunkt keiner, der Spielzeit einfordert. „In Lindabrunn hat Eduard Geyer mich gefragt, was mir zu unserem Spielmacher Vasile Miriuță fehlt. Was sollte ich Bauer da sagen?", fragt sich Mattuschka auch noch im Jahr 2016. „Vielleicht hätte ich sagen sollen: gar nichts. Ich weiß aber nicht mehr, ob ich überhaupt etwas gesagt habe. Miriuță war zu dieser Zeit in Cottbus ein Gott." Als es kurz vor Saisonbeginn einen Sprinttest in Cottbus gibt, bei dem Mattuschka Letzter oder Vorletzter wird, ist er erst einmal raus.

Erst am zehnten Spieltag am 26. Oktober 2002 ist er in der Auswärtspartie beim VfB Stuttgart (0:0) zum einzigen Mal in der Hinrunde im Bundesligakader. Doch ein Einsatz bleibt ihm verwehrt. Genauso ergeht es ihm in den Rückrundenspielen bei Werder Bremen (1:0), beim VfL Wolfsburg (2:3), gegen den 1. FC Kaiserslautern (1:3), gegen Borussia Mönchengladbach (1:1) und bei Arminia Bielefeld (2:2), bei denen er ebenfalls zumindest im Aufgebot steht. „Ich war nicht immer im Kader. Manchmal habe ich dann auch Ede gefragt, ob ich in der zweiten Mannschaft spielen kann", schaut Mattuschka 2016 zurück. „Ich hätte bei den Profis auch nur Prämien verdient, wenn ich eingewechselt worden wäre."

Neben 8.000 Euro Grundgehalt gibt es eine Auflaufprämie in Höhe von 800 Euro. Die erhöhte sich bei einem Sieg auf 1.600 Euro und bei einem Unentschieden auf 1.200 Euro.

In der Amateurmannschaft von Energie Cottbus kann Mattuschka nichts verdienen, aber Spielpraxis sammeln. Bei Trainer Detlef Ullrich ist er gern gesehen. Dort wird Mattuschka eine tragende Rolle zuteil. „Wir haben unser System umgestellt und Eduard Geyer ein bisschen ausgetrickst. Er spielte Viererkette, wir heimlich noch Dreierkette. Torsten haben wir als fünftem Mann im Mittelfeld den Rücken freigehalten", sagt Ullrich 2017. „Wir haben ‚Tusche' einen Mann als Rückendeckung gegeben, damit er nicht so viel nach hinten arbeiten musste. Nach vorn war er sensationell."

In der Saison 2002/03 absolviert Mattuschka für die Amateure von Energie Cottbus in der NOFV-Oberliga Süd 28 Begegnungen. Ihm gelingen in der vierthöchsten Spielklasse sieben Treffer. In der mannschaftsinternen Torjägerliste landet Mattuschka hinter Thomas Reichenberger (11) und Stefan Wollermann (8) auf Platz drei. Die Mannschaft belegt am Saisonende mit 46 Zählern Rang acht. 321 Besucher verfolgen im Schnitt die Heimspiele.

Doch am Ende dieser Saison streichelt Mattuschka noch ganz zart die Bundesliga – oder ist es umgekehrt? In den letzten vier Spielen, insgesamt 135 Minuten, darf der Cottbuser Junge tatsächlich oben ran. Am 3. Mai 2003 gibt er im Heimspiel vor 12.448 Zuschauern im Stadion der Freundschaft gegen den Hamburger SV (0:0) sein Bundesligadebüt. In der 85. Minute wird er für Robert Vagner eingewechselt. *Die Lausitzer Rundschau*, die zwei Ballkontakte zählt, widmet dem Mattuschka-Einsatz sogar einen Artikel mit der Überschrift „Premiere mit einem Jahr Anlauf". Die Bundesliga habe sicher schon spektakulärere Debüts gesehen, heißt es dort. Mattuschka wird so zitiert: „Für mich zählt, dass ich zum ersten Mal bei den Profis ran durfte. Damit ging ein Traum endlich in Erfüllung."

Praktisch ist Energie Cottbus nach diesem 31. Spieltag aber schon abgestiegen. Den faktischen Abstieg des Tabellenletzten erlebt Mattuschka eine Woche später beim 0:3 bei 1860 München vor 18.500 Besuchern im Münchner Olympiastadion mit. Beim Stand von 0:2 wechselt ihn Geyer im 100. Bundesligaspiel des FC Energie in der 49. Minute für Faruk Hujdurović ein.

Personalprobleme führen dazu, dass Mattuschka im letzten Heimspiel der Saison sogar von Beginn an ran darf. 12.192 Fans sehen einen 2:1-Sieg gegen den späteren Mitabsteiger 1. FC Nürnberg. Der Heimabschied gelingt. Mattuschka wird erst nach 88 Minuten gegen den 20-jährigen Jungspund Patrick Jahn ausgetauscht.

Am letzten Spieltag sagt Cottbus der Bundesliga sogar mit einem kleinen Paukenschlag Adieu. Vor 68.000 Zuschauern im Westfalenstadion von Dortmund versaut Energie der gastgebenden Borussia durch ein sensationelles 1:1-Unentschieden die direkte Qualifikation für die Champions League. Mattuschka sitzt noch auf der Bank, als Timo Rost nach 74 Minuten zum Ausgleich trifft. In der Nachspielzeit wird Mattuschka für Angreifer Andrzej Juskowiak eingewechselt.

Nach dem Abpfiff geht Mattuschka auf Trikotjagd. Er will unbedingt ein Hemd von einem Spieler der Mannschaft von Trainer Matthias Sammer abstauben. Doch bei den enttäuschen Borussen ist nichts zu holen. „Niemand wollte mit uns das Trikot tauschen. Ich habe Sebastian Kehl vergeblich gefragt, der auf dem Rasen lag", erinnert sich Mattuschka. „Aber ich habe mir als Ausgleich einen Nike-Spielball geklaut. Den habe ich in meine Tasche gepackt und mit nach Merzdorf oder Dissenchen gebracht."

Zwischen Dezember 2001 und Mai 2003 übersprang Mattuschka in nur 15 Monaten sechs Spielklassen. Vom SV Dissenchen (7. Liga) ging es über die Amateure von Cottbus (4. Liga) bis zu den Energie-Profis (1. Bundesliga) hoch. „Darauf, dass ich mal dort ankomme, hätte ich niemals gewettet. Für mich war das doch im Alter von 19 oder 20 Jahren gegessen", sagt Mattuschka heute.

Der Durchbruch in der Lausitz bleibt verwehrt

Torsten Mattuschka nutzt der Abstieg von Energie Cottbus in die 2. Bundesliga im Sommer 2003 nur wenig. Die sportlichen Anforderungen sind zwar etwas geringer, aber zu regelmäßigen Einsätzen in der ersten Mannschaft kommt er dennoch nicht. In der Spielzeit 2003/04 bringt er es auf gerade mal vier. Erst am elften Spieltag steht Mattuschka erstmals (!) im Zweitligakader. Beim 3:1-Erfolg bei Arminia Bielefeld spielt er sogar bis zur 86. Minute, ehe er für Björn Brunnemann Platz macht, mit dem er

Jahre später auch beim 1. FC Union Berlin und der VSG Altglienicke kicken wird. Am 13. Spieltag taucht Mattuschkas Name noch einmal im Spielberichtsbogen auf. In Fürth (1:3) agiert er 58 Minuten auf dem Rasen. Sowohl gegen Bielefeld als auch in Fürth vertritt Mattuschka den jeweils gelb-rot-gesperrten Mittelfeldkollegen Moussa Latoundji.

In der ersten Halbserie ist es das schon mit den Profieinsätzen für Mattuschka gewesen. Erst am 31. Spieltag, bei der 2:4-Niederlage beim MSV Duisburg, steht Mattuschka in den ersten 58 Minuten wieder auf dem Platz. Er ist noch einmal am letzten Spieltag am 23. Mai 2004 beim 3:0-Erfolg gegen Jahn Regensburg dabei. Eine Siegesfeier gibt es nicht, weil Cottbus als Tabellenvierter die Rückkehr in die Bundesliga denkbar knapp verpasst. Der Dritte Mainz 05 mit Trainer Jürgen Klopp hat das um sieben Treffer bessere Torverhältnis und steigt erstmals in die Bundeliga auf.

Mattuschka kann 2003/04 immerhin in der Amateurelf von Energie glänzen, die auch dank seiner Treffer mit 48 Punkten den sechsten Platz belegt. In 18 Spielen schießt Mattuschka respektable 14 Tore. Gegen den FC Oberlausitz Neugersdorf (4:1), beim FV Dresden Nord (3:1), bei Germania Halberstadt (5:0) und gegen FC Erfurt-Nord (5:0) trifft er jeweils doppelt, in Neugersdorf (5:3) sogar dreifach. Mit 14 Buden belegt Mattuschka hinter Andriy Zapyshnyi (VFC Plauen/18), Sven Kubis (FC Oberlausitz Neugersdorf/17) und Christian Reimann (VfB Pößneck/16) in der Torjägerliste der Oberliga Süd den vierten Platz.

Bei den Profis hilft ihm das nicht weiter. Der Durchbruch in der Lausitz bleibt Mattuschka bei Geyer letztendlich verwehrt. Dessen Trainertage sind im November 2004 nach über einem Jahrzehnt in Cottbus aber auch gezählt. „Vielleicht hätte ich zur heutigen Zeit mehr Spiele für Energie in der 1. und 2. Bundesliga bestritten. Inzwischen ist es für einen jungen Spieler viel einfacher. Für mich war es schwer und Cottbus ein spezieller Fall", sagt Mattuschka. „Geyer hat mehr den Alten vertraut und sich nicht getraut, auf die Jugend zu setzen. Trotzdem bin ich ihm sehr dankbar, dass er in mir etwas gesehen und mich hochgenommen hat."

KAPITEL 6

Neue Heimat 1. FC Union

2004 bis 2007

Das zweite Aus in Cottbus

Die Saison 2004/05 bringt für Torsten Mattuschka wenig Neues. In der 2. Bundesliga ist er weiter eher Zaungast. Nur sechsmal läuft Mattuschka bei den Profis auf. Unter Trainer Eduard Geyer ist das am zehnten Spieltag beim 1:0-Heimsieg gegen Erzgebirge Aue und in der elften Runde bei Eintracht Trier (1:2) der Fall. In beiden Begegnungen wird Mattuschka in die Startelf beordert. Aber das Vertrauen Geyers ist wieder nur von kurzer Dauer.

Geyer steht inzwischen allerdings selbst auf der Kippe. Beim Heimsieg gegen Aue am 28. Oktober 2004 tauchen mehrere Doppelhalter mit dem Schriftzug „Geyer raus" auf. Die drohende Abstiegsgefahr lässt das Trainer-Denkmal wackeln. Keine vier Wochen später ist es gestürzt. Nach der 1:2-Heimpleite gegen Alemannia Aachen am 22. November 2004 vor nur noch 6.600 Fans muss Geyer gehen. Mattuschka erlebt diese Partie 90 Minuten auf der Bank.

Geyers Nachfolger wird sein Co-Trainer Petrik Sander. Unter dem früheren Energie-Spieler und Kapitän scheint Mattuschka anfänglich gute Karten zu haben. In drei der ersten vier Partien – gegen Wacker Burghausen (0:2), bei Eintracht Frankfurt (1:3) und gegen den 1. FC Köln (3:5) – wirkt er zumindest zeitweise mit. Da Energie aber gegen den Abstieg kämpft und erst am letzten Spieltag trotz einer 2:3-Niederlage beim Karlsruher SC unter äußerst glücklichen Umständen den Klassenerhalt sichert, ist auch unter Sander keine Zeit für den Einbau von jungen Spielern.

In der Rückrunde spielt Mattuschka lediglich am 25. Februar 2005 bei der 0:1-Niederlage bei 1860 München 70 Minuten lang mit, aber nur, weil Regisseur Youssef Mokhtari wegen eines Muskelfaserrisses nicht zur Verfügung steht. Weitere Einsätze und Kadernominierungen Mattuschkas bei den Profis sind für 2004/05 nicht verzeichnet.

Mattuschka muss sich wieder mal bei den Amateuren trösten, die nach Jahren im Süden in dieser Saison in der NOFV-Oberliga Nord beheimatet sind und am Ende mit 53 Zählern Platz sieben belegen. Weil Chefcoach Detlef Ullrich mit der Ausbildung zum Fußball-Lehrer beginnt, übernimmt Thomas Köhler ab dem 17. Spieltag den Trainerposten. Sowohl Ullrich als auch Köhler haben ihre Freude an Mattuschka. Mit zehn Treffern ist er vor Danny Matthes (7) sowie Lars Jungnickel und Martin Grötsch (beide 6) erneut bester Torjäger der Cottbuser Amateure. In der Torjägerliste der Liga kommt Mattuschka auf Position 15. Die Kanone geht an Michael Fuß (28 Tore) von Tennis Borussia Berlin.

Mattuschkas Vertrag läuft im Sommer 2005 aus. „Petrik Sander hat mir damals gesagt, dass er mit mir verlängern würde. Er konnte mir aber nicht versprechen, dass ich spiele", erinnert sich Mattuschka. Es wäre vielleicht wieder darauf hinausgelaufen, dass Mattuschka bei den Profis trainiert, aber hauptsächlich bei den Amateuren in der 4. Liga zum Einsatz kommt. „In Cottbus hat es damals vom Nachwuchs nie einer richtig geschafft. Ein paar durften mittrainieren", meint Mattuschka. „Aber niemand kam auf mein Niveau, obwohl ich vorher noch weiter unten gespielt habe." Seine Profibilanz in drei Jahren Cottbus ist mit vier Erst- und sechs Zweitligapartien aber relativ bescheiden.

Sander sagt heute, dass Mattuschka für den Durchbruch in Cottbus die Schnelligkeit, Dynamik, Spritzigkeit und Laufstärke gefehlt haben. „Und zu meiner Cheftrainerzeit in Cottbus gab es auch noch einen Youssef Mokhtari", erinnert sich Sander. „Gegen den hatte Torsten klare Nachteile."

Vielleicht hätte Mattuschka nur etwas Geduld gebraucht. Der Marokkaner Mokhtari wechselt am 15. August 2005 zum Erstligisten 1. FC Köln. Doch da steht Mattuschka schon seit knapp zwei Monaten beim 1. FC Union Berlin unter Vertrag. Dort wird er im Lauf der Jahre von seiner Wandlung profitieren: „Ich bin in sportlicher Hinsicht erst ein anderer Mensch geworden, als ich 2002 wieder bei Energie war. Vorher war ich immer ein dicker und stets vollgefressener Typ mit Glatze."

Ein Seitschritt nach Köpenick
Der 1. FC Union Berlin ist im Sommer 2005 sportlich keine Topadresse. Nach zwei Abstiegen in Folge spielt der 1966 gegründete Klub erstmals in seiner Vereinsgeschichte nur noch viertklassig. 2005/06 heißen die

Gegner in der NOFV-Oberliga Nord beispielsweise SV Yeşilyurt Berlin, Ludwigsfelder FC, SV Greif Torgelow, Anker Wismar, Motor Eberswalde und SV Falkensee-Finkenkrug. „Mein Berater Jörg Neubauer sagte aber, dass Union trotz des Absturzes interessant sei. Die wollten mich haben, nachdem Markus Zschiesche beim MSV Neuruppin geblieben ist", berichtet Mattuschka. „Deswegen haben sie mich geholt. Eigentlich wollte ich nicht in die Oberliga wechseln, sondern lieber in die Regionalliga. Aber Jörg meinte, dass es schwierig sei, dort etwas zu finden. Ich sollte lieber einen Schritt zurück und zeitgleich einen nach vorn machen."

Leichtes Interesse an Mattuschka bekundet auch Zweitligist Dynamo Dresden. Doch Mattuschka merkt schnell, dass er bei Union am richtigen Ort ist. „Start vor rappelvoller Tribüne", berichtet der *Berliner Kurier* am 29. Juni 2005. Zum Trainingsauftakt einen Tag zuvor kamen 1.500 Zuschauer. „Da habe ich gedacht, was ist denn hier los? Auch meine anwesende Familie war überrascht", erzählt Mattuschka.

Er gehört neben Karim Benyamina und Jörg Schwanke (beide Babelsberg 03), Ex-Nationalspieler Jörg Heinrich (Ludwigsfelder FC), Rückkehrer Daniel Teixeira (Rot-Weiss Essen) und Tobias Kurbjuweit (1. FC Magdeburg) zu den Neuzugängen. „Union hatte eine Riesenmannschaft. Das Geld war in Ordnung, auch wenn es weniger als in Cottbus gab. Aber wenn ich gespielt habe, bin ich fast auf dasselbe gekommen", rechnet Mattuschka vor. „Bei Union hatte ich brutto rund 3.000 Euro Grundgehalt. Pro Sieg gab es 200 Euro Prämie."

Trotz des Abstiegs wird Union weiter von Frank Lieberam trainiert. Die Eisernen sind haushoher Favorit auf den Staffelsieg, auch wenn die Routiniers Schwanke, Teixeira und Heinrich im Sommer 2005 zusammen 108 Jahre alt sind. „Wir wollen Erster werden, über alles andere denken wir nicht nach", sagt Trainer Lieberam in einem Interview mit der Zeitung *Neues Deutschland*.

Mit einem Etat von rund einer Million Euro sind die Köpenicker vermeintlichen Mitkonkurrenten wie Babelsberg 03 (500.000 Euro) und Tennis Borussia (270.000 Euro) deutlich voraus. Die Chancen des Vereins auf den direkten Wiederaufstieg in die Regionalliga Nord erhöhen sich noch, nachdem der DFB im Verlauf der Saison die ursprünglich vorgesehenen Relegationsspiele gegen den Meister der NOFV-Oberliga Süd kippt. Platz eins reicht also 2006 erstmals aus, um direkt aufzusteigen. Ein Jahr zuvor stand Nord-Meister MSV Neuruppin nach Entscheidungsspielen um den Aufstieg gegen den Süd-Sieger FC Carl Zeiss Jena (0:2, 1:2) am Ende mit leeren Händen da. Mattuschka hat also bei Union deutlich mehr Möglichkeiten, obwohl er, wie schon größtenteils in Cottbus, nur in der vierthöchsten Liga zum Einsatz kommt. Seinen Entschluss zu wechseln, bereut er nicht. „Ich wollte nicht bei den Energie-Amateuren, sondern in einer ersten Mannschaft spielen", sagt er im September 2005 der Stadionzeitung von Union Berlin.

Mattuschkas erster Union-Trainer
Interview mit Frank Lieberam

Frank Lieberam spielte für den 1. FC Magdeburg, Stahl Riesa und Dynamo Dresden in der DDR-Oberliga. Nach der Wende kamen Zweitliga-Serien für den VfL Wolfsburg hinzu. Nach ersten Trainerstationen bei Erzgebirge Aue und Germania Halberstadt war der DDR-Nationalkicker (ein Länderspiel) zwischen dem 20. Dezember 2004 und dem 9. Dezember 2005 für den 1. FC Union zuständig. In seiner Amtszeit wurde Torsten Mattuschka verpflichtet. Das Gespräch mit Lieberam fand 2017 statt.

Herr Lieberam, wie kam es im Sommer 2005 zum Wechsel von Torsten Mattuschka zum 1. FC Union?
„Sportchef Lothar Hamann und ich stellten die Mannschaft zusammen. Die Position im zentralen offensiven Mittelfeld war noch offen. Wir hatten zwei Kandidaten. Jörg Neubauer, der Berater von ‚Tusche', hat sehr gut verhandelt. Er sagte, dass man an Union interessiert sei. Es gebe aber auch noch einen anderen Verein. Wir haben eine ähnliche Taktik angewendet. Wir zeigten auch Interesse, hatten aber noch einen anderen Spieler in der Hinterhand. Durch geschicktes Verhalten von Neubauer wurde es am Ende Torsten Mattuschka."

Hieß Ihr zweiter Kandidat Markus Zschiesche?
„Ja. Die Idee dahinter war, den Mitkonkurrenten MSV Neuruppin durch einen Abgang Zschiesches zu schwächen. Wir hätten Neuruppin den

Spielmacher herausgerissen. Sportlich sahen wir Mattuschka und Zschiesche auf einem Niveau. Wir mussten uns für einen entscheiden."

Mattuschka hatte bis zu Ihrer Entlassung im Dezember 2005 elf Punkt- und drei Landespokalspiele bestritten. Wie haben Sie ihn in Erinnerung?
„Er war ein absolut positiver Typ, vor allem in Druckspielen. Auch vor dem für den gesamten Verein so wichtigen Meisterschaftsspiel im August 2005 gegen den BFC Dynamo blieb er cool. Die Partie begann später, auch weil auf den Rängen Unruhe herrschte. In der Nacht vor dem Spiel hatte es Auseinandersetzungen zwischen Anhängern des BFC und der Polizei in einer Berliner Diskothek gegeben. Dann braucht man Typen wie ‚Tusche'. Er sorgte mit seiner lockeren Art dafür, dass es in der Kabine zu keinerlei Verkrampfung kam. Torsten ging voran. Er erzielte beim 8:0-Sieg die ersten beiden Tore für uns."

Passte er sofort zum 1. FC Union?
„Ja. Beim Aufbau dieser Mannschaft, zu der nach zwei Abstiegen in Folge viele neue Spieler gestoßen waren, brachte er neben seinem Talent eine sehr wohltuende Art ein."

Den Durchbruch im Verein schaffte Mattuschka aber erst Jahre später. Waren Sie über seinen Werdegang überrascht?
„Ich hätte voraussagen können, dass er sich bei Union durchsetzen wird. Er besitzt die Gabe und Mentalität, nicht übers Maß hinaus eingeschnappt zu sein. Er suchte die Fehler auch nicht bei anderen, wenn es nicht so lief. Durch diese Selbstreflexion konnte er auch Rückschläge leichter wegstecken. Irgendwann kam seine Chance wieder. Am Ende hat er alle überzeugt. Er hat sich dann in seinem besten Fußballalter durchgesetzt."

Wahnsinn in Liga vier

Torsten Mattuschka überlässt beim 1. FC Union nichts dem Zufall. Den Umzug nach Berlin erledigt er, bevor Ende Juni 2005 das erste Training ansteht. Mit Freundin Stefanie zieht er in die Moissistraße in Berlin-

Adlershof. Zwei Hunde der Rasse Bolonka Zwetna sind auch dabei. Die beiden Rüden heißen lustigerweise Batida und Coco. Mattuschka beteuert aber bis heute, dass ihm das Getränk nicht schmeckt, an das Normalsterbliche bei diesen Namen zwangsläufig denken müssen.

So oder so geht er in puncto Wohnung gut sortiert in seine erste Spielzeit bei Union. „Ich wollte mich in der Vorbereitung auf den Fußball konzentrieren. Ein Hin- und Herfahren wäre da ungünstig gewesen. Das einzige Problem für mich ist, dass ich nicht im Urlaub war. In der Zeit haben meine Freundin und ich die Wohnung eingerichtet", erzählt Mattuschka einen Monat nach dem Saisonstart. Die Sätze stammen aus dem ersten richtigen Interview, das der Autor dieses Buches mit Torsten Mattuschka führte. Das Gespräch fand auf der Holzbank am „Pressebaum" am früher parallel zum Stadion verlaufenden Trainingsplatz statt und wurde im Stadionheft des 1. FC Union zur Begegnung gegen Anker Wismar (6:0) veröffentlicht.

Die Bank ist heute verschwunden und die Trainingsfläche seit 2013 ein Parkplatz. Das kann Mattuschka im September 2005 nicht ahnen. Er fühlt sich einfach wohl bei Union. Er sagt: „Ich kann hier zweimal täglich trainieren und brauche nicht arbeiten zu gehen. Die Wäsche wird gemacht. Wir müssen nur noch den Aufstieg schaffen. Mit der Mannschaft und dem Etat sollte das möglich sein."

Und dann gibt es ja auch noch den Faktor Fans. Die leidensfähigen Union-Anhänger sind trotz der sportlichen Täler der vergangenen Jahre ihrem Verein treu geblieben. Sie sorgen in der Oberliga für einen Zuschauerboom. Zum Saisonstart gegen den Berliner AK (2:1) strömen 6.500 Zuschauer ins Stadion An der Alten Försterei. 6.297 Besucher, darunter 4.000 Unioner, sehen das erste Auswärtsspiel bei Tennis Borussia (1:1). Der blanke Wahnsinn steht aber erst noch bevor.

Am dritten Spieltag, dem 21. August 2005, wollen 14.020 Zuschauer das Hass-Duell gegen den Uraltrivalen BFC Dynamo sehen. Beim historischen 8:0-Erfolg ist es Mattuschka persönlich, der Union auf die Siegerstraße bringt. Seine Tore in der 18. und 24. Minute sorgen für eine 2:0-Pausenführung. Am Ende wird der Klassenfeind aus Hohenschönhausen regelrecht zerlegt. Mattuschka erinnert sich gern an das Spiel. „Es waren 32 Grad und über 14.000 Zuschauer da. 8:0 gewinnt man selbst in der Oberliga nicht jeden Tag. Der Bedeutung war ich mir nicht sofort bewusst", sagt er 2017. „Beim nächsten Spiel hielten die Fans Transparente mit den Porträts der beteiligten Spieler hoch. Und selbst nach so vielen Jahren zehren die Anhänger immer noch davon."

Für langjährige Unioner ist der Kantersieg eine große Genugtuung, obwohl der BFC schon seit Jahren sportlich und wirtschaftlich nicht mehr mit Union mithalten kann. Der Verein verkauft kurz darauf T-Shirts mit der Aufschrift „8:0 erledigt" und DVDs vom Spiel. Im nächsten Auswärtsspiel bei Türkiyemspor Berlin (1:1) feiern die Fans die Mannschaft noch einmal im Jahn-Sportpark ab, indem sie Doppelhalter mit den Konterfeis aller Derbyhelden hochhalten.

Ist der Ruhm zu groß? Der Aufwärtstrend setzt sich nicht fort. Nach sechs Spieltagen inklusive der ersten Saisonniederlage beim MSV Neuruppin (2:3) ist Union mit neun Punkten nur Tabellensechster. Der Rückstand auf Spitzenreiter Neuruppin beträgt satte sieben Zähler. „Wir müssen einfach mal drei, vier Spiele in Folge gewinnen. Noch stehen 24 Runden auf dem Programm, in denen wir oben rankommen können", sagt Mattuschka in dieser Krisensituation.

Der Durchhänger bleibt nicht ohne Folgen. Am 27. September 2005 muss Sportchef Lothar Hamann, der am Wechsel von Mattuschka zu Union beteiligt war, gehen. Mattuschka-Spezi Christian Beeck kommt als designierter Teammanager zu Union. Ende des Jahres 2005 wird Ex-Nationalkicker Jörg Heinrich für eine kurze Zeit Sportdirektor. Für Union kann er nicht mehr spielen, weil die Bandscheibe streikt. Die Personalrochaden beim 1. FC Union sind damit nicht beendet. Am 9. Dezember 2005 wird Cheftrainer Frank Lieberam trotz eines 4:1-Erfolgs im Landespokal gegen den SV Yeşilyurt entlassen. Zum Verhängnis wird Lieberam die Tabelle nach der Hinrunde. Dort liegt Union mit 31 Punkten drei Zähler hinter dem MSV Neuruppin und dem SV Babelsberg. „Wir brauchen mehr sportliche Kompetenz. Die Mannschaft ist erst bei 70 bis 80 Prozent angelangt", begründet Vereinsboss Dirk Zingler den Wechsel im *Tagesspiegel* vom 11. Dezember 2005.

Heilsbringer soll zum zweiten Mal in der Vereinshistorie Georgi Wassilew sein. Der Bulgare hatte Union 2001 in die 2. Liga, in das DFB-Pokal-Finale gegen Schalke 04 (0:2) und in den UEFA-Cup geführt. Die Euphorie im Umfeld der Köpenicker ist grenzenlos. Den Trainingsauftakt mit Wassilew am 3. Januar 2006 verfolgen 1.000 Fans auf dem Kunstrasenplatz an der Hämmerling-Halle. „In der Vorbereitung fielen viele Spiele wegen des strengen Winters aus, dann haben wir viel trainiert. Wassilew hat uns auf jeden Fall für die Rückrunde megafit gemacht", schaut Mattuschka zurück. „Ich bin gut klargekommen mit ihm. Wassilew legte viel Wert auf Disziplin. Er und Co-Trainer Klaus-Dieter Helbig waren vom alten Schlag. Wassilew war aber schnell wieder weg – wegen seiner Mädels."

Für das Trainingslager im türkischen Side im Januar 2006 musste Union extra für Wassilew noch eine zusätzliche weibliche Person einplanen, die nicht zur Mannschaft gehörte. „Ich durfte das Zimmer buchen. Wir haben Wassilew nur beim Training gesehen, ansonsten war er nie da", sagt der damalige Manager Christian Beeck. Mattuschka bestätigt, dass Wassilew im Rahmen seiner zweiten kurzen Stippvisite bei Union nicht nur sportlich aktiv war. „Im Trainingslager kam er zum Abendbrot immer mit Kulturtasche. Er setzte sich hin, aß nichts, und als die Spieler fertig waren, ist er abgehauen", so Mattuschka. „Und in der Lobby hat eine junge Madame gewartet. Mit der wird er dann essen gegangen sein."

Die Vereinsführung toleriert solche Vorkommnisse, Wassilews ständige Abwesenheit von Berlin und peinliche Auftritte Unions wie beim 1:1-Unentschieden daheim gegen Underdog Greif Torgelow am 24. März 2006 nicht sehr lange. Wassilew wird gefeuert. Nachfolger ist ab dem 6. April 2006 Christian Schreier. Der frühere Torjäger der Bundesligisten VfL Bochum, Bayer 04 Leverkusen und Fortuna Düsseldorf kommt ausgerechnet vom Ligaprimus MSV Neuruppin zum Tabellendritten Union. Neuruppin lässt Schreier ziehen, weil der Verein aus wirtschaftlichen Gründen keine Regionalligalizenz beantragt. Damit muss Union auf dem Weg zum Aufstieg nur noch den Tabellenzweiten Babelsberg ausstechen. Das gelingt. Babelsberg wird am 7. Mai 2006 zu Hause mit 1:0 geschlagen. Drei Tage später steht Unions Aufstieg rechnerisch fest. In der Kabine stemmen Trainer Schreier, Torjäger Daniel Teixeira, Torsten Mattuschka & Co. Bierkrüge in die Höhe. Der Autor dieser Zeilen lichtet Mattuschka im VIP-Zelt ab, als der höchstpersönlich im Aufstiegsshirt seinen Stiefel am Tresen mit Bier auffüllt.

Vom 17. bis 19. Mai 2006 feiert die Mannschaft den Aufstieg auf Mallorca. Einen Tag vor der Abreise posieren Mattuschka, Teixeira und Karim Benyamina für ein Foto mit Reiseführern der Insel. Ob sie die überhaupt gebraucht haben?

Mattuschka kann den Saisonabschluss auf jeden Fall genießen. Egal, ob der Trainer Lieberam, Wassilew oder Schreier hieß: Immer war er Stammspieler. Er absolvierte 25 von 30 Punktspielen, lediglich einmal stand er nicht in der Startelf. Insgesamt gelangen ihm acht Tore. Nur Teixeira (24) und Benyamina (15) stehen besser da. Die Kumpels aus Merzdorf freuen sich mit Mattuschka. „Wir sind alle 14 Tage zu den Union-Heimspielen gefahren. Ich war auch beim 8:0 gegen den BFC dabei", sagt stellvertretend Daniel Dubrau.

Mitten in die Spielzeit fällt aber auch ein Trauerfall, der Mattuschka besonders trifft. Sein Großvater Heinz Wieder stirbt mit 74 Jahren im Januar 2006. „Es passierte kurz nach meiner Rückkehr aus dem Trainingslager in der Türkei. Opa hat hundertprozentig gewartet, dass er mich noch mal sehen kann", sagt Mattuschka. „Am Abend unserer Ankunft in Berlin war ich noch mal bei ihm in Merzdorf. Zwei Tage später ist er auf seiner Lieblingscouch eingeschlafen."

Mit Opa Heinz verliert Mattuschka einen seiner größten Fans und Förderer. Mattuschka sieht Parallelen zwischen seinem Großvater und sich selbst. Er sagt: „Opa war wie ich ein Dummquatscher. Er hat immer die Leute um sich geschart. Er hat gern gegessen, gefeiert und gesungen. Den Lebemann habe ich von ihm geerbt."

Eine Saison zum Schreie(r)n

Die Spielzeit 2006/07 beginnt erst einmal erfreulich für Torsten Mattuschka: Es fließt eine vierstellige Aufstiegsprämie. Das Brutto-Grundgehalt in der Regionalliga Nord steigt um knapp 2.000 Euro.

Mit den Punktprämien – je nach Länge des Einsatzes 300 bis 600 Euro für einen Dreier und 200 Euro für ein Remis – sieht es im Saisonverlauf aber bescheiden aus. Von 38 Punktspielen bestreitet Mattuschka ganze 17. Nicht ein einziges Mal trägt er sich in die Torschützenliste ein. Das ist die einzige Spielzeit seiner Seniorenkarriere zwischen 1998 und 2017, in der er in Punktspielen völlig leer ausgeht.

In Anlehnung an seinen damaligen Trainer Christian Schreier ist es für Mattuschka eine Saison zum Schreie(r)n. „Es war schwierig für mich. Mit mir konnte der Trainer nicht mehr so richtig", sagt Mattuschka. „In der Oberligasaison ging es noch, weil keine anderen Spieler für meine Position da waren."

Das ändert sich nach dem Aufstieg. Für die Regionalliga holt Schreier aus Neuruppin Markus Zschiesche nach. Auch Christian Streit vom VfB Lübeck ist eine Alternative. Vorn sind die Angreifer Karim Benyamina und Nico Patschinski gesetzt. Dahinter ist in der Offensive für Mattuschka in den meisten Begegnungen kein Platz mehr. Ohne Spielpraxis befindet er sich in einem Teufelskreis. „Unter Schreier war es so, dass meist Freitag oder Samstag gespielt wurde. Nach Spielen fuhr er immer nach Hause in den Ruhrpott. Das nächste Training fand in der Regel erst am Dienstagnachmittag statt", erinnert sich Mattuschka. „Aber für die zweite Reihe, die in den Punktspielen nicht zum Einsatz gekommen war, gab es kein Spielersatztraining. Und wenn man dann mal ran durfte, war man nach 45 Minuten tot."

Schreier bleibt nur noch bis zum Sommer 2007 in Köpenick. Mitten in der Spielzeit löst er vorzeitig seinen eigentlich bis 2008 laufenden Vertrag auf. Am 21. März 2007 bestätigt der Verein einen Bericht des Berliner *Tagesspiegels* vom selben Tag, indem er die vorzeitige Trennung zum Saisonende offiziell macht. Als Hauptgrund werden private Gründe des Trainers genannt.

Fast steigt Union noch ab. Erst am vorletzten Spieltag sichern sich die Eisernen durch ein 1:1 gegen den VfB Lübeck auch rechnerisch den Klassenerhalt. Die Ära von Christian Schreier hinterlässt bei Union kaum Spuren. 2017 äußert er sich aber freundlicherweise für diese Biografie zum Spieler Mattuschka: „Torsten hat immer ausgezeichnet, dass er überragende Standardsituationen gespielt hat. Dass er nicht der Schnellste war, ist bekannt. Sonst brachte er sich immer für die Mannschaft ein. Wenn er auf der Bank sitzen musste, hat er kein Theater gemacht."

Die weitere Entwicklung Mattuschkas überrascht Schreier nicht, obwohl er selbst das Potenzial des Spielers nicht zu nutzen wusste. „Mattuschka wurde ein kleiner Held bei Union. Er besaß eine unglaubliche Schusstechnik und spielte super Pässe. Er traf aus dem Spiel heraus und setzte die Spieler gut ein", lobt Schreier heute. „Er hat sich gesteigert. Hätte ich wie beim Eishockey hin und her tauschen können, hätte ich ihn immer bei Standardsituationen eingewechselt."

Schreier, der seit 2014 in der Fußballschule seines Ex-Klubs VfL Bochum mitarbeitet, macht bei Mattuschka einen Lernprozess aus. Er erklärt: „Wenn Mattuschka sich hängen gelassen hätte, hätte er diese Karriere nicht hingelegt. In der Beziehung hat Torsten sehr gut reagiert."

KAPITEL 7
Auf Bewährung bei Uwe Neuhaus

2007 bis 2010

Mal wieder die letzte Chance

Am 24. April 2007 wird Uwe Neuhaus als neuer Trainer des 1. FC Union vorgestellt. Der frühere Co-Trainer von Borussia Dortmund und Ex-Spieler von Wattenscheid 09 nimmt am 18. Juni 2007 seine Tätigkeit in Köpenick auf. Seine Mission ist die Qualifikation für die neue eingleisige 3. Liga. Dafür muss am Saisonende Rang zehn her. Deshalb erhöht Union den Etat für die Lizenzspielermannschaft von 1,7 auf 2,9 Millionen Euro. Dafür sind harte Einschnitte nötig. Mehrere Festangestellte und Honorarempfänger auf der Geschäftsstelle und im Nachwuchsbereich verlieren ihren Job.

Torsten Mattuschka spielt weiter bei Union, aber vorerst nur auf Bewährung. Er erhält einen mickrigen und stark leistungsbezogenen Einjahresvertrag. „Nach der Saison 2006/07 stand es zwischen Union und mir Spitz auf Knopf. Ich habe bei Trainer Christian Schreier oft auf der Bank gesessen oder nur wenige Minuten gespielt. Deshalb verdiente ich im ersten Jahr unter Uwe Neuhaus nur noch die Hälfte von dem, was ich vorher hatte", sagt Mattuschka. „Ich habe meinem Berater Jörg Neubauer vor der erneuten Bindung an Union vorgerechnet, dass ich noch arbeiten gehen müsste, wenn ich das unterschreibe, aber nicht spiele."

Mattuschka hat aber gar keine andere Wahl, als sich vermeintlich unter Wert zu verkaufen. Jörg Neubauer setzt ihm die Pistole auf die Brust. Es gibt kein anderes Angebot. Ohne die Unterschrift bei Union droht Mattuschka das Ende seiner in die Sackgasse geratenen Profikarriere.

Mattuschkas Grundgehalt sinkt brutto von 5.000 auf 2.250 Euro. Damit sind keine großen Sprünge möglich. Der Spieler muss sich wohnungstechnisch verkleinern. Mattuschka zieht von der Moissistraße in Adlershof in einen Neubau in der Salvador-Allende-Straße am Rande des Allende-Viertels I. Der Fußballer lebt nunmehr in einer 1,5-Raum-Wohnung in einem Plattenbau, der sich genau gegenüber dem Sportplatz von Eiche Köpenick beziehungsweise der heutigen Filiale eines Schnellrestaurants befindet. „Dort gab es ein Wohn- und ein kleines Schlafzimmer. Die Wohnung und die Miete mussten kleiner sein, weil ich nicht davon ausgehen konnte, dass ich eine gute Saison spiele", erinnert sich Mattuschka.

Steffi ist nicht dabei. Zwischen Mattuschka und seiner Jugendfreundin aus Cottbus herrscht gerade Beziehungspause. Mattuschkas einziger Luxus ist sein Audi. Den Wagen behält er. Der Kicker stottert die Raten weiter ab. Und er nimmt die sportliche Herausforderung an. „Mein Berater hat gesagt, dass ich die Arschbacken zusammenkneifen und ein halbes Jahr lang versuchen muss, Neuhaus zu überzeugen", schaut Mattuschka zurück. „Wenn ich das schaffe, würde Union sowieso mit mir verlängern. Dann käme das Geld wieder."

Ein gutes Wort beim neuen Coach Neuhaus legt auch Christian Beeck ein, mit dem Mattuschka bei Energie Cottbus zusammenspielte. Unions Sportdirektor kennt Mattuschkas Fähigkeiten und glaubt an sie. „Für ‚Tusche' waren das Sitzen auf der Bank und nur drei Trainingstage in der Woche unter Schreier Gift. ‚Tusche' braucht eigentlich sechsmal die Woche Training und maximal einen halben Tag frei", sagt Beeck.

Aber über die Motivationsschiene kriegen Neuhaus, Beeck und Neubauer den Patienten Mattuschka von der Intensivstation. Letztgenannter will und muss es allen zeigen, nicht zuletzt sich selbst. Ein finanzieller Anreiz ist auch da. Die Auflaufprämie beträgt pro Spiel in der Startelf 300 Euro. Für einen Sieg gibt es 750 Euro. Mattuschka wird am Ende doch noch halbwegs gut verdienen. Er kommt auf 34 von 38 möglichen Saisonspielen. Mit sieben Treffen und neun Torvorbereitungen unterstreicht er seinen gewachsenen Stellenwert.

Sich selbst und den Trainer gerettet

In der Spielzeit 2007/08 belegt der 1. FC Union am Ende den vierten Platz in der damals drittklassigen Regionalliga Nord. Die Qualifikation für die neue 3. Liga gelingt problemlos. Bis zum letzten Spieltag können die Eisernen sogar vom Aufstieg in die 2. Bundesliga träumen. Die Aufstiegsprämie von 500.000 Euro muss der Verein aber dann doch nicht auszahlen. Denn selbst wenn Union am 31. Mai 2008 zu Hause vor 14.117

Zuschauern nicht mit 0:3 gegen Aufsteiger Rot-Weiß Oberhausen untergegangen wäre, hätte der Tabellendritte Fortuna Düsseldorf den Berlinern den Aufstieg noch weggeschnappt.

Doch von Anfang an: Der Saisonstart mit Trainer Uwe Neuhaus verläuft sehr holprig. Von den ersten vier Partien gehen gleich drei verloren: zu Hause gegen Fortuna Düsseldorf (0:1) sowie beim späteren Meister Rot-Weiss Ahlen (1:3) und bei Kickers Emden (0:1). Vor dem Auswärtsspiel bei Eintracht Braunschweig am 21. August 2007 ist die Vereinsführung leicht unruhig. „Selbst Präsident Dirk Zingler fragte mich zwischendurch, ob er sich Sorgen machen muss und ob es ausreicht, was wir hier tun", erinnert sich der damalige Sportdirektor Christian Beeck. „Ich habe gesagt, dass es eine gewisse Zeit braucht. Uwe Neuhaus und Co-Trainer André Hofschneider haben unheimlich viel Wert auf Fitness gelegt. Und die Mannschaft war durch die Vorsaison zunächst nicht fit."

In Braunschweig steht Neuhaus auf der Kippe, erst recht nach der 2:0-Pausenführung für die Gastgeber durch Lars Fuchs (14.) und den Ex-Unioner Sreto Ristić (33.). Doch nach der Pause kommt Union auf. Karim Benyamina (54.) und Nico Patschinski (56.) besorgen binnen kurzer Zeit den 2:2-Ausgleich. Vor 13.500 Zuschauern sendet die Eintracht noch mal ein Lebenszeichen, indem sie durch Matthias Henn (59.) erneut in Führung geht. Doch bei strömendem Regen ist der Union-Express nicht mehr aufzuhalten. Ein Eigentor des Braunschweigers Martin Horáček (65.) bedeutet das 3:3. Und dann schlägt Torsten Mattuschka noch zweimal zu. In der 71. Minute wuchtet er einen direkten Freistoß zum 4:3 ins Netz. In der Schlussminute vollendet er einen Konter zum 5:3-Endstand. „Das war für die Mannschaft der Wendepunkt, zum Großteil mit der Hilfe von Torsten Mattuschka, sprich seinen Toren", sagt Neuhaus 2017. „Es hatte in den ersten Spielen drei Niederlagen gegeben. Danach lief es deutlich besser. Wir sind dann unseren Weg gegangen."

Das trifft auch auf Mattuschka zu, für den die ersten Treffer der Saison ein Befreiungsschlag sind. Damit sichert er sich seinen Stammplatz. Fortan hat er bei Neuhaus einen Stein im Brett. In den Sommerurlaub 2008 geht Mattuschka allerdings mit einer Hypothek. Beim Saisonfinale gegen Oberhausen (0:3) fängt er sich eine Minute vor der Pause eine Rote Karte ein. Schiedsrichter Wolfgang Stark aus Landshut hat in der 43. Minute eine Tätlichkeit Mattuschkas gesehen. Der Spieler bezeichnet diesen Feldverweis auch mit fast neun Jahren Abstand als „Witz". In der Saison 2008/09 ist er trotzdem an den ersten drei Spieltagen gesperrt.

„Spieler wie ‚Tusche' werden nicht mehr hergestellt"
Interview mit Christian Beeck

Abwehrspieler Christian Beeck erlebte Torsten Mattuschka noch als Mitspieler bei Energie Cottbus. Beim 1. FC Union sahen sich beide wieder. Beeck hatte die Funktionärslaufbahn eingeschlagen. Er war in Köpenick Teammanager, Manager und Sportchef. Mattuschka entwickelte sich parallel dazu zum Leistungsträger bei den Eisernen. Ende 2015 schaute Beeck auf die Jahre mit Mattuschka zurück.

Herr Beeck, wie haben Sie „Tusche" in Cottbus kennengelernt?
„2002 gab es diesen Spitznamen ja noch nicht. Er hieß einfach Torsten. Er war mollig, obwohl er relativ viel abgenommen hatte. Er musste ja auf Anweisung von Eduard Geyer zehn Kilogramm herunterreißen, bevor er bei uns mitmachen durfte. Er kam bei uns quasi ohne jeglichen Muskel an. Aber er hatte einen sensationellen rechten Fuß. Damit war seine Akzeptanz relativ schnell vorhanden."

Wie würden Sie sein damaliges Aussehen beschreiben?
„Er sah schon aus wie ein Bauarbeiter mit Glatze. Das Piercing hat er immer abgeklebt. Sein Plus war, dass er fast nie verletzt fehlte. Er hat immer sein Training absolviert. Er hing nach den Einheiten oft durch. Aber er konnte sich quälen und hatte irgendwann die Fitness, dass er spielen konnte. Doch dann ging es in Cottbus nicht weiter. Ich beendete meine aktive Karriere. Und ‚Tusche' ging zu Union."

Hat er in Cottbus schon den Spaßvogel raushängen lassen?
„Nein, er sagte anfänglich keinen Ton. Von dem ganzen Blödsinn, den er heute den ganzen Tag erzählt, war damals überhaupt noch nichts zu hören. Er war ein lieber netter Kerl, der neben mir in der Kabine saß. Er hat unheimlich viel zugehört. Der Flachs kam erst später dazu."

Warum konnte er sich bei Energie nicht durchsetzen?
„Torsten ist ein Spieler, um den man sich kümmern muss. Das heißt, er braucht eine intensive Ansprache und intensives Training. Dann gibt er dir auch ganz viel zurück. Wenn nicht, spielt er weniger guten Fußball. Aber Trainer Eduard Geyer hat sich dann nicht mehr ausgiebig um Torsten gekümmert. Er hatte ja auch noch 20 andere Akteure. Und Torsten war kein Vasile Miriuță, der Cottbus zum Klassenerhalt schießen konnte. Erst in Berlin begann er im Laufe der Jahre damit, permanent an seiner Fitness zu arbeiten. Wenn der Junge nicht fit ist, kann man ihn weglassen. Oft begann die Saison, und ‚Tusche' war nicht im Aufgebot – weil ihm die Fitness fehlte. Dann musste ‚Tusche' noch ein paar Zusatzeinheiten leisten. Dann war er wieder präsent."

Hatten Sie eine Aktie an Mattuschkas Wechsel zum 1. FC Union Berlin?
„Nein, ich kam ja erst einige Wochen nach Torsten Ende September 2005 zu Union. Für Torsten war das schon ein Abstieg. Aber er war froh, dass er einen Verein hatte und dass er nicht so weit weg von Cottbus musste. Er ist sehr heimatverbunden."

Wie entwickelte sich Ihr Verhältnis zu Torsten bei Union?
„Wir blieben Kumpels, ich war ihm gegenüber jedoch weisungsbefugt. In den ersten beiden Jahren hatte er Probleme, egal ob der Trainer Frank Lieberam, Georgi Wassilew oder Christian Schreier hieß. Er galt nicht als unangefochtener Stammspieler. Es ging für ihn rein und raus. Als 2007 Trainer Uwe Neuhaus kam, fragten wir uns, ob er bleiben soll oder nicht. Ich habe vorgeschlagen, ihn für ein ganz geringes Grundgehalt zu behalten. Durch eine relativ hohe Auflauf- und Punktprämie sollte er motiviert werden. Neuhaus hat das akzeptiert. Wir wollten es ein Jahr lang durchziehen. Das Risiko war ja auch relativ gering. Der Plan ging auf."

Auch in den nächsten Jahren bis 2010?
„Torsten hat sich nach und nach angepasst. Er kam in den Fitnessbereich der anderen. Das Grundsalär war jedoch immer ein bisschen geringer, die Prämien dafür höher. Damit sich Torsten immer bewegen musste. Irgendwann gehört er auch zu den Spielern mit höherem Gehaltsniveau."

Konnte ihn Uwe Neuhaus kitzeln?
„Auf jeden Fall. Er machte es genau richtig, Torsten immer Konkurrenz an die Seite zu stellen. Wenn ‚Tusche' konzentriert ist und Konkurrenz hat, geht er immer an sein körperliches und geistiges Limit. Der Trainer und Torsten waren sich nicht immer grün. Für Uwe war ‚Tusche' zu offen. Neuhaus hat mehr erwartet als nur Flachs, auch eine gewisse Ernsthaftigkeit. Zum Führungsspieler wurde ‚Tusche' aber erst später."

Ende der 2000er Jahre war er aber noch nicht der bekannteste Kicker der Mannschaft …
„Das stimmt. Diese Ehre wurde eher Stürner Karim Benyamina zuteil. Erst als Karim zum FSV Frankfurt wechselte, ging Mattuschkas Stern richtig auf. Und als auch noch John Jairo Mosquera und Chinedu Ede weg waren, begann Mattuschkas Blüte. Er spielte überragende Zweitligaserien."

Dabei hat Mattuschka nie den Star heraushängen lassen, oder?
„Er war immer bodenständig und bescheiden. Einmal hat er kurz am Zeiger gedreht, als er sich von Günter ‚Günni' Langer für 20 Euro das Auto waschen ließ. Da habe ich ‚Tusche' gesagt, dass es ihm wohl nicht gut geht. Wir machen viele Sachen, lassen uns aber nicht von Mitarbeitern die Autos waschen. Ansonsten besaß er immer ein offenes Ohr und hörte jedem Spieler zu. Torsten grenzt sich niemals ab. Es gibt nie ein Nein. Er trägt auch nicht gern Konflikte aus."

Wie sehen Sie seine sportliche Ausbeute im Laufe der Profijahre?
„Aus dem, was er an fußballerischen Fähigkeiten besaß, hat Torsten Mattuschka das Maximale herausgeholt. Er musste sich aufgrund seiner körperlichen Nachteile aber quälen, um im Profifußball dabei zu bleiben. Wichtige Ausbildungsjahre an einer Sportschule hat er nicht absolviert. Von der achten bis zur zwölften Klasse wird athletisch so viel getan. Da wird man ein Kerl. Das lässt sich eigentlich nie wieder aufholen. Solche Spieler wie ‚Tusche' werden heutzutage nicht mehr hergestellt."

Der Auswärtsaufsteiger

Die Drittliga-Spielzeit 2008/09 beginnt für Torsten Mattuschka erfreulich. Sein Grundgehalt wird nach den guten Leistungen in der vorangegangenen Spielzeit wieder angehoben. Das Bruttogehalt beträgt 5.500 Euro. Zunächst sitzt Mattuschka wegen seiner Rotsperre aber nur auf der Tribüne. Erst am vierten Spieltag, beim Heimspiel gegen Wacker Burghausen (4:0), kommt er als Einwechselspieler für Sebastian Bönig ab der 67. Minute zum Einsatz.

Seinen Stammplatz hat er aber im weiteren Saisonverlauf sicher. Mattuschka absolviert jedes der noch folgenden 35 Punktspiele. Die Torausbeute in der 3. Liga ist mit lediglich drei Buden etwas mickrig. Aber immerhin: Wenn Mattuschka trifft, gewinnt Union. Am 13. September 2008 schießt er genauso das 1:0-Siegtor bei Dynamo Dresden wie daheim am 21. März 2009 gegen den FC Carl Zeiss Jena. Am 29. März 2009 kommt noch ein Treffer beim 4:1-Erfolg beim VfR Aalen dazu.

Zu diesem Zeitpunkt sind Union und Mattuschka längst auf Kurs in Richtung 2. Bundesliga. Nach 18 Spielen ohne Niederlage gibt es bereits sechs Spieltage vor Schluss die Chance, den Aufstieg perfekt zu machen. Die Spielvereinigung Unterhaching verhindert das aber mit einem 1:0-Sieg in Berlin. Doch nach dem 2:0 gegen Jahn Regensburg im nächsten Heimspiel am 9. Mai 2009 knallen die Korken, und der Aufstieg wird mit Sekt begossen. Sieben Tage später nimmt Union vor der Partie daheim gegen Rot-Weiß Erfurt (1:1) die Meisterschale für die 3. Liga in Empfang. Mattuschka zeigt nach dem Abpfiff stolz seine Meistermedaille. Nach 2006 gelingt ihm zum zweiten Mal mit Union der Aufstieg. „Die Feiern haben wir so genommen, wie sie kamen. 2009 hatte das natürlich noch einmal eine andere Qualität. 2006 war der Aufstieg von der Oberliga- in die Regionalliga ein Muss nach den beiden Abstiegen des Vereins in Folge. Wir hatten ja auch eine Riesentruppe", sagt Mattuschka. „Aber der Aufstieg von der 3. Liga in die 2. Bundesliga war nicht zu erwarten. Wir sind durchmarschiert und konnten uns als erster Drittliga-Meister feiern lassen."

Und das, obwohl Neuhaus, Mattuschka & Co. 2008/09 nicht eine einzige Partie im Stadion An der Alten Försterei bestreiten. Denn das „Wohnzimmer" des Vereins wird im Verlauf der Spielzeit modernisiert. Alle „Heimspiele" finden im ungeliebten Friedrich-Ludwig-Jahn-Sportpark statt. Die Fans mögen den Spielort in Prenzlauer Berg nicht, weil dort der Erzrivale BFC Dynamo seine Hochzeit als zehnfacher DDR-Meister erlebte.

Die mehrfach von der Vereinsführung in Aussicht gestellte Rückkehr nach Köpenick noch im Verlauf der Saison erfüllt sich nicht. Die Spieler und ein Großteil der Fans pendeln deshalb alle 14 Tage von Köpenick in die Stadtmitte. „Man hat die ganze Woche am Stadion trainiert. Wir haben die Fortschritte auf der Baustelle und die große Mithilfe der Fans jeden Tag gesehen. Ich war Pate von Bauarbeitern, die ich ein- bis zweimal im Monat getroffen habe. Aber jedes zweite Wochenende mussten wir für die Heimspiele in den Jahn-Sportpark fahren", meint Mattuschka. „Für uns war das nicht schön. Aber wir haben das Beste daraus gemacht. Nur gegen Unterhaching gab es eine Heimniederlage. Wir wären gern in der Alten Försterei aufgestiegen. Aber es war geil, als das dann überdachte Stadion zu Hause gegen Hertha BSC eingeweiht wurde."

Die Aufstiegsfeier findet immerhin in Köpenick statt. Per Autokorso oder öffentlichen Verkehrsmitteln fahren die Fußballer und Fans nach dem Sieg gegen Regensburg vom Jahn-Sportpark zur Alten Försterei. Auf dem Trainingsplatz zwischen der VIP-Tribüne und dem Kabinencontainer steigt eine zünftige Aufstiegsparty. Mattuschka hat an diesem Tag deshalb auch wenig Zeit für seine Freundin Susanne. „Wir haben uns im Jahn-Sportpark nur kurz geküsst und weg war er", erzählt Mattuschkas heutige Ehefrau. „Torsten kam zwischendurch angetütert nach Hause. Er zog sich um und ging dann weiter feiern."

Mattuschka und die Frauen

Im Kindergarten und in den ersten Schuljahren interessiert sich Torsten Mattuschka noch nicht für das andere Geschlecht. Das geht erst im Teenageralter los. Mit 17 lernt der Cottbuser Verena kennen. Es ist seine erste richtige feste Freundin. „Mit ihr war ich zwei, drei Jahre zusammen. Vorher zählten nur Fußball und die Partys mit meinen Freunden", sagt Mattuschka.

Später trifft er Steffi. Da spielt Mattuschka noch beim SV Dissenchen. „Ich war 19 Jahre alt, sie 15. Da hatte ich noch einen kahlrasierten Schädel", schaut Mattuschka zurück „Zwischendurch war schon ein paarmal Schluss. Es war mehr oder weniger eine On-off-Beziehung. Ich bin von ihr nicht weggekommen."

Steffi zieht 2005 mit Mattuschka nach Berlin, als dieser zum 1. FC Union wechselt. Dass sie in den nächsten Jahren mal mit dem Kicker zusammen ist und dann eine Zeit lang wieder nicht, fällt nicht wirklich auf. Aber in der Saison 2008/09 wird ihre Beziehung mit Mattuschka zum Stadtgespräch. Am 14. November 2008, am Tag des Heimspiels gegen den SV Sandhausen (2:2), veröffentlicht die *Bild*-Zeitung einen brisanten Artikel. Die Überschrift lautet: „Liebeschaos! Ruprecht spannt Tusche die Freundin aus."

Linksverteidiger und Union-Eigengewächs Steven Ruprecht und Mittelfeldmann Mattuschka stehen an diesem Tag in der Startelf. Nach dem Spiel äußert sich Trainer Uwe Neuhaus zu der angespannten Lage. „Dass die beiden privat nicht mehr miteinander verkehren werden, ist vollkommen normal. Ich erwarte aber ein professionelles Verhalten, sobald sie die Kabine oder den Rasen betreten", wird Neuhaus im *Tagesspiegel* am 16. November 2008 zitiert.

Im nahen Umfeld des Vereins ist aber schon länger bekannt, dass Ruprecht eine Affäre mit der langjährigen Lebensgefährtin Mattuschkas hat. Bei Trainingsspielen werden die beiden Kontrahenten in eine Mannschaft eingeteilt, damit Mattuschka nicht auf Ruprecht losgehen kann. Auf einem Foto des Abschlusstrainings für das Sandhausen-Spiel ist bei Sprintübungen zu sehen, dass Ruprecht und Mattuschka so weit wie möglich voneinander entfernt stehen.

Mattuschka schmeißt Steffi erst einmal raus. Seine Familie in Cottbus erfährt aus den Medien von den Sorgen, die Torsten in Berlin hat. „Ich wollte ja kommen und es erzählen. Ich musste damit aber auch erst einmal selbst klarkommen. Und dann war die Zeitung schneller", erzählt Mattuschka heute.

Er selbst hat es als einer der Letzten erfahren. Er fragt Ruprecht ganz direkt nach einem Training. Nach dessen Bestätigung nimmt Mattuschka ihn mit nach Hause. In der Wohnung am Müggelseedamm in Friedrichshagen, in der Steffi und Mattuschka leben, stellt er die beiden zur Rede. Von den Mitspielern spricht fortab nur noch Daniel Schulz mit seinem Kumpel Steven. „Der Rest hat zu mir gehalten", sagt Mattuschka.

Nach einiger Zeit entschuldigt sich Ruprecht bei der Mannschaft. Es sei ein Fehler gewesen, und er würde das nie wieder machen. „Er hat gesagt, dass sie auseinander seien. Aber sie waren noch zusammen und haben bei seinen Eltern gewohnt", berichtet Mattuschka. „Das kam einige Wochen später heraus. Dann bin ich zum Präsidenten und zum Trainer gegangen und habe gesagt, wenn Steven heute kommt, haue ich ihm eins in die Fresse. Entweder gehe ich oder er."

Am 4. Dezember 2008 akzeptiert Ruprecht seine Suspendierung. „Die Steffi-Affäre – Ruprecht gefeuert", schreibt der *Berliner Kurier* am 5. Dezember 2008. Im *Tagesspiegel* vom selben Tag ist der Artikel mit der Zeile „Suspendierung statt Prügel" überschrieben. Dort wird Unions Manager Christian Beeck so zitiert: „Steven hat gar kein Interesse, zum Training zu kommen, weil er dann von Spielern Prügel beziehen würde."

Mattuschka braucht noch bis zum Jahreswechsel, um endgültig von Steffi loszukommen. Zwischenzeitlich helfen ihm die Mitspieler Patrick Kohlmann, Christoph Menz und David Hollwitz auch mal, Steffis Sachen aus der Wohnung auf die Straße zu feuern.

Bei Union kehrt mit der Ausbootung von Ruprecht wieder Ruhe ein. „Steven Ruprecht ging nach Aalen, und für ‚Tusche' war dann wieder Frieden. Aber es war auch sehr hart für Torsten. Es ist ja nicht schön, wenn ein Mitspieler einem die Frau ausspannt", erinnert sich Beeck 2015. „Aber selbst dieses Tal hat Torsten durchschritten. Er hat gelitten, aber schlussendlich war es gut, dass es so gekommen ist. Seine heutige Frau Susanne ist super für ihn."

Mattuschka sagt, dass ihn die privaten Probleme im Jahr 2008 in seiner Persönlichkeit noch stärker gemacht haben. Er wollte es nicht nur Steffi und Steven zeigen. Schon bald sollte Susanne in sein Leben treten. „Wir hatten das erste Date am 31. Januar 2009 im Stadtwächter in Cottbus. Von da an ging es auch sportlich für mich bergauf."

Für Steven Ruprecht bedeutet die Geschichte einen Karriereknick, aber immerhin kommt er viel herum. Er spielt beim VfR Aalen, dem FC Ingolstadt, Rot-Weiß Oberhausen, dem Halleschen FC, Hansa Rostock und dem SV Wehen Wiesbaden – größtenteils in der 3. Liga. „Sicherlich fällt es schwer, einen Spieler zu entfernen. Aber zum Wohl der Mannschaft bin ich grundsätzlich zu allem bereit. Und diese Entscheidung war unumgänglich", sagt Uwe Neuhaus heute. „Das hat Steven auch gespürt. Ob seine Karriere bei Union steil nach oben verlaufen wäre, weiß ich nicht. Er besaß ja auch noch einige Chancen in anderen Vereinen."

Ruprecht erklärt in einem Interview in der *Fußball-Woche* vom 17. August 2012, dass er lange am unfreiwilligen Abgang bei Union zu knabbern hatte: „Das wird mich sicher bis zum Ende meiner Karriere verfolgen. Ich habe lange einen Bogen um das Stadion An der Alten Försterei gemacht."

Erst draußen und dann mittendrin in Liga zwei
Die Zweitliga-Saison 2009/10 beginnt für Torsten Mattuschka mit einem Paukenschlag. Bei der Einweihung der modernisierten Alten Försterei gegen Hertha BSC (3:5) am 8. Juli 2009 vor 18.955 Zuschauern steht er noch von der ersten bis zur letzten Minute auf dem Platz. Aber beim ersten Pflichtspiel der Saison am 2. August im DFB-Pokal gegen Werder Bremen (0:5) taucht er überraschend nicht mal im Kader auf. „Da habe ich gedacht, was ist denn jetzt los?", sagt er heute. Am 9. August 2009 beschreibt er seine Tribünenrolle im *Tagesspiegel* so: „Bei der Begegnung gegen Werder habe ich bei den Spielerfrauen gesessen und ein bisschen gegafft. Ich stand nach fünf Jahren das erste Mal nicht im Kader, obwohl ich weder verletzt noch gesperrt war."

Mattuschkas Glück im Unglück ist es, dass Union im Pokal gegen Werder dermaßen untergeht. Fünf Tage später, zum Punktspielauftakt bei Rot-Weiß Oberhausen, stellt Trainer Uwe Neuhaus die Mannschaft auf fünf Positionen um. Und „Tusche" rutscht von der Tribüne direkt in die Startelf. Mit Erfolg. Beim glatten 3:0-Sieg bereitet er das 2:0 von Karim Benyamina vor. Das 3:0 schießt Mattuschka selbst. Sofort bildet sich eine riesige Jubeltraube um Mattuschka, der es mal wieder allen zeigt. „Er ist um sein Leben gerannt. Und das war anders nicht zu erwarten", lobt Neuhaus den Kicker nach dem Spiel in der Pressekonferenz von Oberhausen.

Der Lauf von Mattuschka hält an. In allen 34 Saisonspielen kommt er zum Einsatz. Er ist wie im letzten Drittligajahr unumstrittener Stammspieler. Mit 2.880 Einsatzminuten in einer Saison erlebt er seinen persönlichen Union-Rekord. Mit zehn Treffern avanciert er vor der Bremer Leihgabe John Jairo Mosquera (7) und Benyamina (6) zum besten Union-Torschützen. Hätte Mattuschka auch so eine Saison hingelegt, wenn Union im DFB-Pokal gegen Bremen weitergekommen und die Mannschaft für Oberhausen nicht auf mehreren Positionen verändert worden wäre? „Ein bisschen Glück gehört dazu. Und Glück hat nur der Fleißige. Wenn Mattuschka am Limit agiert hat, war es auch in Ordnung", schaut Christian Beeck zurück.

Auch mit seinen acht Vorlagen besitzt Mattuschka Anteil daran, dass Union die erste Zweitligasaison nach dem Wiederaufstieg relativ unbeschadet abschließt. Mit 44 Punkten halten die Eisernen trotz einer relativ schwachen Rückrunde mit nur 18 Zählern souverän die Liga. Ein paar mehr Zähler wären sicher im Sinne Mattuschkas gewesen. Nach dem Aufstieg stieg sein Grundgehalt nur um 1.000 Euro auf 6.500 Euro brutto an. Für einen Sieg gab es immerhin 1.800 Euro extra.

KAPITEL 8
Familienvater – Kapitän – Derbyheld

2010 bis 2012

Das Mattuschka-Lied geht um die Welt

Torsten Mattuschka besitzt von klein auf ein Faible und das Können für Standardsituationen. In seiner Karriere bereitet er unzählige Treffer mit Ecken und Freistößen vor. Aber der Mann mit dem feinen rechten Fuß trifft auch selbst. Tore nach Straf- und Freistößen machen ihn berühmt. Laut *transfermarkt.de* verwandelt er in seiner Profikarriere in den drei höchsten Ligen Deutschlands von 2007/08 bis einschließlich 2015/16 in Pflichtspielen insgesamt elf direkte Freistöße und 24 Elfmeter für den 1. FC Union und Energie Cottbus.

In der Saison 2009/10, in der Union nach fünf Jahren Abstinenz erstmals wieder in der 2. Bundesliga kickt, trägt Mattuschka in der ersten Halbserie mit zwei direkt verwandelten Freistößen am 18. September 2009 in der Partie bei der TuS Koblenz (1:1) und daheim am 4. Dezember 2009 gegen Energie Cottbus (1:1) entscheidend zu Punktgewinnen bei. Fünf „normale" Tore aus dem Spiel heraus kommen schon vor der Heimbegegnung am 21. März 2010 gegen Alemannia Aachen (0:0) dazu. Im Verlauf der Partie gibt es im Stadion An der Alten Försterei eine Premiere. Von der Waldseite her erklingt ein Lied, das Mattuschka gewidmet ist und dem Spieler huldigt.

Der Fußball-Blog *Textilvergehen*, der seit 2006 das Geschehen bei Union aus Fansicht beleuchtet, berichtet am Abend des eher drögen Spiels gegen Aachen unter der Überschrift „Wo man singt, da lass dich ruhig nieder" über das Match und die akustischen Ereignisse so: „Nullnull, was soll man denn da schreiben, mag sich gestern so mancher Medienvertreter nach dem Spiel gefragt haben ... Viel imposanter daher, dass von den Rängen eine Unterstützung kam, als ob die Jungs in den rot-weißen Trikots noch einmal im Aufstiegskampf mitmischen würden. Anfeuerung des eigenen Teams, Kosenamen für die gegnerischen Spieler und den Schiedsrichter. Und dazu eine Hymne für Torsten Mattuschka, den unermüdlichen Racker im Mittelfeld, der knapp mit einem Freistoß an Stuckmann scheiterte. Vom Spiel wird sicherlich nicht viel in Erinnerung bleiben, aber dieses Lied bleibt im Ohr."

Genau verstanden haben viele Fans im Stadion und Mattuschka auf dem Rasen den Inhalt des Liedes noch nicht. Aber das wird sich schnell ändern. Die Melodie stammt vom Hit „Can't take my eyes off you", den u. a. Gloria Gaynor bekannt gemacht hat. Den Text mit der Endlosschleife kennt schnell jeder – vom Dreikäsehoch bis zum Langzeit-Unioner: „Torsten Mattuschka, du bist der beste Mann. Torsten Mattuschka, du kannst, was keiner kann. Torsten Mattuschka, hau ihn rein für den Verein ..."

Mattuschka ist gerührt. Im *Berliner Kurier* äußert er sich am 24. März 2010 zum Loblied von den Anhängern: „Unsere Fans feuern uns immer super an. Aber wenn es so persönlich wird, ist das einfach ein geiles Gefühl. Das hat mich unheimlich stolz gemacht." Mattuschka gibt heute an, dass er das Lied bereits eine Woche zuvor beim Auswärtsspiel in Fürth (0:0) vernommen hat. „Da habe ich es das erste Mal gehört, aber nicht richtig verstanden. Beim nächsten Mal war es ein Heimspiel gegen Aachen, beim Freistoß direkt vor der Waldseite." Versuche, das Lied unters Volk zu bringen, erfolgten bereits beim Heimspiel gegen Koblenz (3:2) am 19. Februar 2010. Da zumindest ist in *Die Wald-Seite*, dem Info-Flyer der Ultra-Gruppierung *Wuhlesyndikat*, auf der Songtextseite auch erstmals das Mattuschka-Lied aufgeführt – wenngleich Torsten fälschlicherweise dreimal mit h geschrieben wird.

Die beiden Erfinder des umgedichteten Lieds – Leumi und Tino – gehen bis heute ins Köpenicker Stadion. In der Ausgabe 9 zur Saison 2014/15 des Fanzines *Wuhleprädikat Wertvoll* ist über sie und die Entstehungsgeschichte der Mattuschka-Hymne zu lesen: „Ich erinnere mich noch, wie Leumi und Tino nach einer Auswärtsfahrt rumalberten und auf der bekannten Melodie das Tuschelied zusammenspannen. Nach der erfolgreichen Feuertaufe in der Abseitsfalle beim darauffolgenden Heimspiel wurde das Lied von uns immer bei einem Freistoß gesungen. Die Leute neben uns guckten uns an wie Autos, doch irgendwann traf er, und nachdem wir es im Anschluss wieder sangen, war der Stadionhit schlechthin geboren. Somit trugen auch wir zu seinem Kultstatus bei."

Das Lied geht auf alle Fälle um. Es soll sogar Spieler anderer Zweitligavereine geben, die das Mattuschka-Lied pfeifend zum Training kamen.

Zum Gassenhauer entwickelt es sich in erster Linie bei den Auftritten Unions. „Es ist außergewöhnlich, dass ein Spieler auf diese Art gefeiert wird. Die Fans haben ihm damit ihren Respekt erwiesen. Dieses Lied machte Mattuschka deutschlandweit bekannt", sagt Mattuschkas langjähriger Union-Trainer Uwe Neuhaus.

Union-Statistiker Frank Leonhardt hat auch noch eine Anekdote auf Lager, die sich beim letzten Heimspiel der Saison 2009/10 am 2. Mai 2010 gegen Arminia Bielefeld (3:0) zutrug: „Mattuschka wurde bereits ausgewechselt. Für ihn kam beim Stand von 2:0 für Union in der Schlussphase Hüzeyfe Doğan rein. Als es dann in der letzten Minute Freistoß für uns gab, wurde trotzdem das Mattuschka-Lied gesungen. Dann hat Doğan direkt getroffen."

Das Lied gilt aber weiterhin vor allem Mattuschka. Tausende erheben ihre Stimme am 5. Februar 2011 im ausverkauften Berliner Olympiastadion, als „Tusche" gegen Hertha BSC zum entscheidenden Freistoß antritt. „Und dann geht vor der Kurve mit den 20.000 Union-Fans so ein Murmelball rein", sagt Mattuschka. Das Tor zum 2:1 bedeutet den Derbysieg.

Bis ins Jahr 2014 ist sein Lied noch bei den Partien der Eisernen zu hören. Auch Mattuschkas Ehefrau Susanne freut sich mit, wenn ihr Gatte besungen wird. „Das war grandios. Ich hatte Gänsehaut. Ich konnte es gar nicht fassen, dass die Anhänger so begeistert sind und ein Lied für ihn kreieren."

Die Geburt von Tochter Miley

Ende Juni, Anfang Juli 2010 reist der 1. FC Union für sechs Tage nach Oberhof. Im Wintersport-Mekka Thüringens setzt Trainer Uwe Neuhaus ein Sommer-Trainingslager an, bei dem der Ball keine Rolle spielt. Laufen, Radfahren und Krafttraining stehen für die Zweitligafußballer auf dem Programm. Am 1. Juli 2010 wird der 26-Mann-Kader unter Anleitung von Fitnesstrainer Dirk Keller sogar die Skisprungschanze im Oberhofer Kanzlersgrund hinaufgejagt.

Auf der Treppe neben der Schanze sind viermal jeweils 640 Stufen und 136 Meter Höhenunterschied zu überwinden. Die schnellsten Unioner schaffen es in gut fünf Minuten rauf. Mattuschka gehört nicht zu ihnen. Für ihn ist es eine Quälerei. Ausgedacht hat sich das Ganze

Unions neuer Fitnessguru Keller, den Mattuschka noch aus gemeinsamen Cottbuser Zeiten kennt. Aber Mattuschka ist nicht böse auf Keller, den alle nur „Kellogs" nennen. Denn Keller erfüllt angesichts der bevorstehenden Geburt von Mattuschkas Tochter Miley einen wichtigen Job. Mattuschka: „Im Trainingslager hatte Kellogs mein Handy. Wenn bei meiner damaligen Freundin und jetzigen Frau Susanne früher etwas passiert wäre, hätte ich ein Auto bekommen, um nach Berlin zu düsen. Das war mit Trainer Uwe Neuhaus und Manager Christian Beeck abgesprochen."

Die Geburt ist für den 10. Juli 2010 per Kaiserschnitt geplant. Am 4. Juli kommt Mattuschka aus dem Trainingslager in Oberhof zurück. Die Kicker dürfen wegen der langen Vorbereitungszeit vom 5. bis 11. Juli noch mal eine Woche Urlaub einschieben. Das passt der Familie. Am 5. Juli 2010 um 8.49 Uhr wird Tochter Miley im Vivantes Klinikum in Berlin-Hellersdorf geboren. Sie wiegt 3.730 Gramm und ist 51,5 Zentimeter groß. „Sie kam per Kaiserschnitt auf die Welt, weil es Komplikationen gab. Torsten hat im OP noch schön Faxen gemacht", sagt Susanne Mattuschka. „Er fotografierte sich in der OP-Kleidung, während ich für die Operation vorbereitet wurde."

Für Quatschkopf Mattuschka ist es ein einschneidendes Erlebnis. Er steht während des Geburtsprozesses hinter Susanne am Kopfende des Bettes. „Es war Wahnsinn und unbeschreiblich", sagt der stolze Vater. Über die Schrecksekunde, weil Miley zunächst nicht schreit und in ein anderes Zimmer gebracht wird, kann Familie Mattuschka heute locker hinwegsehen.

In den ersten Jahren hat Mattuschka aber nicht allzu viel von seiner Tochter, weil er wegen des Fußballs ständig unterwegs ist. „Dadurch entwickelte sich Miley zu einem kleinen Mama-Kind. Darüber war Torsten traurig. So langsam ändert sich das zum Glück aber", berichtet Susanne Mattuschka im Frühjahr 2017. „Dadurch, dass er seit seinem Wechsel nach Altglienicke mehr Zeit hat, bringt er sie jeden Tag zur Schule. Er holt sie auch ab und macht mit ihr Hausaufgaben."

Miley versteht bis heute nicht so richtig, warum kleine Jungs und große Männer regelmäßig den Namen ihres Vaters rufen und ihn umringen. „Da wird sie eifersüchtig. Das mag sie nicht. Dann sagt sie, dass es ihr Papa ist", schmunzelt Susanne.

Dass ihr Vater ein bekannter Fußballer ist, hat Miley noch nicht realisiert. Aber nach der Einschulung in Schmöckwitz im Sommer 2016 wird sie in der Schule auch beim Bolzen gesichtet. „Sie besitzt alle Trikots von Torsten von Union, Cottbus und Altglienicke. Da ist sie stolz drauf", erzählt Susanne Mattuschka.

Ihren ersten Besuch im Stadion An der Alten Försterei „erlebt" Miley übrigens bereits 26 Tage nach ihrer Geburt. Am 31. Juli bringt sie Mutter Susanne mit zum Testspiel gegen den FC Middlesbrough (2:2). „Miley fühlt sich total wohl, ist gar nicht aufgeregt", verrät Susanne damals der *B.Z.*

Der Aufstieg zum Spielführer
Trainer Uwe Neuhaus sucht im Sommer 2010 einen neuen Kapitän. Marco Gebhardt, der alte Spielführer, erhält keinen neuen Vertrag. Neuhaus ist vorsichtig geworden, weil er auch mit der Benennung von Gebhardts Vorgänger Daniel Schulz nicht so viel Glück hatte. Schulz ist zwischen 2007 und 2009 immer wieder verletzungsbedingt ausgefallen.

Neuhaus will dem „Kapitänsfluch" unbedingt enteilen. Deshalb fahndet er nach einem Stammspieler mit Führungspotenzial und Zukunft. Seine Wahl fällt auf Torsten Mattuschka, der in der Spielzeit 2009/10 mit zehn Treffern und acht Vorlagen in der Offensive glänzte. „In der Vorbereitung hat mich Uwe Neuhaus mal während eines Trainings beiseite genommen. Wir haben vorn auf dem Platz am Kabinencontainer trainiert und sind dann auf dem hinteren herumgelaufen", schaut Mattuschka zurück. „Neuhaus sagte, dass er überlegt, was er machen soll. Ich habe ihm gesagt, dass ich bereit wäre, das Amt zu übernehmen. Er wusste ja, wie ich bin. Auf dem Platz konnte ich vorneweg gehen. Und die Jungs hörten auf mich. Aber dass ich gern Späße machte, war ihm auch bekannt."

In den ersten Vorbereitungsspielen geht die Binde noch reihum, beispielsweise wird sie von den Routiniers Bernd Rauw oder Macchambes Younga-Mouhani getragen. Aber bei der Generalprobe vor dem ersten Pflichtspiel, am 7. August 2010 gegen den Erstligisten Borussia Mönchengladbach (1:4), ist es amtlich: Mattuschka führt als neuer Kapitän die Mannschaft an. „Mattuschka hat in den letzten Jahren eine sehr gute Entwicklung genommen. Er ist ein Spieler, der mit seiner Präsenz auf dem Feld unser Team trägt", wird Neuhaus in der *Bild* vom 9. August zitiert.

Mattuschka im selben Blatt: „Ich bin stolz. Ich versuche, die Mannschaft mitzureißen und vorwegzumarschieren." Neben Mattuschka gehören Daniel Göhlert, Dominic Peitz, Karim Benyamina, Younga-Mouhani und Neuzugang Ahmed Madouni vom französischen Zweitligisten Clermont Foot dem Mannschaftsrat an

Die Spielzeit 2010/11 ist eine historische Saison, in der Mattuschka fortan der Kopf der Union-Elf ist. Nach dem Abstieg von Hertha BSC treffen beide Teams erstmals in Punktspielen aufeinander. Dass Union-Vorläufer SG Union Oberschöneweide zuletzt am 30. April 1950 in der Gesamtberliner Stadtliga gegen Hertha BSC um Punkte kämpfte und im Poststadion mit 5:1 gewann, ist anno 2010 Schnee von gestern.

Gerade wegen der bereits am vierten Spieltag angesetzten Heimpartie gegen Hertha am 17. September 2010 ist der Run auf Dauerkarten in Köpenick riesig. Bis Mitte Juni sind 2.000 Saisontickets weg. Am 29. August 2010 ist die Schlange vor den Vorverkaufsschaltern für den Kick gegen Hertha 400 Meter lang. Die härtesten Union-Fans haben sich bereits nachts angestellt, elf Stunden vor Öffnung der Schalter.

Union gegen Hertha, Hertha gegen Union. Es ist das Duell der krassen Gegensätze. Die Charlottenburger spielen im großen Olympiastadion, die Eisernen im Köpenicker Kiez. Die Alte Försterei ist inzwischen renoviert und komplett überdacht, aber umgezogen wird sich nach wie vor in einem Container, der Ende der 1990er Jahre aufgestellt wurde. Mattuschka: „Das war alles sehr einfach, aber für die Mannschaft und mich kein Problem. Es hat uns eher zusammengeschweißt. Das hat damals auch ohne Entspannungsbecken funktioniert."

Im Hinspiel holt Union vor 18.432 Zuschauern in der ausverkauften Alten Försterei immerhin ein 1:1 heraus. Acht Minuten vor Spielende überwindet Unions neuer Niederländer Santi Kolk seinen Landsmann Maikel Aerts im Hertha-Kasten zum verdienten 1:1-Ausgleich. Kolk ist erst in der 76. Minute für Mattuschka eingewechselt worden.

Das Jahrhunderttor im Olympiastadion

Abgesehen vom 1:1 gegen Hertha BSC legt der 1. FC Union 2010/11 einen schwachen Saisonstart hin. Im DFB-Pokal gibt es am 15. August 2010 im Leipziger Zentralstadion gegen den Viertligisten Hallescher FC – Torsten

Mattuschkas erstes Pflichtspiel als Kapitän – eine peinliche 0:1-Niederlage. Damit ist für Union mal wieder in der ersten Pokalrunde Schluss. Erst am sechsten Spieltag gelingt gegen den MSV Duisburg (2:0) der erste Saisonsieg. In dieser Begegnung schießt Mattuschka seinen ersten von nur fünf Saisontreffern.

Zum Ende der ersten Halbserie sorgt ein 3:1-Erfolg gegen den Karlsruher SC wenigstens dafür, dass Union als Tabellendreizehnter drei Punkte Vorsprung auf den Relegationsrang hat. Zu diesem Zeitpunkt sind die Berliner von zahlreichen Verletzungen geplagt. Auch Torsten Mattuschka hat es erwischt. Nach seinem 1:0-Siegtreffer gegen Fortuna Düsseldorf am 19. November 2010 fällt der Kapitän bis zum Jahresende aus. Die erste Diagnose: fiebriger Infekt. Später muss „Tusche" wegen einer Entzündung am linken Bein sogar stationär behandelt werden. Angefangen hat es mit einer Schramme oberhalb des Knöchels. „Union-Schock: Tusche im Krankenhaus!", titelt der *Berliner Kurier* am 27. November 2010 im Sportteil. *Bild* vermeldet drei Tage später ebenfalls Dramatisches: „Mattuschka am Tropf! Hinrunde beendet?"

Aus dem Fragezeichen wird bald ein Ausrufezeichen. 14 Tage liegt Mattuschka im Krankenhaus Lichtenberg. Das ganze Fußgelenk hat sich entzündet. Er wird mit Antibiotika behandelt. Mehrere Kilogramm nimmt Mattuschka ab. „Ich glaube, dass ich unter 80 Kilo gewogen habe. Diese Streptokokken-Erkrankung hätte auch das Karriere-Aus bedeuten können. Ich musste eine Woche lang Antibiotika einnehmen, an drei Tagen hatte ich über 40 Grad Fieber", erinnert sich Mattuschka mit Schrecken.

Zu Beginn des Infekts nimmt er den dicken Fuß gar nicht richtig ernst, obwohl er vor Schmerzen um 5.30 Uhr morgens wach wird. Aber nach der Erstellung eines Blutbildes sagt ihm Mannschaftsarzt Tankred Haase deutlich, dass er bis zum Jahresende nicht mehr spielen wird. „Meine Frau Susanne ist in diesem harten Winter jeden Tag mit unserer Tochter ins Krankenhaus gekommen. Viele Mitspieler haben mich ebenfalls besucht. Als es mir besser ging, hat mir Chinedu Ede sogar was von McDonald's mitgebracht", berichtet Mattuschka.

Erst am 16. Dezember 2010 kann er im FHC-Center in der Köpenicker Lindenstraße zumindest auf dem Ergometer radeln. Am 20. Dezember 2010 ist „Tusche" so weit wieder hergestellt, dass der Autor dieses Buchs bei ihm zu Hause in der Melli-Beese-Straße in Berlin-Johannisthal die ersten Fotos mit der kompletten Familie machen kann. Zu seinem Frauenhaushalt gehört neben Partnerin Susanne und Tochter Miley auch Yorkshire-Terrier-Hündin Lucy. Mattuschka in der *Bild*: „Für das neue Jahr wünsche ich mir vor allem Gesundheit für die Familie und Union den Klassenerhalt."

Die Vorbereitung auf die Rückrunde beginnt bereits am 28. Dezember 2010. Mattuschka trainiert in der ersten Zeit nur individuell. Aber in der Rückrunde ist er wieder voll einsatzfähig, abgesehen von dem einen Spiel Sperre nach dem Feldverweis am 20. März 2011 daheim gegen Arminia Bielefeld (2:2). Den Klassenerhalt schafft man mit 23 Zählern in der Rückrunde relativ souverän. Als Elften trennen die Köpenicker satte elf Punkte vom unteren Relegationsrang. Die Saison, die mit den Trennungen von Teammanager Christian Beeck und dem langjährigen Angreifer Karim Benyamina endet, wäre eigentlich keine fürs Poesiealbum, wenn es da nicht am 5. Februar 2011 den historischen Sieg bei Hertha BSC gegeben hätte.

Im mit 74.244 Zuschauern ausverkauften Berliner Olympiastadion gelingt Union die große Sensation. Zwar holt Roman Hubnik für den stark beginnenden Favoriten nach 13 Minuten die 1:0-Führung heraus. Doch der Ausgleich durch John Jairo Mosquera (37.) bringt Union ins Spiel zurück. In der 71. Minute erzielt Torsten Mattuschka mit einem Aufsetzer-Freistoß aus 25 Metern gar den 2:1-Siegtreffer. Es ist ein Jahrhunderttor. Dass dabei Hertha-Keeper Aerts patzt, stört im Union-Lager keine Sau. Mattuschka rennt jubelnd mit weit ausgebreiteten Armen in Richtung Gästekurve. 20.000 Union-Fans können ihr Glück kaum fassen, auch einige Kumpel Mattuschkas aus Merzdorf kreisen auf der Tribüne aus. „Das ist definitiv der größte Moment meiner Karriere, obwohl der Freistoß eine Katastrophe war", sagt Mattuschka heute.

Union siegt sensationell und extrem glücklich als Tabellendreizehnter beim Spitzenreiter. Es ist genau das eingetreten, was Mattuschka zwei Tage vor der Begegnung auf der Fahrt vom Training nach Hause in Gedanken durchgespielt hatte. Er hatte sich vorgestellt, wie es wäre, wenn Union gewänne und er untermalt vom Mattuschka-Lied ein Tor erzielen würde. „Ich hatte in meinen Kopf, nach dem Tor in die Kurve zu laufen. Und so ist es gekommen. Zwei Tage später geht dieser Ball rein. Das ist dann wirklich passiert", so Mattuschka. „Wenn es eine Scheißphase bei Union gab, habe ich mir dieses Video reingezogen und Gänsehaut bekommen. Das Schöne ist, dass ich das auch noch in 20 oder 30 Jahren im Internet aufrufen kann."

Minutenlang feiern anno 2011 die Union-Spieler nach dem Abpfiff mit den Anhängern den inoffiziellen Gewinn der Stadtmeisterschaft nach dem 1:1 im Hinspiel. Mattuschka wird ein Megafon gereicht. Auf Wunsch eines führenden Ultras stimmt Mattuschka das „Scheiß-Dynamo-Lied" an. Sowohl der BFC Dynamo als auch Dynamo Dresden durften sich angesprochen fühlen, obwohl sie 2010/11 in anderen Ligen spielten. Thema leicht verfehlt. „Das hat nicht dahin gehört. Wir hätten sie an unserem Glück nicht teilhaben lassen sollen", sagt Union-Präsident Dirk Zingler 2017.

Aber an diesem Tag sechs Jahre früher ist das egal. Die Party der Union-Fußballer geht noch stundenlang weiter. „Wir sind im Olympiastadion in den Pool gesprungen und haben uns vier, fünf Kästen kaltes Heineken-Bier reingeschraubt", so Mattuschka. „Auf der Rückfahrt im Bus wurde auch gesoffen. Am Abend haben wir uns noch mit ein paar Spielern getroffen und sind dann in den Maxxim Club in Charlottenburg zum Weiterfeiern gefahren. Da haben wir richtig die Sau herausgelassen." Laut *B.Z.* vom 7. Februar 2011 zieht sich die Party bis kurz nach vier Uhr morgens hin.

Der Treffer von Mattuschka versetzt den ganzen Verein in eine Art Hochstimmung. „Den Spaß und den Triumph kann uns keiner mehr nehmen. Das ist mit keinem Geld aufzuwiegen", sagt Präsident Zingler. Wenige Tage später bringt Union das tausendfach verkaufte Siegershirt zum Derby auf den Markt. Die Vorderseite zeigt die beiden Torschützen Mosquera und Mattuschka und den Spruch: „Hier regiert der FCU!". Auf der Rückseite sind die Namen aller Derbysieger verewigt.

Der Hype um die Union-Torschützen Mosquera und Mattuschka ist riesig. Am 27. Februar 2011 findet im völlig überfüllten Erdgeschoss des Forums Köpenick eine Autogrammstunde mit dem Duo statt. Sie dauert 180 Minuten. Susanne Mattuschka und Tochter Miley sind anfangs im Einkaufszentrum dabei. Sie ist auch heute noch verwundert, wie Torsten bisweilen von Fremden anghimmelt wird. „Für mich ist er ein ganz normaler Ehemann und kein Weltwunder. Ich kann das schwer nachvollziehen, wie die Leute bei ihm so abgehen", sagt Susanne.

Die zunehmende Popularität von Mattuschka ist für die Familie nicht immer angenehm. „Miley und ich wurden einmal beiseite gedrängt, weil Fans ein Foto mit Torsten machen wollten", berichtet Susanne. „Miley ist dabei sogar hingefallen. Die Fans meinen das nicht böse, aber als Frau muss man sich dann komplett zurücknehmen."

Für die Familie zahlt sich der wichtigste Treffer im Leben Mattuschkas auf jeden Fall aus. Erst feilscht der Verein mit Mattuschka noch um die Vertragsverlängerung. Union bietet zunächst nur einen Kontrakt über zwölf Monate an. Die Verhandlungen ziehen sich über drei Monate hin. Doch am 11. März 2011 bekommt der Derby-Gott von Köpenick einen Zweijahresvertrages mit Option für eine weitere Saison. Erstmals in seiner Karriere wird sein Grundgehalt auf über 10.000 Euro brutto angehoben. „Ich habe einiges erreicht mit dem Verein. Wir waren in der Oberliga. Jetzt sind wir in der 2. Liga. Das Stadion und das Umfeld haben sich verändert", wird der Mittelfeldmann seinerzeit von der *Märkischen Allgemeinen* zitiert. „Ich habe mir einen gewissen Status aufgebaut, den man woanders vielleicht nicht mehr so hinbekommt."

„Da hat ‚Tusche' Pech gehabt"
Interview mit Karim Benyamina

Karim Benyamina, 1981 in Dresden geboren, ist mit 87 Pflichtspieltreffern der Rekordtorschütze des 1. FC Union Berlin. Zwischen 2005 und 2011 erlebte der Stürmer zusammen mit Torsten Mattuschka erfolgreiche Jahre in Köpenick. Im Anschluss spielte der zweifache algerische Nationalspieler beim FSV Frankfurt, Karlsruher SC, MC El Eulma (Algerien), Berliner AK und Viktoria Berlin. Am 2. September 2017 sollen die beiden früheren Publikumslieblinge Unions ein gemeinsames Abschiedsspiel im Stadion An der Alten Försterei erhalten.

Herr Benyamina, 2005 kamen Sie aus Babelsberg zu Union, Torsten Mattuschka aus Cottbus. Waren Sie sofort auf einer Wellenlänge?
„Wir haben dazu nicht lange gebraucht. Torsten hatte damals noch ein Piercing in der Augenbraue. Da wusste ich, dass wir aus verschiedenen Welten kommen. Ich hätte mir das bei mir nie vorstellen können. Aber

wir haben uns schnell angenähert. Er ist ein sympathischer Mensch, mit dem man auch ernsthafte Gespräche führen kann."

Wie war der junge Mattuschka?
„Eigentlich so wie heute. Er hat sich nicht wirklich verändert. Das würde ich auch von mir behaupten. Das liegt sicher daran, dass wir immer noch Fußball spielen. Bei ‚Tusche' ist natürlich die Familie dazugekommen."

Bei Union sind Sie zusammen in die Regionalliga, die neue 3. Liga und die 2. Bundesliga aufgestiegen. Schweißte das zusammen?
„Auf jeden Fall. Die Zeit bei Union hat unser Leben geprägt. Wir hatten manche traurige Phase, aber viel mehr glückliche und erfolgreiche. Das hat uns sicher eng zusammenrücken lassen."

2010 wurde Mattuschka Kapitän. Wie hat er die Mannschaft geführt?
„Auf seine Art. Er überzeugte die Mitspieler durch Leistung. Das honorierten ebenso die Zuschauer. Das hat auch Trainer Uwe Neuhaus überzeugt. Das brachte Torsten, der vorher schon im Mannschaftsrat war, die Kapitänsbinde ein. Die Mannschaft hat ihn auch als Führungsspieler gesehen."

Sie und Mattuschka erlebten als einzige Unioner die beiden großen Derbysiege 2005 gegen den BFC Dynamo und 2011 gegen Hertha BSC auf dem Rasen mit. Welche Erinnerungen haben Sie?
„Es waren jeweils prägende Spiele. Der Sieg gegen den BFC war für uns das erste Union-Heimspiel mit einer richtig großen Kulisse. Da spürte man, was bei diesem Verein alles möglich ist. Und Hertha spielte viele Jahre in der 1. Liga, und die Zuschauerkapazität im Olympiastadion ist viel größer als bei Union. Dass wir dort gewinnen konnten, habe ich weiterhin im Kopf. Aber die komplette Zeit bei Union war allgemein sehr schön."

Machte sich Mattuschka mit dem Siegtreffer gegen Hertha unsterblich?
„Natürlich wurden auf den nach dem Triumph gedruckten T-Shirts die Namen aller Spieler verzeichnet, die an diesem Tag im Kader standen.

Aber auch in Zukunft wird man vor allem darüber reden, dass ‚Tusche' das 2:1 erzielt hat."

Übernahm Mattuschka nach Ihrem Abgang 2011 bei Union von Ihnen die Rolle als Publikumsliebling?
„Ich glaube, dass wir beide für uns in Anspruch nehmen können, dass wir zu den Fanlieblingen bei Union gehörten und gehören. Wir waren auf und neben dem Platz da – mit Leistung und Spaß. Wir haben alles für den Verein gegeben. Das haben die Fans honoriert. Nachdem ich zum FSV Frankfurt gegangen bin, hat Torsten die Rolle allein übernommen."

Sein Ende 2014 bei Union war vielleicht schmerzhafter als das Ihre. Hätten Sie gedacht, dass Mattuschka die Eisernen noch mal verlassen würde?
„Wir standen damals in Kontakt, als sich die Lage bei Torsten zuspitzte. Er hat auch mich um Rat gebeten. Ich weiß, dass ihm die Entscheidung nicht leicht gefallen ist."

Ihre Rückennummer 22 wurde seit 2011 nicht mehr vergeben, die 17 von Mattuschka schon. Die zieht sich seit September 2016 der Schwede Simon Hedlund über …
„Union-Präsident Dirk Zingler hat mir damit eine große Ehre erwiesen, die Nummer 22 nicht mehr zur Verfügung zu stellen. Darauf bin ich sehr stolz. Da Union die 17 von Mattuschka nicht gesperrt hat, hat sie sich irgendwann einer geschnappt. Da hat ‚Tusche' Pech gehabt."

In diesem Jahr bekommen Sie ein gemeinsames Abschiedsspiel. Was bedeutet Ihnen dies?
„Sehr, sehr viel. Die Zeit bei Union hat ihre Spuren hinterlassen. Ich werde immer noch auf der Straße erkannt. Viele Leute verbinden mich noch immer mit dem Verein. Ich bin weiterhin von Herzen Unioner. Dass ich mich noch einmal mit Torsten Mattuschka zusammen im Stadion an der Alten Försterei von den Fans verabschieden kann, ist eine schöne Sache und große Ehre. Es wird ein unvergesslicher Tag."

Heirat mit Susanne

Susanne Heller sieht im Februar 2011 den 2:1-Siegtreffer ihres Partners Torsten Mattuschka bei Hertha BSC „nur" im Fernsehen. „Da saß ich mit unserem Baby zu Hause in Johannisthal auf der Couch", sagt Susanne. Doch noch im selben Jahr kommt es zur Hochzeit mit Torsten. Die beiden passen einfach zusammen, obwohl sie sich erst Ende Januar 2009 kennengelernt haben. Torsten stellte seine „Neue" damals bald seinen Kumpels aus Merzdorf vor. „Das ging relativ schnell – wie bei seiner Familie. Es wirkte alles gleich so fest bei uns", erzählt Susanne. „Wir waren dankbar und happy, dass wir uns gefunden hatten. Wir kamen ja jeweils aus einer gescheiterten Beziehung."

Für den Heiratsantrag lässt sich Torsten Mattuschka etwas ganz Besonderes einfallen, obwohl er nicht unbedingt als romantischer Typ bekannt ist. Es passiert im Urlaub in Dubai im Mai 2011. Die beiden können zu zweit entspannen. Tochter Miley wird in dieser Zeit von Susannes Mutter Marina in Deutschland betreut. Susanne hat den Antrag ihres Freundes eigentlich schon früher erwartet, aber nicht an dem Tag, als er ihn im Rahmen einer Jeep-Safari durch die Wüste tatsächlich macht. „Auf einmal wurden wir von einem Guide mit zwei Kamelen abgeholt. Mit denen trabten wir ein bisschen durch die Gegend. Dann kamen wir zu einem Ort, an dem ein Barbecue aufgebaut worden war. Es wurden Fotos von uns gemacht, aber ich hatte immer noch keine Ahnung", erzählt Susanne. „Plötzlich ist Torsten vor mir auf einem Teppich auf die Knie gefallen. Er machte mir eine Liebeserklärung und fragte, ob ich ihn heiraten will. Ich konnte auch nicht Nein sagen. Vielleicht hätte er mich sonst dort zurückgelassen." Das Ganze zu organisieren, war für Mattuschka nicht so einfach. Aber mit Hilfe der arabisch sprechenden Freundin seines Mitspielers Dominic Peitz funktionierte es.

Beim Junggesellenabschied am 10. Dezember 2011 wird Mattuschka überrascht. Etliche Kumpels aus Cottbus und Merzdorf kommen zum Heimspiel gegen den FSV Frankfurt (4:0). Nach dem Abpfiff führt Linksverteidiger Patrick Kohlmann den verblüfften Mattuschka unter einem Vorwand zu seinen Freunden, die sich im Pulk an der Bande der alten Haupttribüne im Stadion An der Alten Försterei versammeln. „Ich bekam erstmals Kontakt zu ihnen wegen ‚Tusches' Junggesellenabschied. Sie hatten mich angerufen, ob ich mit Trainer Uwe Neuhaus sprechen könnte", sagt Kohlmann 2017. „Sie hatten nach dem Spiel gegen Frankfurt etwas vor. Ich habe die ganze Planung mit seinem Trauzeugen Daniel Dubrau übernommen."

Robert Zeitz überreicht dem Bräutigam in spe im Namen der Merzdorfer das Kostüm für den Abend – eine beschriftete Ganzkörper-Banane. Die Ansage der Kumpels ist eindeutig. Mattuschka muss das Kostüm nach dem Duschen überziehen. Auf der Vorderseite der Banane steht: „Voll zum Obst gemacht" und das Datum 10.12.2011. Hinten prangt die Rückennummer 17 und der Name „Tusche". Da lautet die Aufschrift: „Ich mach mich heut zum Obst."

Die Junggesellenabschieds-Gesellschaft taucht dank Linksverteidiger Kohlmann auch im Kabinenbereich des 1. FC Union auf. „Wir waren bestimmt die Einzigen, die jemals an einem Spieltag in den Container rein durften", ist Dubrau heute noch stolz. „Wir haben schön gesoffen in der Kabine", ergänzt Mattuschka.

Auch wenn der erste bestellte Bus in die Innenstadt wegen kaputter Bremsen ausfällt, kommen Mattuschka, seine Freunde sowie Mitspieler wie Chinedu Ede, Kohlmann, Michael Parensen, Jérôme Polenz und Christopher Quiring irgendwann im Café 100 Wasser in der Partyzone Simon-Dach-Straße an. Dort wird lecker gespeist. Später wird auf einem Dampfer der Reederei Eddyline von Union-Fan und -Sponsor Hendrik „Eddy" Mann weitergefeiert. Mattuschka trägt sein Kostüm die ganze Zeit, zwischendurch darf er noch eine Ledermaske aufsetzen. Erst um vier Uhr morgens ist Schluss. Zum Glück für Mattuschka ist am heranbrechenden Tag kein Training angesetzt.

Die Party sorgt am 12. Dezember 2011 im Berliner Boulevard für Schlagzeilen, weil der Autor dieser Zeilen nach zähen Verhandlungen mit Mattuschka und Union-Sprecher Christian Arbeit im Café 100 Wasser für einige Minuten mit der Kamera am Start war. „Alles Banane für Tusche – Der irre Junggesellenabschied des Union-Kapitäns", schreibt der *Berliner Kurier*. „Mattuschkas krumme Fete – Mr. Union feiert Junggesellen-Abschied als Banane", titelt die *B.Z.* „Junggeselle zum Obst gemacht", freut sich die *Bild* mit Mattuschka.

Zwei Tage später feiert Susanne in Berlin mit Freundinnen den Abschied von der wilden Ehe. Die Hochzeit steigt am 31. Dezember 2011 im Fünf-Sterne-Hotel Zur Bleiche in Burg in der Nähe ihrer gemeinsamen

Heimatstadt Cottbus. Am Silvestertag gibt sich das Paar um 13.20 Uhr im engeren Familien- und Freundeskreis in einem stilvoll eingerichteten Wintergarten der Hotelanlage das Jawort.

Susanne trägt ein traumhaftes trägerloses Brautkleid und eine Hochsteckfrisur. Torsten erscheint im dunklen Anzug, weißen Hemd und einer auf den Brautstrauß abgestimmten Krawatte. Tochter Miley sieht in ihrem Mini-Brautkleid zuckersüß aus. Die 18 Monate junge Lady staunt, als der Papa die Mama durch ein herzförmiges Loch in einem Stück Stoff in den neuen gemeinsamen Lebensabschnitt trägt.

Überraschungsbesuch gibt es von Mattuschkas alten Kollegen von der Malerfirma Laschke aus Dissenchen, mit denen der Fußballer zwischen 1998 und 2001 zusammenarbeitete. Um ihre Geldgeschenke aus einem Eimer mit Kleister herauszufischen, muss der Bräutigam das Jackett und den Ehering noch einmal ablegen. Susanne macht sich Sorgen, dass ihr herausgeputzter Mann schmutzig wird. Doch schon bald sitzt alles wieder perfekt.

Es ist ein kalter, aber sonniger Tag in der Lausitz. Beim Hochzeitsfoto lässt sich die Fotografin jedoch sehr viel Zeit. Die ersten Gäste fangen an zu frieren. Die Stimmung hellt sich aber schnell auf, als Mattuschka einen seiner typischen Witze reißt. Sein Zwischenruf – „mehr Haare, mehr Nippel" – sorgt für Gelächter.

Zur Hochzeitsparty am Abend sind 100 Leute geladen. „99 kamen. Es war eine super Party", erinnert sich Mattuschka. Anfänglich sitzen einige Gäste wohl noch etwas steif da, ehe sich die Merzdorfer Gang als Schraubenlöser verdient macht. „Das hat mit diesen Jungs immer richtig Spaß gemacht, weil es einfache und normale Typen sind", sagt Patrick Kohlmann. „Nach dem Junggesellenabschied und der Hochzeit waren wir auch noch häufiger privat bei Torstens Freunden. Das ist ein sehr angenehmer Freundeskreis – wenn auch ein bisschen verrückt."

Bis 5.30 Uhr am Morgen geht die Sause. Neben Kohlmann und Menz aus der damaligen Mannschaft Mattuschkas sind auch die Ex-Unioner Karim Benyamina und Dominic Peitz dabei, um mit dem Paar zu feiern. Einem Spieler wird nach zu viel Alkoholgenuss in der Nacht schlecht. Der Name bleibt natürlich geheim. Gerüchten zufolge soll es sich um einen Kicker handeln, der 2014 von Union zu Holstein Kiel wechselt ...

„Tusche" verschont Energie

Die Spielzeit 2011/12 läuft für Torsten Mattuschka fast wie die Vorsaison. Wieder gelingen ihm fünf Treffer. Mit neun Torvorbereitungen sind es aber vier mehr als im Vorjahr. Mit Rang sieben holt der 1. FC Union die bislang beste Zweitliga-Platzierung unter Trainer Uwe Neuhaus heraus. Damit wird das Saisonziel erreicht. In der Vereinshistorie kam Union zuvor nur in der Spielzeit 2001/02 unter Chefcoach Georgi Wassilew besser rein, nämlich auf Platz sechs.

Die Fans dürfen sogar erstmals die „Ost-Meisterschaft" feiern, weil Union die stärkste Mannschaft aus den neuen Bundesländern stellt. Dynamo Dresden als Neunter, Energie Cottbus (14.) und Erzgebirge Aue (15.) spielen zumindest noch in derselben Liga wie Union. Alle anderen DDR-Uraltrivalen dümpeln zu diesem Zeitpunkt tieferklassig herum.

Dass Union letztlich so ordentlich abschneidet, war nach dem erneut schwachen Saisonstart nicht zu erwarten gewesen. Im Pokal kommt das Aus wieder in Runde eins bei einem Viertligisten: Bei Rot-Weiss Essen blamiert sich Union am 29. Juli 2011 im Elfmeterschießen. In der Meisterschaft läuft der Beginn ebenso schleppend. Es gibt nur einen Sieg an den ersten vier Spieltagen. Nach der 0:4-Klatsche bei Dynamo Dresden am 11. August 2011 sind aus dem Gästeblock unüberhörbare „Neuhaus raus"-Rufe zu vernehmen. „So dürfen wir nie wieder auftreten. Denn wenn wir so spielen, holen wir keinen Punkt mehr. Wir müssen uns gegenseitig in den Hintern treten und die A...backen zusammenkeifen", wird Mattuschka von der *B.Z.* zitiert. Die Spieler und der Trainer müssen sich am nächsten Tag beim traditionellen Drachenboot-Rennen, das seit dem Sommer 2003 von der Supporters-Vereinigung *Eiserner V.I.R.U.S.* organisiert wird, von den enttäuschten Anhängern einiges anhören.

Die Mannschaft bekommt aber noch in der Hinrunde die Kurve. Im November 2011 feiert sie bei Eintracht Braunschweig (2:1) und bei Hansa Rostock (5:2) sogar umjubelte Auswärtserfolge. Bereits am 11. September 2011 gab es beim 4:1-Heimsieg gegen den FC Ingolstadt im Stadion An der Alten Försterei den schönsten Saisontreffer zu bestaunen. Das 2:1 des Brasilianers Silvio in der 30. Minute per Seitfallzieher wird von den Zuschauern der ARD-*Sportschau* zum Tor des Monats gewählt. Mattuschka, der einen Flugball von Abwehrmann Patrick Kohlmann von links von der rechten Außenbahn aus direkt auf Silvio weiterleitete, hatte auch seinen Anteil an diesem sehenswerten Tor.

Am 16. Oktober 2011 überreicht TV-Reporter Christian Dexne im B1-Center von Schöneiche, wo die Mannschaft nach dem 2:0-Sieg gegen den Karlsruher SC ein Regenerationstraining absolviert, die Medaille an Silvio. Der Angreifer nimmt sie in Empfang und zersägt die Plakette vor laufender Kamera. So erhalten auch die ebenfalls anwesenden Vorlagengeber Mattuschka und Kohlmann ihren symbolischen Anteil am Tor. Vorher muss Mattuschka ebenfalls beim Sägen ran. Trainer Neuhaus freuen die Ehrung und der Teamgeist. Er sagt: „Die Kombination mit dem langen Flugball, der direkten Weiterleitung und dem perfekten Abschluss war schon außergewöhnlich."

Weniger perfekt laufen die letzten vier Auswärtsspiele der Saison. Beim Karlsruher SC (0:2), FC St. Pauli (1:2) und Fortuna Düsseldorf (1:2) geht Union jeweils als Verlierer vom Platz. Vor dem Saisonfinale am 6. Mai 2012 in Cottbus kommt Mattuschka persönlich in die Bredouille. Sein Heimatverein ist vor dem letzten Spieltag hochgradig abstiegsgefährdet. Lediglich zwei Punkte trennen den FC Energie vom Relegationsrang. Drei Tage vor der Begegnung wird öffentlich, dass Mattuschka als Unions etatmäßiger Strafstoßschütze in Cottbus im Fall des Falles nicht zum Elfmeter antreten will. „Ich kann nur verlieren. Verschieße ich, denkt jeder, dass ich das mit Absicht gemacht habe. Treffe ich, muss der Verein meiner Heimatstadt vielleicht weiter um den Klassenerhalt bangen. Bei uns können auch noch zehn andere Spieler schießen", wird Mattuschka in der *Bild* vom 3. Mai 2012 zitiert.

Am Spieltag gibt es kurz vor der Pause beim Stand von 0:0 tatsächlich einen Elfmeter für Union. Markus Karl trifft zum vermeintlichen 0:1. Doch Schiedsrichter Christian Dingert lässt wiederholen, weil einige Akteure zu früh in den Strafraum gelaufen sind. Im zweiten Versuch setzt Karl die Kugel an die Querlatte. Am Ende gewinnt Energie mit 2:1. Im Falle einer Heimniederlage hätte der Verein anstelle des Karlsruher SC in die Relegation gemusst, der dann tatsächlich absteigt. „Wir hatten Glück, dass der Elfmeter wiederholt wurde. Ich wüsste sonst nicht, wie das Spiel verlaufen wäre", zitiert *Neues Deutschland* am 7. Mai 2012 den Cottbuser Trainer Rudi Bommer. In derselben Zeitung kommt auch Mattuschka zu Wort, der Energie vom Punkt verschont hat. „Ich freue mich, dass Cottbus drin geblieben ist. Es ärgert mich aber, dass wir verloren haben. Wir hätten mindestens einen Punkt verdient gehabt", berichtet der Union-Kapitän. „Aber es war wie so oft in dieser Saison. Wir haben ein gutes Spiel gemacht, aber nicht gewonnen."

KAPITEL 9

Vereinsikone und Topscorer

2012 bis 2014

Die Konkurrenz flüchtet
Vor der Saison 2012/13 gibt die Vereinsführung des 1. FC Union als Saisonvorgabe Platz fünf bis sieben aus. In absehbarer Zeit soll es jedoch mehr werden. „Wir werden Schritt für Schritt weiterarbeiten mit dem Ziel, irgendwann Urlaub in der 1. Liga zu machen", sagt Präsident Dirk Zingler am 2. Mai 2012 der *B.Z.*

Der Klub befindet sich durchaus in einer Aufbruchstimmung. Zum einen ist Hertha BSC wieder in die 2. Bundesliga abgestiegen, zum anderen wird im Stadion An der Alten Försterei drei Jahre nach der Fertigstellung der Stehplatztraversen nun mit dem Neubau der Haupttribüne begonnen. Die Grundsteinlegung erfolgt am 18. Juli 2012. Allerdings spielt Union deshalb vor allem in der ersten Halbserie auf einer Baustelle.

Eine solche ist in dieser Spielzeit auch die Mannschaft. Spieler wie Chinedu Ede und Markus Karl verlassen im Verlauf der Saison den Verein vorzeitig, weil sie größere Bundesligachancen beim FSV Mainz 05 beziehungsweise 1. FC Kaiserslautern sehen. Ede geht in der Sommervorbereitung stiften, Karl in der Winterpause. Neuverpflichtungen wie Adam Nemec (FC Ingolstadt), Björn Kopplin (VfL Bochum), Roberto Punčec (Maccabi Tel Aviv) und Fabian Schönheim (FSV Mainz 05) brauchen eine lange Anlaufzeit. Andere Zugänge wie der bereits im Januar 2012 geholte Tijani Belaid (APOEL Nikosia) und Felipe Gallegos (Universidad de Chile) werden nie bei Union ankommen.

Torsten Mattuschka spielt mit zehn Toren und zwölf Vorlagen eine starke Saison. Zu Beginn der Spielzeit findet sich der Kapitän aber überraschend auf der Bank wieder. Sowohl am 6. August 2012 beim 1. FC Kaiserslautern (3:3) als auch sechs Tage später bei der 0:1-Heimniederlage gegen Eintracht Braunschweig wird Mattuschka erst im Verlauf der zweiten Hälfte für den Tunesier Belaid eingewechselt. Nach dem Auftakt in Kaiserslautern begründet Trainer Uwe Neuhaus die Bankrolle Mattuschkas in

Bild so: „Den Kapitän draußen zu lassen, ist keine einfache Entscheidung. Aber Tusche ist in den letzten 14 Tagen nicht so richtig aus dem Quark gekommen. Wir wissen nicht genau, woran es liegt." Belaid dankt es, indem er auf dem Betzenberg die ersten beiden Union-Tore vorbereitet.

Mattuschka muckt nicht auf, aber zeigt verbal Kämpferqualität. „Auf der Bank zu sitzen, ist nicht schön. Aber ich besitze eine Jetzt-erst-recht-Mentalität. Ich will den Leuten zeigen, dass ich noch da bin", ist am 9. August 2012 im *Kicker* nachzulesen. Und so kommt es, dass Mattuschka ab dem erfolgreichen Pokalspiel bei Rot-Weiss Essen, das die Eisernen mit 1:0 nach Verlängerung gewinnen, in der Regel immer in der Startelf steht.

Belaid, der fortan nur zu Kurzeinsätzen kommt oder nicht einmal mehr im Kader steht, verlässt wenige Monate später entnervt Union. Am 17. Januar 2013 wird sein Vertrag aufgelöst. Mattuschka hat sich mal wieder durchgesetzt – wie in der Spielzeit 2010/11 gegen Santi Kolk. Neuhaus wusste, wie er seinen Spielführer zu besseren Leistungen treiben kann.

Aber auch mit Mattuschka läuft es in der Hinrunde 2012/13 zunächst nicht besonders. Vom zweiten bis zum fünften Spieltag setzt es vier Niederlagen hintereinander. Das ist ein Novum seit dem Amtsantritt von Neuhaus im Sommer 2007. Am 3. September 2012 geht daheim das Stadtderby gegen Hertha BSC mit 1:2 verloren. Da nutzt es auch nichts, dass Mattuschka vorher noch einmal jene Schuhe in den Händen hält, mit denen er im Februar 2011 das Siegtor im Olympiastadion schoss. Das Adidas-Paar mit dem Namen „F50 adizero" ist seit dem Sommer 2011 in der „Union Zapfstelle" ausgestellt. Die Fan-Tankstelle in der Nähe des S-Bahnhofs Schöneweide hat auch eine kleine Museumsecke. Bis ins Jahr 2016 sind die Schuhe dort zu bestaunen. Dann werden sie aus dem Verkaufsraum entfernt und im Büro der Tanke deponiert.

Beim Derby 2012 machen aber andere Kicker als Mattuschka Schlagzeilen. Vor 16.750 Zuschauern im Stadion An der Alten Försterei macht diesmal der Herthaner Ronny das entscheidende Freistoßtor. Unions Torschütze Christopher Quiring sorgt einige Tage lang in Ost- und Westberlin für große Aufregung mit der Aussage: „Mein Tor ist mir egal. Wenn die Wessis in unserem Stadion jubeln, krieg ich das Kotzen."

Union erholt sich von dieser Niederlage. Am sechsten Spieltag gibt es den ersten Saisonsieg (2:1 gegen den 1. FC Köln) – und in den folgenden zwölf Punktspielen nur eine Niederlage. Am 5. Oktober 2012 erlebt derweil Mattuschka ein Novum in seiner Profikarriere: Beim FC St. Pauli (2:2) erzielt er zum ersten und einzigen Mal zwei Tore in einem Zweitligaspiel – und was für welche! Zweimal hämmert er Torwart Philipp Tschauner die Kugel aus der Distanz in die Maschen. Auch dieser Punkt trägt zur Stabilisierung bei. Die Mannschaft überwintert nach 19 Spielen auf Rang sieben.

Zum ersten Rückrundenspiel gegen den SV Sandhausen (3:1) am 1. Februar 2013 werden die Außenbereiche der neuen Haupttribüne eröffnet. Das Stadion fasst nunmehr 22.000 Besucher, gegen Sandhausen lassen sich allerdings nur 17.532 Fans blicken. Zum Stadtderby bei Hertha BSC am 11. Februar 2013 sind 74.244 Zuschauer da. Im ausverkauften Olympiastadion führt Union durch Treffer von Simon Terodde (9.) und Adam Nemec (49.) lange verdient mit 2:0. Mattuschka leistet jeweils die Vorarbeit. Doch Hertha schlägt durch Adrián Ramos (73.) und einen direkten Freistoß von Ronny (86.) zurück. Nach dem 2:2 trauert Union dem verpassten Sieg hinterher, weil angesichts einer Grippewelle Terodde, Mattuschka und Björn Jopek vorzeitig ausgewechselt werden mussten.

Der insgeheim von Neuhaus erhoffte Relegationsrang wird verpasst. Am Ende kommen die Köpenicker wie im Vorjahr auf Platz sieben ein. Ein Grund dafür ist die Auswärtsschwäche. Union kann nur drei von 17 Partien in der Fremde gewinnen. Dass die Ost-Meisterschaft vor Energie Cottbus, Erzgebirge Aue und Dynamo Dresden verteidigt wird, tröstet nicht über eine insgesamt nicht zufriedenstellende Saison hinweg. Die Ansprüche sind inzwischen längst gestiegen.

Der Platzhirsch spielt die Saison seines Lebens
Im Sommer 2013 wird beim 1. FC Union die neue und inzwischen innen nutzbare Haupttribüne eingeweiht. Jetzt sind auch die Kabinen, Logen und VIP-Bereiche fertig. 22.000 Besucher freuen sich am 12. Juli 2013 zur Eröffnung über einen 3:0-Erfolg gegen den schottischen Traditionsverein Celtic Glasgow – Feuerwerk inklusive. Am Samstag und Sonntag nach diesem Spiel besichtigen an zwei „Tagen der offenen Tür" rund 20.000 Union-Fans die Hauttribüne.

Für Mattuschka erfüllt sich ein Traum. Er wollte unbedingt noch bei Union spielen, wenn ein moderner Kabinentrakt mit Entspannungsbecken im Stadion zur Verfügung steht. Um das zu dokumentieren, steigt er am 14. Juli 2013 für den Autor dieser Zeilen mit den Beinen in den Kabinenpool. Seine Frau Susanne ist dabei. Sie sagt: „Das ist ja schöner als zu Hause." Die Alte Försterei ist längst das zweite Wohnzimmer von Mattuschka. Hier ist er der Platzhirsch, hier darf er es sein. Die Fans vergöttern ihn. Ein krasses Beispiel dafür ist Anhänger Johann Friedrich „Holly" van Sloten. Der aus den Niederlanden stammende Mattuschka-Verehrer lässt sich am 16. Juli 2013 im Tattoo-Studio Tiki Tatau in Berlin-Oberschöneweide das Gesicht seines Lieblingsspielers und den Schriftzug „Torsten Mattuschka Fußball-Gott" auf den rechten Oberarm stechen. Zwei Tage später präsentiert van Sloten das Ergebnis dem Union-Kapitän beim Training. „Das gefällt mir gut. Holly hat Geschmack", sagt Mattuschka lachend. Van Sloten äußert seine Hoffnung, dass Mattuschka niemals von Union weggeht: „Und wenn doch, habe ich ihn immer bei mir."

Mattuschka selbst besitzt übrigens keine Tätowierung. Seine Schwester Katja behauptet, dass er dafür nicht der Typ sei. Mattuschka kann mit der Tinte auf der Haut wenig anfangen. Er sagt: „Jeder Otto macht sich ein Tattoo."

Mattuschkas Popularität ist Anfang der 2010er Jahre auf dem Höhepunkt. Der Verein schickt ihn gern vor, wenn Sponsoren, Fans und Medien befriedigt werden müssen. Mattuschka hat damit auch kein Problem. Dass er in dieser Zeit vielleicht zu viel Nähe zugelassen hat, glaubt er nicht. „Ich war immer offen. Ich habe immer angehalten für Gespräche oder Autogramme. Deshalb habe ich vielleicht diesen Status, den ich besitze. Bei Union gehört Nähe auch dazu", sagt er 2017.

2013/14 untermauert er auch sportlich seine Position als Vereinsikone. Mit zwölf Toren stellt er seinen persönlichen Zweitligarekord auf. Hinzu kommen genauso viele Vorlagen. Er wird sogar Topscorer der gesamten Liga. Mit 24 Punkten verweist er Mohamadou Idrissou (23 Punkte/1. FC Kaiserslautern), Jakub Sylvestr (21/Erzgebirge Aue) sowie Zoltán Stieber (19/Greuther Fürth) und Moritz Stoppelkamp (19/1860 München) auf die Plätze.

Mattuschka-Kritiker finden diese Leistung dadurch geschmälert, dass sieben der zwölf Tore durch Strafstöße zustande kamen. Und wer wie Mattuschka fast alle Standardsituationen ausführe, käme auch zwangsläufig zu Torvorlagen, meinen sie. Mattuschkas Ex-Trainer Uwe Neuhaus widerspricht dem 2017. „Jede Mannschaft ärgert sich schwarz über einen Elfmeter, der nicht verwandelt wird. Bei Mattuschka war das immer eine relativ sichere Kiste", sagt Neuhaus. „Und solche Spieler braucht man. Bei Torsten waren viele entscheidende Strafstöße dabei. Nicht jeder Verein hat so einen nervenstarken Spieler."

Neuhaus nennt als Gegenbeispiel den letzten Spieltag der Saison 2009/10. Da verschoss der Unioner Hüzeyfe Doğan bei 1860 München bei einer 1:0-Führung der Münchner kurz vor Ende einen Strafstoß. „Mattuschka hatte Doğan nach einem Schnick-Schnack-Schnuck den Elfmeter überlassen. Und Doğan scheiterte. Da habe ich mich schwarz darüber geärgert. Wir haben 0:2 verloren. Es ging auch am letzten Spieltag noch um Prämien", berichtet Neuhaus. Mattuschka selbst kann sich gut an die Szene erinnern. Kenan Şahin und Doğan hatten ihn gebeten, Doğan in dessen letztem Spiel für Union vom Punkt antreten zu lassen. Mattuschka: „Angeblich haben Scouts auf der Tribüne gesessen, die ihn beobachteten. Da habe ich ihm den Ball gegeben."

Hätte er die Kugel mal behalten. Von 25 Pflichtspiel-Elfmetern für Union zwischen 2007/08 und 2014/15 verwandelt Mattuschka 22. Nur am 28. Juli 2007 im Regionalliga-Match gegen Fortuna Düsseldorf (0:1) sowie in den Zweitligapartien am 11. Februar 2011 gegen den VfL Osnabrück (3:3) und am 23. Juli 2011 gegen Greuther Fürth (0:4) fehlt Mattuschka jeweils die Nervenstärke im Stadion An der Alten Försterei.

Mattuschka spielt statistisch gesehen 2013/14 auf alle Fälle die Saison seines Lebens. Im *Kicker* erreicht er auf einer Skala von 1 (sehr gut) bis 6 (richtig schlecht) die Durchschnittsnote 3,26. Dieser ordentliche Wert wird in dieser Spielzeit in seiner Mannschaft nur von Torwart Daniel Haas (3,08) übertroffen. In seinen fünf Zweitligaserien kommt Mattuschka nur 2009/10 auf einen besseren Schnitt (3,06). Ansonsten pegelt er sich zwischen 3,34 (2011/12 und 2012/13) und 3,63 (2010/11) ein.

2013/14 trifft er in der Meisterschaft regelmäßig zwischen dem dritten und 31. Spieltag. Im DFB-Pokal am 25. September 2013 schießt er Union zudem beim Drittligisten VfL Osnabrück (1:0) per Elfmeter in die 3. Runde. Das hatte es unter Trainer Uwe Neuhaus noch nicht gegeben. Für Mattuschka ist es das erste und einzige Mal in seiner Laufbahn, dass er die 2. Runde im DFB-Pokal übersteht. Mattuschkas Spaßkommentar nach der Partie vor 11.194 Zuschauern an der Bremer Brücke: „Geil, jetzt kann ich aufhören. Endlich bin ich in der 3. Pokalrunde." Etwas ernster fügt er hinzu: „Für den Verein bedeutet das viel Geld."

Für Mattuschka ist es eine Motivationsspritze. „Ich kloppe jetzt alle Körner raus", sagt der Offensivmann der *Bild*-Zeitung am Tag nach dem Spiel im mondänen Sporthotel Klosterpforte in Nordrhein-Westfalen. Dorthin zieht sich Union in der englischen Woche zwischen dem Pokalspiel in Osnabrück und der Ligapartie beim SC Paderborn zurück. Mattuschka kündigt an, dass er in Paderborn mal wieder ein Freistoßtor erzielen will. Unglaublich, aber wahr: Es ist fast schon 20 Monate her, dass ihm am 3. Februar 2012 ausgerechnet in Paderborn bei einer 2:3-Niederlage inklusive Gelb-Roter Karte sein letzter Freistoßtreffer gelungen ist. Diese „Schmach" tilgt Mattuschka tatsächlich am 28. September 2013. Beim ersten Sieg einer Union-Elf in Paderborn trifft er zum 3:0 in der 85. Minute, als sein Freistoß von der linken Seitenlinie an Freund und Feind vorbei ins Netz fliegt.

In der Hinrunde kommen noch zwei letzte Freistoßtore für Mattuschka im Union-Trikot dazu. Sie fallen beide im Stadion An der Alten Försterei: am 27. Oktober 2013 gegen Erzgebirge Aue (1:0) und am 29. November 2013 gegen den VfR Aalen (1:3).

Drei Tage vor der Heimpleite gegen Aalen wird Mattuschkas Vertrag auf der ordentlichen Mitgliederversammlung des Vereins mit viel Tamtam bis 2015 verlängert – plus Option für eine weitere Saison. Der Jubel der eingetragenen Fans ist riesig, als Präsident Dirk Zingler und Mattuschka auf der Bühne stehen und der Spieler den Vertrag in den Händen hält. „Wir sehen in ihm mehr als nur einen Fußballer, Torsten Mattuschka bedeutet dem Verein auch als Persönlichkeit etwas", zitiert die *Berliner Morgenpost* Zingler. Der Vertrag sei eine Anerkennung für Mattuschkas Leistungen für den Zweitligisten in den vergangenen Jahren. Zingler sagt an diesem Tag auch, dass es Mattuschka in der Saison 2014/15 leicht haben werde, ins zweite Vertragsjahr zu kommen.

Bei der Zusammenkunft der über 500 Mitglieder in der Schlosserei, dem VIP-Bereich in der Haupttribüne, wird zuvor ein knalliges Video mit den schönsten und wichtigsten Toren von Mattuschka präsentiert. Unterlegt ist der 83-sekündige Film mit dem Song „Enter Sandmann" der US-amerikanischen Metalband *Metallica*. Das Video, das sich auch im Archiv des Vereinsfernsehens AFTV befindet, endet mit dem roten Namensschriftzug „Mattuschka" im *Metallica*-Look auf schwarzem Grund. Nicht ohne Hintergedanken. Der Verein wirft in diesen Tagen eine Fanartikelkollektion auf den Markt, die Mattuschka gewidmet ist.

Dazu gehören drei T-Shirts. Ein rotes trägt vorn die Aufschrift „M – XVII Born to be Iron" und hinten in Weiß seine Rückennummer 17 und den Spielernamen. Ein schwarzes Hemd ziert auf der Brust das Gesicht von „Tusche" und der Namensschriftzug angelehnt an das *Metallica*-Logo. Auf der Rückseite ist die rote Nummer 17 zu sehen, umsäumt mit dem Text vom Mattuschka-Lied. Die grau-rote Variante zeigt vorn das Konterfei Mattuschkas und ebenfalls den Namenszug im *Metallica*-Stil, hinten sind in Schriftform „Eisern Union" und „M17" aufgebracht. Die Fans können von ihrem Liebling auch einen Schal, eine Kappe und eine Kapuzenjacke kaufen.

Auf der Webseite des Vereins nimmt die Werbung für die Fankollektion punkige Züge an. In Anlehnung an das Cover der Platte *Never Mind the Bollocks, Here's the Sex Pistols* der englischen Punkband *Sex Pistols* sollen die Union-Fans mit „Never mind CR7, Here is M17" zum Kauf von Produkten der M17-Kollektion animiert werden. M17 steht natürlich für Mattuschka und seine Rückennummer, und mit CR7 ist kein Geringerer als der portugiesische Fußballstar Cristiano Ronaldo von Real Madrid gemeint.

Mattuschka macht das alles gutgläubig mit. „Pressesprecher Christian Arbeit meinte, dass Union eine Kollektion von mir im Stil der Metalband *Metallica* anfertigen will. Bei meiner Vertragsverlängerung wurde ein Videospot mit M17 gezeigt", sagt Mattuschka 2016. „Ich hatte das vorher nur kurz gesehen und gar nicht richtig für voll genommen. Ich höre eigentlich alles an Musik, *Metallica* aber gerade nicht. Ich bin eher der Schlagertyp."

Mattuschka sagt zudem, dass er an den Einnahmen nie beteiligt worden sei. Materiell kommt ihm der neue Vertrag auf jeden Fall zugute. Das Grundgehalt wird ab Dezember 2013 deutlich angehoben. Es gibt aber weiterhin Akteure im Team, die mehr als Mattuschka ausgezahlt bekommen.

Rekordtrainer Neuhaus muss gehen

Im Dezember 2013 ist beim 1. FC Union die Welt noch in Ordnung. Die Tabelle unter dem Weihnachtsbaum listet die Mannschaft in der 2. Bundesliga mit 31 Punkten auf Platz fünf. Nur der 1. FC Köln (39), Greuther Fürth (35) und die mit Union punktgleichen Teams des 1. FC Kaiserslautern und Karlsruher SC stehen vor den Eisernen. „Erst 1, dann 2, dann 3, dann 4: Union steht an der Aufstiegstür", sprudelt es am 22. Dezember 2013 nach dem 4:2-Sieg gegen Arminia Bielefeld aus der „Wortspielhölle" des *Berliner Kurier*.

Mattuschka hat am letzten Spieltag des Jahres seine Freude. An allen vier Treffern gegen Bielefeld ist er beteiligt. Per Elfmeter schießt er gegen die Ostwestfalen das Tor zum 4:1-Endstand. Im Anschluss mischt er mit großem Eifer beim Junggesellenabschied von Mitspieler Benjamin Köhler mit. Am Eingang zum Innenraum auf der Waldseite des Stadions darf jeder Kicker, Freund oder Fan für zehn oder 20 Euro mit Torten und Schaumküssen auf den weihnachtlich kostümierten Köhler werfen, um dessen Partykasse zu füllen. „Benny wurde hart rangenommen. Organisator Karim Benyamina und Bennys Freunde haben sich etwas einfallen lassen", sagt Mattuschka in *Bild*.

Einen Plan für das Jahr 2014 hat auch Union. Man will die 1. Bundesliga nicht so schnell aus den Augen verlieren. Im Wintertrainingslager im spanischen Chiclana de la Frontera wird Erstligist SC Freiburg in einem Testspiel mal eben mit 5:0 weggehauen. Das weckt Hoffnungen. Bei einem Ausflug ins britische Überseegebiet an der Grenze zu Spanien sagt Präsident Dirk Zingler auf dem Affenfelsen von Gibraltar dem *Tagesspiegel*: „Es ist ein wunderschöner Blick. Wir können sehr weit schauen. Dann weiß ich auch, was man noch nicht erreicht hat. Wir sind auch im Grenzgebiet zur 1. Bundesliga. Die Hürden sind hoch, aber für uns ist das Herankommen schon ein großer Erfolg."

Im neuen Jahr flutscht es aber nicht mehr wirklich, auch wenn die Mannschaft aus den ersten drei Spielen fünf Punkte holt. In insgesamt 15 Begegnungen im Frühjahr gelingen nur zwei Siege. Die Ausbeute beträgt am Ende mickrige 13 von möglichen 45 Punkten. Platz neun ist eine einzige Enttäuschung. Wie es geht, zeigt der SC Paderborn, der als Zweiter zusammen mit dem 1. FC Köln direkt aufsteigt und im Frühjahr 20 (!) Zähler mehr als Union einfährt.

Neben sechs Niederlagen lassen auch sieben Unentschieden Union nicht mehr von der Stelle kommen. Bereits am 27. Spieltag nach der

1:2-Niederlage beim SV Sandhausen, bei der Mattuschka zunächst nur auf der Bank sitzt, erklärt Trainer Uwe Neuhaus den Aufstiegskampf für beendet. „Man kann mit der Planung für die nächste Saison schon beginnen, obwohl es recht früh ist. Irgendwo reicht es unter dem Strich nicht", sagt Neuhaus in der Pressekonferenz von Sandhausen. „Aber ich glaube, dass man sich jetzt mehr Gedanken um die nächste Saison und die Kaderplanung machen muss."

Das tut die Vereinsführung des 1. FC Union dann auch. Am 26. April 2014, eine Woche nach der 2:3-Niederlage beim Karlsruher SC, der dritten Punktspielpleite in Serie, wird die Trennung von Uwe Neuhaus zum Saisonende bekanntgegeben. Dass sein Vertrag erst fünf Monate zuvor bis 2016 verlängert worden ist, spielt keine Rolle mehr. Unions Rekordtrainer, der mit sieben Jahren Amtszeit so lange wie kein anderer Chefcoach im Verein gearbeitet hat, bleiben noch drei Spiele bis zum Abschied. Der Aufstieg in die Bundesliga wird ihm nicht mehr zugetraut.

Beim vorletzten Heimspiel gegen den 1. FC Kaiserslautern (1:1), der ersten Partie nach der Bekanntgabe der vorzeitigen Trennung, feiern die Union-Fans Neuhaus. „Er hat viel für den Verein geleistet und das wird honoriert", sagt Mattuschka an diesem Tag der *B.Z.* „Wir haben 2014 nur zwölf Punkte in 13 Spielen geholt. Deshalb musste der Trainer wahrscheinlich gehen."

Mattuschka hat bis heute eine hohe Meinung von Neuhaus, auch wenn ihm dieser mit Akteuren wie Hüzeyfe Doğan, Santi Kolk und Tijani Belaid immer wieder Konkurrenten in den Nacken setzte. „Uwe hat mich zu dem gemacht, der ich dann geworden bin. Unter ihm habe ich den größten Schritt in meiner Karriere getan", schaut Mattuschka dankbar zurück.

Während seiner ganzen siebenjährigen Amtszeit bei Union arbeitete Neuhaus mit Mattuschka zusammen. Von den Spielern bei Union trifft das ansonsten nur noch auf Jan Glinker zu. Der Torwart wird am letzten Spieltag der Saison 2013/14 neben Uwe Neuhaus aber genauso verabschiedet wie die langjährigen Feldspieler Christian Stuff und Patrick Kohlmann. Die Aufstiegshelden von 2009 sterben langsam aus.

Neuhaus wollte in den letzten Jahren wohl auch zu viel allein entscheiden. Nach einem Jahr Auszeit findet er ab dem Sommer 2015 eine neue Aufgabe bei Drittligist Dynamo Dresden. Schon nach einem Jahr steigt er mit der Mannschaft in die 2. Bundesliga auf. Am 15. August 2016 betritt er zum Punktspiel bei Union (2:2) erstmals wieder das Stadion An der Alten Försterei. Vor dieser Partie sagt er über seine Zeit bei Union: „Ich bin generell der Meinung, dass jeder, vor allem in leitenden Positionen, sich und seine Arbeitsweise reflektieren sollte. Dazu hatte ich genügend Zeit. In der einen oder anderen Situation würde ich heute anders handeln."

Mattuschkas wichtigster Union-Trainer
Interview mit Uwe Neuhaus

Trainer Uwe Neuhaus und Torsten Mattuschka verbringen die Jahre zwischen 2007 und 2014 gemeinsam beim 1. FC Union Berlin. Unter dem früheren Bundesligaprofi von Wattenscheid 09 erlebt Mattuschka die erfolgreichste Zeit seiner Profikarriere. 2009 steigen beide zusammen in die 2. Bundesliga auf. 2010 ernennt Neuhaus Mattuschka zum Union-Kapitän. Der 57-Jährige, inzwischen bei Dynamo Dresden erfolgreich, äußert sich im März 2017 zum „Unikat" Torsten Mattuschka.

Herr Neuhaus, woran denken Sie zuerst, wenn Sie den Namen Mattuschka hören?
„Darf es auch lustig sein?"

Natürlich ...
„An Übergewicht und einen geilen Zocker."

Mussten Sie 2007 überredet werden, dass dieser Spieler weiterhin bei Union bleibt?
„Ich kannte ihn nicht besonders gut, auch wenn mir der Name ein Begriff war. Der damalige Sportchef Christian Beeck sagte mir, dass Torsten ein richtig guter Fußballer ist, der ab und zu Probleme mit seinem Gewicht hat. Aber ich war mir sicher, dass Mattuschka das einigermaßen auf die Reihe bekommt."

Wie haben Sie den damals 26 Jahre alten Fußballer in Erinnerung?
„Er war immer ein lustiger Vogel. Ich habe auch gespürt, dass sein Wort in der Mannschaft Gewicht hat. Seine fußballerischen Fähigkeiten sind mir

auch relativ schnell aufgefallen. Er war sehr ballsicher und besaß einen unglaublich starken rechten Fuß."

Er wurde 2007/08 sofort Stammspieler. Er absolvierte in der Regionalliga Nord 34 von 38 Punktspielen. Hat die Motivation mit dem leistungsbezogenen Vertrag gefruchtet?
„Torsten hatte zumindest ein Alter erreicht, in dem er spürte, dass er ans Limit gehen muss. Sonst wäre vielleicht in der Regionalliga irgendwann Schluss für ihn gewesen. Ich glaube aber auch, dass es ihm insgesamt in der Mannschaft Spaß machte. Er hat auch in den nächsten Jahren weiter Gas gegeben. Irgendwann spürte er sein Potenzial."

Auch 2008/09 im Drittliga-Meisterjahr setzten Sie auf ihn. 2009/10 beim ersten Pflichtspiel im DFB-Pokal gegen Werder Bremen (0:5) war er dann aber nicht mal im Kader. War das einer jener Schüsse vor den Bug, die er bisweilen brauchte?
„Qualität setzt sich über kurz oder lang immer durch. Definitiv wollte ich ihn auch ein bisschen kitzeln. Eine Woche später beim Punktspielstart in Oberhausen war er ja wieder drin. Was passiert wäre, wenn wir im Pokal weitergekommen wären, kann ich nicht sagen. Andersrum betrachtet kann ich heute behaupten, dass ich ihn für Oberhausen geschont habe."

Wie groß war die Zerreißprobe für die Mannschaft, den Trainerstab und Mattuschka, als Mitspieler Steven Ruprecht 2008 Mattuschka die Freundin ausspannte?
„Ich selbst hatte bis dahin keinen vergleichbaren Fall gehabt. Es erwies sich als eine ernsthafte Situation, die so nicht aufrechtzuerhalten gewesen wäre. Wir mussten handeln. Einer musste dran glauben. Das war in dem Moment Steven."

Mattuschka machte sich 2009/10 auch mit Freistößen und Elfmetern in Liga zwei einen Namen. Zehn Treffer standen am Ende zu Buche. Kompensierte er damit Schnelligkeitsnachteile?
„Die Mischung in einer Mannschaft ist entscheidend. Wenn wir mit zehn ‚Tusches' aufgelaufen wären, hätte das nicht funktioniert. Das ist klar. Aber ich finde, dass er defensiv seine Arbeit einigermaßen gemacht hat. Er war

zumindest gewillt. Mit einigen Jahren Abstand und nach Gesprächen mit anderen Trainern weiß ich inzwischen, dass viele gegnerische Mannschaften ihr Spiel über ‚Tusche' aufbauen wollten. Sie wussten, dass sie an ihm vorbeikommen können, wenn sie mit dem Hintern wackeln. Aber dennoch war er für unsere Mannschaft sehr wertvoll. Seine offensiven Fähigkeiten, eigenen Treffer und Vorbereitungen rechtfertigten seinen Einsatz."

Wie sind Sie auf die Idee gekommen, Mattuschka 2010 zum Kapitän zu machen?
„In den ersten Jahren beim 1. FC Union hatte ich bei meiner Kapitänswahl kein glückliches Händchen. Ich lernte dazu. Zum einen muss ein Spielführer sportlich unantastbar sein. Das war bei Torsten gegeben. Er hatte auch in der Mannschaft einen hohen Stellenwert. Ich war mir auch sicher, dass er in Gesprächen mit mir seine Meinung und die der Mannschaft wiedergeben kann. ‚Tusche' ist ja nicht auf den Mund gefallen. Er scheute sich nicht davor, mal unangenehme Dinge anzusprechen …"

Aber …?
„Ich wusste aber auch, dass er in manchen Dingen nicht einhundertprozentig der Kapitän ist, wie man ihn sich vorstellt. Aber durch die große Ehre versuchte ich, ihn anzustacheln. Ich wusste, dass er das Beste daraus machen würde. Das widerspricht sich vielleicht. ‚Tusche' war ja auch ein Spaßvogel. Und seine Umgangsform und Ausdrucksweise kann man beispielsweise nicht mit der von Philipp Lahm vergleichen, der Kapitän der Nationalmannschaft und des FC Bayern München war beziehungsweise ist. Jeder Typ ist anders. Ich wusste aber, dass ich mit Mattuschka einen guten Kapitän habe."

Sie legen immer großen Wert auf Disziplin, warum funktionierte die Zusammenarbeit mit einem wie Mattuschka dennoch?
„Weil er genau wusste, wo die Grenze ist. Wir haben sieben Jahre zusammengearbeitet. Da kennt man den Menschen, der hinter der Fassade steckt, auch ganz gut. Er schaffte den Spagat. Einerseits brauchte die Mannschaft den Spaß, durch den er zum richtigen Zeitpunkt viele positive Dinge in die Truppe transportiert hat. Dadurch entstand Lockerheit. Er wusste aber trotzdem, wann es darauf ankam, den Schalter umzulegen, um sich auf die sportlichen Dinge zu konzentrieren. In den letzten Minuten vor

dem Spiel in der Kabine ist jeder anders. Der eine Spieler braucht Musik, der andere ist gar nicht mehr ansprechbar. ‚Tusche' hätte am liebsten noch jedem seine Witze mitgeteilt. Aber mit dem Anpfiff war er da."

Hat er sich mit Ihnen auch mal einen Scherz erlaubt?
„Es gab sicher mal einen lockeren Spruch. Aber an einen Scherz, der unter die Gürtellinie ging, kann ich mich nicht erinnern."

Sie wussten aber auch, wie Sie ihn sportlich triezen konnten. Mit Hüzeyfe Doğan (2008), Santi Kolk (2010) und Tijani Belaid (Januar 2012) holten sie Mattuschka Konkurrenz ins Haus. Woran lag es, dass keiner langfristig an ihm vorbeikam?
„Eventuell spürte Torsten immer, dass er sich nicht auf den Lorbeeren ausruhen kann. Das hat ihn möglichweise angetrieben. Vielleicht ließ unser Spielsystem auch mehr Platz für den einen oder anderen ähnlich veranlagten Typen, links oder rechts neben Mattuschka zu spielen."

Hätte es Andreas „Lumpi" Lambertz geschafft, Mattuschka zu verdrängen? Ihn wollten Sie auch schon zu Union holen ...
„Ja, aber Lumpi ist vom Spielertyp ganz anders. Seine Rolle wäre eher die rechts oder links neben Mattuschka gewesen. Das hätte ich mir gut vorstellen können."

Haben Sie Mattuschka jemals auffordern müssen, abzunehmen?
„Nein, wir haben die Spieler ja immer wieder gewogen und die Ergebnisse wöchentlich verglichen. Aber da war er nur einer von vielen, die mal irgendwann ein paar hundert Gramm zu viel hatten."

War es für Mattuschka das i-Tüpfelchen auf seine Union-Karriere, das ausgerechnet er 2011 das Siegtor gegen Hertha BSC schoss?
„Ich meine, dass es das i-Tüpfelchen für die komplette Entwicklung des Vereins war, dieses Stadtderby mit 2:1 für uns zu entscheiden. Dass der Siegtorschütze auf spezielle Art und Weise in die Annalen eingeht, ist auch verständlich. Das hat den ganzen Hype um ‚Tusche' noch ein Stück größer werden lassen und seine Position noch einmal gefestigt. Das war für uns und ihn ein unvergessliches Erlebnis."

Gibt es einen Zusammenhang zwischen Ihrem Aus bei Union im Sommer 2014 und dem von Mattuschka nur wenige Monate später? Wäre sein Abgang mit Ihnen softer verlaufen?
„Möglicherweise schon, vielleicht auch nicht. Das ist hypothetisch. Ich war ja an der Kaderplanung für die Spielzeit 2014/15 nicht mehr beteiligt."

Hat Sie seine Flucht nach Cottbus überrascht?
„Mit der klaren Ansage im Rücken, dass er keine Chance mehr hat, eigentlich nicht. Wenn man das Gefühlt hat, dass man nicht mehr gebraucht wird, will man die letzten ein, zwei Jahre seiner Karriere auch nicht auf der Bank sitzen. Da nimmt man Abstriche in Kauf, wenn man zu einem Verein gehen kann, zu dem man auch eine Beziehung hat. Bei Torsten war das Energie Cottbus."

Dort stieg er 2016 in die Regionalliga ab. Was hätte Torsten in seiner Karriere besser machen müssen oder können?
„Er hätte seinen Lebenswandel etwas professioneller gestalten können. Die eine oder andere Feier weniger oder eine bessere Ernährung hätten ihm gut zu Gesicht gestanden. Ich konnte ihm nie unterstellen, dass er zu faul war. Er war nicht der trainingsintensivste Spieler, aber er konnte sich am Riemen reißen. Vom Kopf her hat er aber meiner Meinung nach nie alles ausgereizt, um auch langfristig den Sprung in die 1. Liga zu packen. Dafür hätte er deutlich mehr tun müssen. Vielleicht hat es deswegen nicht zu noch mehr gereicht."

Gab es in Ihrer Zeit als Union-Trainer Anfragen anderer Vereine für Mattuschka?
„Meines Wissens nicht."

Hatten Sie in Ihrer bisherigen Laufbahn als Trainer vergleichbare Spieler wie „Tusche"?
„Nein, er wird ein Unikat bleiben. Er ist mit keinem anderen Spieler, den ich hatte, vergleichbar – vor allem in positiver Hinsicht. Mattuschka muss man mal erlebt haben. Es war eine schöne Zeit."

KAPITEL 10
Abgang mit Nebengeräuschen

2014

Der große Unbekannte: Norbert Düwel

Am 11. Mai 2014 geht beim 1. FC Union die Spielzeit 2013/14 mit einem Heimspiel gegen 1860 München (1:1) zu Ende. Mannschaft und Trainerstab schreiben wie gewohnt zum Saisonausklang stundenlang Autogramme in der Nähe des Stadion-Biergartens an der Hämmerlingstraße. Am nächsten Tag, beim letzten Kabinentreffen der Spieler vor dem Sommerurlaub, ist der scheidende Trainer Uwe Neuhaus schon gar nicht mehr dabei.

Der Name seines Nachfolgers ist immer noch nicht durchgesickert. Sowohl Spieler als auch Journalisten sind diesbezüglich völlig ahnungslos. Es entsteht die kuriose Situation, dass sich beide Seiten in den rund zwei Wochen nach der Bekanntgabe der vorzeitigen Trennung von Neuhaus immer wieder gegenseitig zu möglichen Kandidaten befragen – und keine Antwort geben können. Es ist die Suche nach der berühmten Nadel im Heuhaufen. Die Trainerfindungskommission des Vereins schweigt eisern, und alle Medien tappen selbst am Tag der Bekanntgabe des neuen Übungsleiters noch im Dunkeln.

Der Autor dieses Buches, der zusammen mit seinem Kollegen Sebastian Karkos tagelang vergeblich unzählige Telefonate mit Fußballern, Spielerberatern und Funktionären geführt hat, fährt 20 Stunden vor der von Union anberaumten Pressekonferenz auf Bitten des Berliner *Bild*-Ressortleiters Sport Robert Matiebel noch mal Hotels ab, die häufig vom Verein genutzt werden. Im Abacus am Tierpark in Friedrichsfelde tut sich nichts, aber am Hotel Müggelsee gibt es Betriebsamkeit, die die Neugier des Reporters verstärkt.

Mitglieder der Medienabteilung von Union verlassen den Komplex. Es sieht so aus, als ob sie gerade ein größeres Video-Interview geführt haben. Der zukünftige Mattuschka-Biograf setzt sich in die Hotellobby und wartet. Doch der irgendwann erscheinende Union-Sport-Geschäftsführer Nico Schäfer bittet höflich darum, den Ort zu verlassen. Ein längeres Verharren hätte auch nichts gebracht. Zwar ist der neue Trainer tatsächlich im Haus. Aber nur absolute Insider hätten ihn erkannt und auch namentlich benennen können.

Denn am 13. Mai 2013 um 11 Uhr werden in der *Eisern Lounge* der Haupttribüne nicht Holger Stanislawski oder Mike Büskens präsentiert, die die Öffentlichkeit zum Kandidatenkreis zählt. Nein, Union zaubert einen gewissen Norbert Düwel aus dem Sack. Der 46-jährige Fußball-Lehrer ist ein echtes Überraschungsei. Das spiegelt sich auch in den Medien am nächsten Tag wider. Die Schlagzeilen lauten: „Ein namenloser Skilehrer" (*Tagesspiegel*), „Der große Unbekannte – ein neuer Trainer für Union Berlin" (*Berliner Morgenpost*), „Ich bin ein No Name, muss nicht aufsteigen", „Das große Trainer-Experiment von Union – Norbert, wer? (beide *B.Z.*) oder „Unions neuer Trainer – Düwel, wer?" (*Berliner Kurier*).

Für den gebürtigen Bayer und ehemaligen Drittliga-Kicker von Wacker Burghausen, der einen Dreijahresvertrag erhält, ist es der erste Cheftrainerposten im Profibereich. Der Diplomsportlehrer und frühere Dozent für Fußball und Fitness/Rehabilitation an der sportwissenschaftlichen Fakultät der TU München bringt die Erfahrung als Co-Trainer von Mirko Slomka mit, unter dem er zwischen 2010 und 2013 bei Erstligist Hannover 96 arbeitete. „Ich bin stolz und glücklich, diese Chance bei einem Verein wie Union zu bekommen", sagt Düwel bei seiner Vorstellung. Präsident Dirk Zingler schätzt an ihm die hervorragende Ausbildung. Es gehe nicht darum, kurzfristig den Aufstieg zu erzwingen. Düwel solle aus den gegebenen Möglichkeiten das Optimum herausholen, meint Zingler.

Bis zum Trainingsauftakt am 25. Juni 2014 bleibt noch Zeit. Mit Kapitän Torsten Mattuschka, der am Tag von Düwels Vorstellung mit einigen Teamkollegen auf Mallorca entspannt, kommt Düwel aber schon Mitte Mai unter vier Augen im Trainerzimmer zusammen. „Es war ein gutes Gespräch, sehr angenehm. Wir haben uns ein bisschen beschnuppert", sagt Mattuschka der *B.Z.* vom 19. Mai 2014 über die einstündige Zusammenkunft, der ein Treffen Düwels mit dem kompletten Mannschaftsrat folgt.

Auch Mattuschka staunt über die Verpflichtung Düwels: „Ich war sehr überrascht. Viele hatten etwas anderes erwartet. Aber den Mainzer Tuchel kannte vorher auch keiner. Und Norbert Düwel hat unseren Präsidenten überzeugt. Ich freue mich auf die Zusammenarbeit mit ihm." Dass Düwel die Mannschaft verjüngen will und soll, bereitet dem Spielführer an diesem Tag noch keine Sorgen.

Düwel, der in einer Doppelfunktion auch Sportchef ist, läuft Mattuschka dann noch mal am 25. Mai 2014 im FEZ Wuhlheide beim Spiel von Unions A-Junioren gegen den Hamburger SV (1:3) über den Weg, bei dem der Bundesligaabstieg des eisernen Nachwuchses besiegelt wird. Sowohl Düwel als auch Mattuschka interessieren sich halt für die Zukunft des Vereins …

Binde und Stammplatz futsch

Norbert Düwel deutet früh an, dass es im System und in der Hierarchie der Mannschaft Veränderungen geben kann. „Ballbesitz-Fußball ist nicht meine Art", sagt er am 22. Mai 2014 dem *Kicker*. Hinsichtlich der Frage, ob Torsten Mattuschka Kapitän bleibt, hält er sich gegenüber dem Fachmagazin bedeckt: „Das kann ich noch nicht sagen. Lassen wir uns überraschen." Der *Bild* vom selben Tag erklärt er, dass das alte Gerüst der Mannschaft mit Torwart Daniel Haas, Innenverteidiger Fabian Schönheim sowie den Offensivspielern Damir Kreilach, Torsten Mattuschka und Sören Brandy eines aus der Vergangenheit sei. Er wolle sich von allen Akteuren eine Meinung bilden. Mattuschka bezeichnet er als „Legende".

Mattuschka kann in diesem Sommer keinen richtigen Urlaub machen, weil seine Frau Susanne nicht freibekommt. Das gibt ihm die Gelegenheit, während der WM in Brasilien einige Partien auf der Großbildleinwand im Union-Stadion zu schauen. Das ist extra für die Übertragung mit Sofas im Innenraum ausgestattet worden. Zeit für Interviews bleibt auch. „Dass ich immer auf mein Alter angesprochen werde, geht mir auf die Eier. Ich glaube nicht, dass ich so abfallen werde und kein Spiel mache. Ich habe große Lust, es auch dem neuen Trainer zu beweisen", sagt er am 7. Juni 2014 in der *Bild*-Zeitung.

Am 25. Juni 2014 versammelt Düwel 27 Akteure zum ersten Training. Er redet viel und benutzt eine rote Trillerpfeife. Es geht lauter zu als unter Vorgänger Uwe Neuhaus. Die Einheiten sind während der Vorbereitung oft zwei Stunden lang. Am 27. Juni 2014 gibt es die erste Überraschung für alle Unioner: Im ersten Testspiel bei Viertligist TSG Neustrelitz packt

Düwel die Abwehr-Dreierkette aus. Im 3-5-2-System gelingt ein standesgemäßer 2:0-Sieg, bei dem Mattuschka per Freistoß das 2:0 markiert.

In den nächsten Testspielen werden Mattuschka und Talent Eroll Zejnullahu häufig gegeneinander ausgetauscht, auch im Trainingslager in Bad Kleinkirchheim in Kärnten. Am 8. Juli 2014 beim 3:3 gegen FK Metalist Charkiw kommen Mattuschka und Zejnullahu nach 60 Minuten zusammen auf den Platz. Zejnullahu übernimmt die zentrale Mittelfeldposition, Mattuschka muss außen ran. Auch beim 1:1 bei Energie Cottbus am 15. Juli 2015 wird Mattuschka auf einer ungewohnten Position eingesetzt, als hängende Spitze. Wieder spielt Zejnullahu mittig. Die *B.Z.* stellt am 17. Juli 2014 fest: „Ab nach vorn! Mattuschka droht Job-Verlust im zentralen Mittelfeld."

Im folgenden Kurz-Trainingslager im sächsischen Bad Brambach an der deutsch-tschechischen Grenze sagt Mattuschka zu seiner Rolle als Angreifer: „In der letzten Saison wurde ich nicht als echter Stürmer aufgestellt, eher so ein bisschen dahinter." Denn eigentlich ist Mattuschka am stärksten, wenn er sich zurückfallen lassen kann und das Geschehen vor sich hat. Das scheint vorbei zu sein. Im Freundschaftsspiel beim FSV Zwickau (1:0) am 19. Juli 2014 muss Mattuschka neben Steven Skrzybski die zweite Spitze spielen. In der 3-5-2-Taktik darf sich Barış Özbek im zentralen Mittelfeld zeigen. Ihn hat Düwel nach der Suspendierung durch Vorgänger Neuhaus genauso wie Angreifer Adam Nemec vorerst wieder rehabilitiert.

Allmählich zeichnet sich ab: Mattuschka droht der Super-GAU, der Verlust des Stammplatzes und der Binde. „Woche der Entscheidung: Wird Mattuschka rasiert?", fragt *Bild* am 22. Juli 2014. Mattuschka will keinen Stunk machen. Er gibt sich äußerlich professionell und betont: „Ich kotze ab, wenn ich nicht spiele. Aber trotzdem versuche ich, der Mannschaft zu helfen. Wir müssen die Egos hinten anstellen."

Er weiß noch nicht, dass er in Zwickau letztmals als Union-Kapitän aufgelaufen ist. Aber er ahnt etwas. „Ich habe mitbekommen, was er vorhat. In der Vorbereitung bin ich auf Positionen eingesetzt worden, bei denen ich der Mannschaft nicht helfen kann. Und dann war auch noch die Kapitänsbinde weg", sagt Mattuschka 2016.

Einen Tag vor der Zweitliga-Generalprobe gegen den FC Sevilla (2:1) endet seine vierjährige Zeit als Spielführer der Köpenicker. Der Trainer hat Verstärkung, als er Mattuschka von der Entscheidung unterrichtet. „Düwel hat mich in sein Büro gerufen. Da saß Präsident Dirk Zingler. Da wusste ich, was passieren wird. Ich bin ja nicht blöd. Mir wurde mitgeteilt, dass Damir Kreilach neuer Kapitän wird", erinnert sich Mattuschka. „Dirk hat mir dabei noch gesagt, dass ich nach meiner Karriere in den Verein eingebunden werden soll. Das fand ich gut, den Zeitpunkt der Mitteilung aber ungewöhnlich. Die Kapitänsbinde war weg, aber quasi als Ausgleich wurde mir etwas angeboten." Düwel macht den Kroaten Kreilach zum neuen Spielführer, zum Stellvertreter ernennt er den österreichischen Neuzugang Christopher Trimmel. Beide sieht Düwel im Gegensatz zu Mattuschka als unumstrittene Stammspieler.

Zwei Ausländer sollen also fortan die Mannschaft führen. Beide gehören auch 2016/17 noch zu den professionellsten und freundlichsten Akteuren, die Union je hatte. Aber dass die Wahl 2014 auf Kreilach fällt, verwundert selbst Kreilach. Er meint damals: „Es war eine Überraschung. Aber es ist auch eine große Ehre und Verantwortung." Mattuschka berichtet Jahre später, dass Damir Kreilach das Amt aus Respekt vor Mattuschka erst gar nicht annehmen wollte.

Düwel schneidet in erster Linie einen alten Zopf ab, ohne dem Träger dies plausibel zu erklären. Es liegt vielleicht an seiner mangelnden Erfahrung als Cheftrainer, dass er das nicht kann. Düwel geht knallhart einen Weg, von dem er glaubt, dass dieser von ihm erwartet wird. „Union hat sich für einen Neustart entschieden, dazu gehört für mich auch, Prozesse innerhalb der Mannschaft zu verändern und Verantwortung auf mehrere Schultern zu verteilen", wird er am 28. Juli 2014 in der *B.Z.* zitiert. Mattuschka zeigt sich kämpferisch. Er sei nicht sauer, obwohl er gern Kapitän geblieben wäre. Er habe auch schon vor seiner Wahl zum Kapitän im Jahr 2010 den Mund aufgemacht und werde dies auch weiterhin tun.

Gegen Sevilla steht Mattuschka auch ohne Binde in der Startelf. Demonstrativ kommt er gemeinsam mit dem neuen Kapitän Damir Kreilach zum Aufwärmen aufs Feld. Er gehört zusammen mit Kreilach, Trimmel, Mario Eggimann und Fabian Schönheim weiterhin zum Mannschaftsrat. Sportlich aber bröckelt sein Wert. Gegen Sevilla muss Mattuschka trotz seiner Schnelligkeitsdefizite wieder im Sturm ran.

Dort ist er aber nur Platzhalter für den etatmäßigen Angreifer Sören Brandy, der während der Vorbereitung an einer Syndesmosenverletzung laboriert. Der meldet sich gerade rechtzeitig vor dem Saisonauftakt fit. Im ersten Punktspiel unter Düwel am 3. August 2014 beim Karlsruher SC (0:0) muss Mattuschka deshalb tatsächlich auf die Bank. Er ersetzt nach 67 Minuten Benjamin Köhler. Die Union-Fans feiern Mattuschka bei seiner Einwechslung. Trotzdem verlässt Mattuschka nachdenklich das Wildparkstadion.

Das ist aber noch lange nicht der Tiefpunkt für den Mittelfeldmann. Am zweiten Spieltag sitzt er im Heimspiel gegen Fortuna Düsseldorf (1:1) komplette 90 Minuten draußen. Das hat es seit der Regionalligasaison 2006/07 nicht mehr gegeben. Dabei wird in der 76. Minute beim Spielstand von 1:1 Björn Jopek nach Krämpfen ausgewechselt, der hinter den Spitzen spielt. Das ist doch genau Mattuschkas Position, denken viele Fans – und Mattuschka selbst. Er läuft schon los in Richtung Bank. Doch Düwel bringt Björn Kopplin, der eigentlich Rechtsverteidiger ist. Das ist auch aus heutiger Sicht taktisch schwer verständlich. Kopplin, der in 38 Pflichtspielen für Union zwischen 2013 und 2015 nicht ein Tor schießt, spielt erstmals seit Jahren im Mittelfeld. „Gerade gegen Düsseldorf gab es in den letzten zehn Minuten einen Standard nach dem anderen. Ich wurde trotzdem nicht eingewechselt. Nichts gegen Björn, aber jeder normale Trainer hätte mich gebracht", sagt Mattuschka, als ob es gestern gewesen wäre. „Wenn ich noch etwas konnte, war es das: einen Ball in die Mitte schlagen. Aber wenn ich ein Tor gemacht oder vorbereitet hätte, hätte die Hütte gebrannt. Was hätte Düwel dann gemacht?", fragt Mattuschka provokativ. Die Fans singen seinerzeit auch ohne die Einwechslung Mattuschkas das Mattuschka-Lied. Sie spüren, dass der Kapitän der Herzen leidet.

Mattuschka brodelt innerlich. Noch schweigt er. Er fährt am Tag nach dem Düsseldorf-Spiel nach Cottbus, um sich dort die Drittligapartie gegen Rot-Weiß Erfurt (0:0) anzuschauen. Am 11. August 2014 verschafft er sich dann wegen der aus seiner Sicht unbefriedigenden Situation in *Bild* und *B.Z.* Luft: „Ich muss es akzeptieren. Aber so eine Erfahrung habe ich noch nicht gemacht. Es war nicht angenehm. Ich bin 33 Jahre alt, habe keinen Bock, auf der Bank zu sitzen oder nur ein paar Minuten zu spielen. Ich habe fast 300 Spiele für Union gemacht, bin keiner, der wegrennt. Aber wenn ich das Gefühl habe, dass ich nicht mehr gebraucht werde, keine Rolle spiele, muss ich mir Gedanken machen." Solche Aussagen werden auch bei Energie Cottbus vernommen. Am 12. August 2014 äußert sich der Cottbuser Trainer Stefan Krämer in *Bild* und *B.Z.* auffallend positiv über Mattuschka.

Dessen Fallhöhe bei Union ist gewaltig. Drei Monate zuvor wurde Mattuschka mit zwölf Toren und zwölf Vorlagen noch als Topscorer der Zweitliga-Saison 2013/14 gefeiert. Er ging als Vereinsikone und langjähriger Kapitän in die Saison. Seine Ausbootung von einem nahezu unbekannten neuen Übungsleiter in nur sechs Wochen seit dem Trainingsauftakt versteht er nicht.

Allzu oft habe er nicht bei Düwel im Büro gesessen, berichtet Mattuschka. Aber nach der Nichtberücksichtigung gegen Düsseldorf kommt es zum Showdown zwischen dem Trainer und dem Leitwolf außer Dienst. „Da habe ich Düwel gefragt, ob er mich verarschen will und was er vorhat. Da sagte er, dass er weiß, wie man mit verdienten Spielern umgeht. Er versuchte, zu schlichten", erinnert sich Mattuschka. „Aber er hatte eh nicht die Eier, mir zu sagen, was er plant. Er ließ mich im Mannschaftsrat, ich sollte mich weiter einbringen, die Spielchen mitmachen und dabei gute Laune haben."

Die *Berliner Zeitung* befindet, dass sich die Degradierung des ehemaligen Kapitäns für den Trainer komplizierter als erwartet gestaltet. Der Druck wachse, weil das Idol nur auf der Bank sitze. In Internetforen und den sozialen Netzwerken wird die Personalie Mattuschka unter den Union-Fans ebenso heiß diskutiert wie in den Medien. Düwel lässt das kalt. Er sagt: „Ich habe 26 Spieler, und ich kümmere mich nicht nur um einen. Ich nehme nicht Rücksicht auf diese Diskussion."

Kurz nach dieser Aussage setzt Düwel Mattuschka aber im 25. DFB-Pokal-Spiel der Vereinsgeschichte bei Zweitliga-Aufsteiger 1. FC Heidenheim überraschend von Beginn an ein. Für Mattuschka muss Benjamin Köhler weichen. Es bringt aber nichts. Auch mit Mattuschka scheidet Union an diesem 18. August mit 1:2 in Runde eins aus. Keine Frage: Mattuschka ist an diesem Tag nicht besonders gut. 43 Ballkontakte, 33 Prozent gewonnene Zweikämpfe und 75 Prozent angekommene Pässe weist die Statistik aus. Es ist das letzte Spiel, das er über 90 Minuten für die Köpenicker bestreitet. Trainer Düwel kritisiert ihn indirekt deutlich: „Wir hatten in allen Bereichen Probleme, vor allem im zentralen Mittelfeld waren wir eindeutig unterlegen. Heidenheim hat uns im Herzstück erwischt." Mattuschka sagt, dass er von Düwel nach dem Spiel in Heidenheim nicht persönlich angesprochen wird.

Der Wechsel nach Cottbus bahnt sich an
Eine Woche nach dem Pokal-Aus in Heidenheim reist der 1. FC Union zum VfL Bochum. Am 25. August 2014 findet das einzige Montagabendspiel der Berliner in dieser Saison statt. Die Leistungen sind 2014/15 insgesamt einfach zu bieder für weitere Topspiele. Vor der Partie laufen sich Mattuschka und Kumpel Christoph Kramer über den Weg. Zwischen dem frischgebackenen Weltmeister Kramer, der als Ex-Bochumer eine Saison-Dauerkarte geschenkt bekommt, und „Tusche" gibt es einen Smalltalk. Über seine sportliche Situation kann Mattuschka wenig Gutes sagen. Er kauert zunächst mal wieder auf der Bank.

Die Gäste gehen bei strömenden Regen durch Sören Brandy nach 49 Minuten mit 1:0 in Führung. Ausgerechnet der Ex-Unioner Simon Terodde, den Düwel trotz laufenden Vertrages nicht in Berlin halten wollte, erzielt in der 69. Minute den 1:1-Ausgleich. In der 82. Minute wird Torsten Mattuschka für Björn Kopplin eingewechselt. Ausrichten kann er nur noch wenig. Dass er an diesem Abend im Rewirpower-Stadion seine letzten Ballkontakte in einem Union-Spiel macht, weiß zu dieser Stunde noch nicht einmal Mattuschka.

Neben seiner unbefriedigenden Bankrolle irritiert ihn zusätzlich die Aktivität seines Vereins auf dem Spielermarkt. Das Transferfenster schließt am 31. August 2014. Schon am 26. August deutet sich an, dass Martin Kobylański und Maximilian Thiel Kandidaten für die Offensive sind. Kobylanski wird von Werder Bremen ausgeliehen, Thiel vom 1. FC Köln.

Beim folgenden Heimspiel, dem 0:4-Debakel gegen den 1. FC Nürnberg am 29. August 2014, wird Angreifer Kobylański gleich eingewechselt, obwohl er kaum mit der Mannschaft trainiert hat. Mit Sebastian Polter sitzt ein weiterer Stürmer auf der Tribüne, der am nächsten Tag von Mainz 05 ausgeliehen wird. Mattuschka ist 90 Minuten lang nur Reservist. Frustriert kehrt er vom Warmlaufen zur Bank zurück, als der dritte Union-Wechsel vollzogen ist. Mattuschka geht an Düwel vorbei, ohne ihn eines Blickes zu würdigen.

Mit den Gedanken ist Mattuschka längst woanders. Schon am Mittag vor dem Spiel hatte sich bei Berliner Boulevardzeitungen herumgesprochen, dass der Spieler vor einem Wechsel zu seinem Heimatverein Energie Cottbus steht. Die Nachricht ist bis zum nächsten Tag nicht mehr zu halten. Eine gute Stunde nach Spielende, um 21.22 Uhr, twittert *Bild*: „Mattuschka vor Wechsel nach Cottbus". In der Printausgabe dieser Zeitung sagt Energie-Sportdirektor Roland Benschneider am nächsten Tag: „Wir sind uns mit dem Spieler einig. Nun ist Union am Zug."

Union-Präsident Dirk Zingler tut etwas, was er sonst nie direkt nach Spielen macht: Er tritt vor die Vereinskamera. Der Katastrophenstart mit vier sieglosen Spielen, die Pleite gegen Nürnberg sowie die öffentlichen Diskussionen um Düwel und Mattuschka machen das aus Klubsicht wohl nötig. „Es war ein bitterer Abend für uns alle und am Ende eine Lehrstunde. Wir lassen uns dadurch nicht vom Weg abbringen", sagt Zingler zum Spiel. Die Causa Mattuschka kommt noch viel ausführlicher zur Sprache. Vereinssprecher Christian Arbeit, der Zingler für das Vereinsfernsehen AFTV interviewt, leitet mit der Feststellung ein, dass Mattuschka auf Union zugekommen ist und den Verein verlassen will. Zingler erklärt ruhig: „Wir wissen seit einigen Wochen, dass sich Cottbus intensiv mit ‚Tusche' beschäftigt. Ich war mit ‚Tusche' in dieser Zeit sehr eng in Kontakt. Es ist für uns eine relativ schwierige Situation, weil wir ‚Tusche' bei diesem Umbruch und Umbau eigentlich dabei haben wollen. Das ist eine Position. Aber ich will ihm auch die Chance in Cottbus – nach meinen Informationen hat er ein Angebot über drei Jahre – nicht verbauen."

Selbst Zingler scheint nicht mehr an einen Verbleib Mattuschkas zu glauben. Nun müssen sich nur noch die Vereine annähern. „Wir werden uns am Wochenende hinsetzen und die Situation analysieren. Das ist für uns als Verein nicht leicht", sagt Zingler. Er berichtet zudem, dass er Mattuschka vor der Saison gesagt habe, dass er ihn klar bei Union sieht – auch nach dem Ende seiner Karriere.

Der sich anbahnende Abgang Mattuschkas verbreitet sich wie ein Lauffeuer. Er macht die von Platzverweisen für Martin Dausch und Christopher Trimmel begünstigte 0:4-Klatsche gegen Nürnberg fast vergessen. Auch dass Trainer Düwel sportlich immer mehr in Bredouille gerät, ist fast nur noch eine untergeordnete Nachricht. Die Entwicklung im Fall

Mattuschka überstrahlt alles – auch die Schlagzeilen der nächsten Tage. Es rauscht mächtig im Berliner Blätterwald. „Flucht in die Lausitz" (*Tagesspiegel*), „Düwel vergrault Mattuschka" (*Bild*), „Union sieht Rot und verjagt Tusche" (*B.Z.*), „Ein Idol hat ausgedient" (*Berliner Morgenpost*) und „Ende Legende – Danke, Tusche, für eine einfach geile Zeit" (*Berliner Kurier*), lauten die Überschriften in der Hauptstadt. Im Raum Cottbus wird der Zugang positiv gesehen. „Mattuschka jubelt wieder für Energie" und „Tusche, willkommen zu Hause!", heißt es in der *Lausitzer Rundschau*.

Beim Auslaufen am Tag nach der deftigen 0:4-Niederlage gegen Nürnberg ist der Abschied von Torsten Mattuschka nur noch eine Frage des Preises. „Jetzt feilschen sie auch noch um ihn", schreibt *B.Z.* Ablösefrei will Union den Mittelfeldmann nicht abgeben. Mattuschka absolviert an diesem Samstag sein letztes Training bei Union. Der Autor dieser Zeilen sieht damals auf die Uhr. Um 10.24 Uhr rückt Mattuschka zusammen mit Kumpel Benjamin Köhler und Barış Özbek auf dem Trainingsrasen an. „Tusche" wirkt nachdenklich. Um 11.45 Uhr verlässt er gemeinsam mit Physiotherapeut Frank Placzek den Platz. 12.53 Uhr: Mattuschka geht nach dem Duschen zum Auto. Dort wird er von Kapitän Damir Kreilach innig umarmt. Auch Roberto Punčec drückt ihn. Es sieht nach einem Abschied für immer aus. 12.55 Uhr: Mattuschka braust mit seinem Auto davon, während alle anderen Akteure zum traditionellen Drachenboot-Rennen der Fans nach Grünau fahren. Ausgerechnet Fanliebling Mattuschka fehlt bei diesem offiziellen Termin. Dennoch ist er auf der Olympiastrecke in Grünau Gesprächsthema Nummer eins. Hier endet die Zeitmessung.

Die Fans wundern sich, dass der volksnahe Mattuschka nicht auftaucht. Sie wissen nicht, was sich hinter den Kulissen abspielt. „Nach dem Auslaufen sagte Pressesprecher Christan Arbeit zu mir, dass er noch mal mit mir auf die Tribüne gehen will, um ein Abschiedsvideo zu drehen. Ich habe aber erst einmal meinen Berater Jörg Neubauer angerufen und ihn darüber informiert", erinnert sich Mattuschka. „Jörg sagte, dass ich das nicht machen soll, weil noch gar nichts klar sei. Union wollte ja auch noch eine Ablöse für mich haben. Daraufhin habe ich zu Christian gesagt, dass ich nicht zur Verfügung stehe."

Als die Mannschaft dann nach dem Training zum Drachenboot-Rennen aufbricht, will der Verein Mattuschka dort nicht dabeihaben.

Mattuschka: „Christian Arbeit meinte, dass ich das nicht tun und lieber nach Hause fahren soll. Sonst wäre ich mitgefahren."

Die „Tusche"-Flucht erschüttert den Union-Kosmos

Im Laufe des Wochenendes geht der Wechsel von Torsten Mattuschka nach Cottbus über die Bühne. Die Ablöse beträgt 50.000 Euro. Mit dem Cottbuser Trainer Stefan Krämer und Manager Roland Benschneider ist sich Mattuschka schon einen Tag vor dem Nürnberg-Spiel handelseinig. Union stimmt dem Ansinnen Mattuschkas am Abend des 31. Augusts zu – wohl auch, um den inneren Betriebsfrieden nicht zu gefährden. Union-Präsident Dirk Zingler tut dies schweren Herzens. „Es gab schon einfachere Entscheidungen für mich. ‚Tusche' war viele Jahre hier. Er war viele Jahre hier an meiner Seite", sagt Zingler in einem Interview mit AFTV. Aber Zingler muss sich wohl auch eher auf die Seite von Düwel stellen, der den großen Umbruch nach der siebenjährigen Ära von Vorgänger Uwe Neuhaus vollführen soll.

Zingler und Mattuschka haben eine relativ enge Bindung. Der Spieler weiß aber, dass der Vereinsboss in seinem Fall nicht aus der Haut kann. „Es war auch für den Präsidenten schwierig. Wenn er einen neuen Trainer holt, kann er sich nicht in irgendwelche Dinge einmischen. Da raubt man dem Trainer jegliche Glaubwürdigkeit und Akzeptanz in der Mannschaft", sieht Mattuschka auch Jahre nach seiner Flucht ein.

Zingler ist früh in die Wechselabsichten Mattuschkas involviert. Ungefähr eine Woche vor Mattuschkas Abgang schickt der Union-Präsident eine SMS an Mattuschka. „Ich könne anrufen, wenn er mir helfen soll. Ich habe Dirk dann über mein Angebot aus Cottbus informiert", erzählt Mattuschka. „Er sagte, dass er das erst einmal intern besprechen muss. Er hat dann aber gleich gefragt, ob ich mir vorstellen könnte, zurückzukommen."

Am 1. September 2014 heißt es für Mattuschka aber erst einmal, Abschied von Union zu nehmen. Vor dem Training schüttelt er in der Geschäftsstelle und in der Kabine artig die Hände von Mitspielern und Mitarbeitern. Dann düst er nach Cottbus, wo er am Mittag im Rahmen einer Pressekonferenz als Neuzugang vorgestellt werden soll.

Mehrere Journalisten wollen an diesem Tag erst einen Teil des Union-Trainings verfolgen und dann Mattuschkas ersten Auftritt beim FC

Energie. Sie sind quasi auf dem Sprung, als sie von einem Mitarbeiter der Medienabteilung gebeten werden, doch noch kurz zu bleiben, weil Präsident Dirk Zingler etwas mitteilen will. Die Pressevertreter sind unsicher, da der Termin in Cottbus eigentlich zum Aufbruch drängt. Aber den Vereinschef, den man seit einigen Jahren nicht mehr so oft vor die Aufnahmegeräte bekommt, wollen sie dann noch anhören.

Zingler erzählt, warum er zunächst auf dem Trainingsplatz zur Mannschaft gesprochen hat: „Ich habe mich berufen gefühlt, ein paar Dinge klarzustellen. Die Presse schreibt etwas, wir schreiben etwas, und es ist wichtig, dass die Mannschaft weiß, was wirklich ist." Er reagiert damit auf die unterschiedlichen Töne, die Mattuschka in der offiziellen Pressemitteilung des Vereins am 31. August 2014 und in *Bild* beziehungsweise *B.Z.* am 1. September 2014 angeschlagen hat. In nicht vom Verein autorisierten Interviews kritisierte Mattuschka Trainer Norbert Düwel hart. „Er hat mir keine Chance gegeben und mich Stück für Stück demontiert, obwohl ich wichtig für diese Mannschaft bin", wird Mattuschka zitiert. Düwel wirft er außerdem mangelnde Kommunikation und Scheinheiligkeit vor.

Mattuschka bleibt aber auch bei der offiziellen Verkündung seines Dreijahresvertrags in Cottbus bei den Vorwürfen gegen Düwel. „Was in der Zeitung steht, habe ich gesagt, dazu stehe ich, und dazu will ich nichts mehr sagen", erklärt der Fußballer. „Es war eine schöne Zeit bei Union, aber jetzt bin ich hier in Cottbus."

Mattuschka trägt bei der Pressekonferenz im Stadion der Freundschaft eine knallige blaue Jacke. Er schneidet Grimassen für einen Fotografen. Aber er wirkt nachdenklich. Jahre später verrät er, dass ihm damals noch der Kopf von der Abschiedsfeier in der Nacht zuvor in der Köpenicker Altstadt brummte. „Ich war noch bis vier Uhr morgens im El Loco. Dort habe ich zum Abschied kurzfristig alle Spieler eingeladen. Der harte Kern mit Sören Brandy, Michael Parensen, Christopher Quiring und Adam Nemec war anwesend. Da haben wir ein richtiges Ding genommen. Ich war ganz schön straff."

Vor der Party am Sonntagabend saust Mattuschka noch durch die Gegend. Um 17 Uhr unterschreibt er seinen neuen Kontrakt in Cottbus. Dann fährt er nach Berlin-Köpenick. Er besiegelt im Stadion An der Alten Försterei im Beisein von Frau Susanne und Tochter Miley mit seinem Wilhelm das Ende seiner Union-Ära. „Den Auflösungsvertrag habe ich im

Zimmer von Präsident Dirk Zingler gegen 19 Uhr unterschrieben. Das musste unbedingt vor 20 Uhr geschehen, hat mir mein Berater Jörg Neubauer gesagt. Denn kurz danach sollte mein Interview mit den Zeitungen *Bild* und *B.Z.*, das in den Printausgaben des nächsten Tages erscheinen sollte, bereits online gehen", beschreibt Mattuschka die für ihn aufreibenden Stunden. „Ich bin gerast auf der Autobahn. Ein Stau – und es wäre vielleicht mit der Vertragsauflösung vorbei gewesen."

Das kritische Interview fädelt Mattuschka-Berater Neubauer mit ein. Aus seiner Sicht hat damals keiner der Verantwortlichen beim 1. FC Union beim Umgang mit einem solchen verdienten Spieler besonders gut gehandelt. „Dass Torsten sportlich nicht mehr der war, der alle nach vorne bringt, war unbestritten. Aber dann muss man ihm das sagen und ihn vernünftig verabschieden", sagt Neubauer 2017. „Was passierte, war unwürdig. Deshalb haben wir auch so reagiert, das über die Medien mitzuteilen – und den Verantwortlichen den Spiegel vor die Nase zu halten."

Mit seinem öffentlich artikulierten Frust gegen Düwel trifft Mattuschka auch Zingler. Der Vereinsboss ist brüskiert und vielleicht auch persönlich verletzt. In dem Gruppengespräch mit den Journalisten am 1. September 2014 stellt er sich aber zwangsläufig klar hinter den zu diesem Zeitpunkt erfolglosen Trainer: „Norbert Düwel hat hundertprozentig unsere Rückendeckung, und er hat den Auftrag, genau das zu tun, was er jetzt tut: die Mannschaft sportlich neu aufzustellen. Ich kann es nur noch einmal wiederholen: Wir hätten das sehr gerne mit Torsten zusammen gemacht. ,Tusche' will sicher spielen und nicht warten, ob er vielleicht spielt. Das ist seine Entscheidung. Die haben wir am Ende respektiert."

Die laufende Vereinskamera, deren Aufzeichnung von Zinglers Zwiegespräch mit den Journalisten kurz darauf gesendet wird, nutzt Zingler sicher auch ganz bewusst für eine Medienschelte. Vielleicht will er aufgebrachte Fans auf diesem Weg beruhigen. Auch der Autor dieser Zeilen bekommt sein Fett weg. „Schiefgelaufen ist etwas bei euch, weil ihr am ersten Spieltag ein ,Tusche'-Fass aufgemacht habt und den Trainer vom allerersten Spieltag unter Druck gesetzt habt", wirft Zingler den Pressevertretern vor. „Ihr habt dem Trainer gar nicht die Chance gegeben, jeden Spieler und jede taktische Variante auszuprobieren."

Zingler reagiert in diesem 20-minütigen Video, das bis heute auf YouTube und AFTV zu sehen ist, sehr emotional. Nur selten hat er sich als Union-Präsident so bewegt gezeigt. Zingler hofft zum Ende des Gesprächs, dass das Theater endlich vorbei ist und wieder mehr über Sport geschrieben wird. „Über den 1. FC Union und nicht über den 1. FC Mattuschka", sagt Zingler.

Dieser Begriff wiederum ärgert Mattuschka, der davon natürlich Wind bekommt. „Wenn TV-Auftritte gefragt waren, wurde immer ich vorgeschickt. Und zum Schluss war dann vom 1. FC Mattuschka die Rede. Mein Interview in der Zeitung war saftig. Aber so war es", sagt Mattuschka. Zingler räumt aber auch ein, dass der Verein Mattuschka selbst groß gemacht habe. „Da sind wir nicht ganz unschuldig dran. Wir haben ‚Tusche' auch immer wieder nach vorne gestellt und ihn zu einer Ikone entwickelt", sagt Zingler am ersten Septembertag 2014. „Jetzt müssen wir damit leben, und damit werden wir leben. Wir werden nicht daran kaputtgehen."

Der Abgang Mattuschkas hallt aber noch lange nach. Wochenlang bleibt Mattuschka Gesprächsthema bei den Anhängern. Zwischen dem 1. September und 1. Oktober 2014 kommen im Fanforum im Thread „Tusche" 116 Seiten mit Hunderten Beiträgen zusammen. „Für die Fans war es auch schwierig. Es ging um die Mannschaft und nicht um mich", sagt Mattuschka.

Für die einen ist er der verlorene Sohn, für die anderen ein Verräter, der seinen Verein im Stich gelassen hat. „Was hat nur dieser Torsten Mattuschka? Und warum schmerzt sein Abschied viele Unioner so sehr?", fragt am 16. September 2014 die *Berliner Zeitung* und sucht nach Antworten in einem fünfspaltigen Artikel. Die Wunde auf Vereins-, Fan- und Spielerseite heilt gefühlt erst nach ein, zwei Jahren allmählich zu.

Auch andere Zeitungen beschäftigt der Abgang Mattuschkas weiter. *Bild* und *B.Z.* zitieren in ihren Ausgaben am 11. September 2014 Aussagen von Trainer Düwel zum Thema Mattuschka aus einem für Medienvertreter nicht zugänglichen Fantreffen. Der Verein sanktioniert deshalb Journalisten dieser Zeitungen bis zum Jahresende 2014. Sie können Spieler und Funktionäre nur noch auf offiziellen Pressekonferenzen und nach Punktspielen befragen, nicht aber an Trainingstagen. Der Autor dieses Buchs hat mit dem Artikel vom Fantreffen nichts zu tun. Er wird aber als freier Journalist in Kollektivhaftung genommen, weil er auch für *Bild* und *B.Z.* arbeitet. Er sucht sich Hilfe. Doch Proteste anderer Zeitungen und des

Verbandes Deutscher Sportjournalisten interessieren den Verein nicht. Der eiserne Vorhang hebt sich erst im Januar 2015, weil bei *Bild* eine neue Kollegin mit an den Start geht. Insofern ist dieses Kapitel ein Stück weit Vergangenheitsbewältigung, nicht nur für Mattuschka.

Auf die Frage, ob Fans und Medien zu viel Gewese um Mattuschka gemacht haben, antwortet Mattuschkas langjähriger Union-Trainer Uwe Neuhaus 2017: „So wie ‚Tusche' gestrickt ist, war es schwierig, das wegzulassen. Er war immer bereit, einen Kommentar abzugeben. Dadurch wurde sein Stellenwert innerhalb des Teams nicht geringer. Ich fand es gar nicht so schlimm. Irgendwann kommt der Zeitpunkt, bei dem es um höhere Ziele geht. Da überlegt der Verein, ob ‚Tusche' der Spieler ist, der dann noch helfen kann. Die Position, die ‚Tusche' seit Jahren innehatte, wollte die Presse vielleicht als schützenswert darstellen. Das sind normale Dinge bei Spielern, die sich Dienste erworben haben."

Den Wechsel zu Energie Cottbus zieht Mattuschka allein durch, gegen die Zweifel seiner Frau Susanne und gegen den Widerstand seines Beraters. Jörg Neubauer vertritt immer noch die Meinung, dass Mattuschka seine schwierige Situation einfach hätte aussitzen müssen. „Dass Norbert Düwel als Trainer nicht 100 Jahre bei Union bleibt, war von vornherein klar. Dafür fehlte ihm die Qualität. Wie man überhaupt auf die Idee kommen konnte, so einem Mann so einen Verein anzuvertrauen, ist mir bis heute ein großes Rätsel", sagt Neubauer 2017. „Ich habe Torsten gesagt, dass er bei Union bleiben soll, weil er Düwel überleben wird. Aber ‚Tusche' hat immer gesagt, dass er noch Fußball spielen will. Er hatte aber nicht auf dem Schirm, dass Energie Cottbus nicht mehr der Verein war, den er 2005 verlassen hat."

Das weiß auch sein Merzdorfer Kumpel Robert Zeitz. Der hatte sich immer gewünscht, dass Mattuschka zum FC Energie zurückkehrt. Aber nicht in so einer Situation. Aber auch den Rat von Zeitz, als Märtyrer bei Union zu sterben, nimmt Mattuschka nicht an. Sebastian Bönig, Mattuschkas ehemaliger Mitspieler und unter Düwel Co-Trainer, empfiehlt Mattuschka, nicht zu gehen und noch bis zur Winterpause zu warten. Vergeblich.

Mattuschkas Mutter Christa, die zu diesem Zeitpunkt nach einem Fahrradsturz im Krankenhaus liegt, ist ebenfalls überrascht. Sie und Schwester Katja erfahren auch nicht sofort von der Entwicklung. „Torsten ist nicht der Typ, der kommt und erzählt. Er hat erst um den heißen Brei herumgeredet. Dann haben wir nachgefragt", sagt Katja.

Aber Mattuschka ist in seiner Panik, nach den drei Verpflichtungen von Maximilian Thiel, Martin Kobylański und Sebastian Polter nicht einmal mehr im Kader zu stehen, nicht mehr zu stoppen. Und gekränkt und bockig ist er auch noch. „Ich war zwar 33 Jahre alt, habe aber als Topscorer der 2. Bundesliga zwölf Tore geschossen und zwölf Tore vorbereitet. Deshalb konnte ich meine Ausbootung nicht verstehen und akzeptieren."

Darüber wundern sich auch alte Weggefährten wie Patrick Kohlmann. Als der Linksverteidiger im Sommer 2014 zu Holstein Kiel wechselt, ist er fest davon überzeugt, dass Mattuschka bis zum Ende seiner Karriere bei Union bleibt. Für Kohlmann war Union Berlin ohne ‚Tusche' unvorstellbar. „Ich habe meine komplette Zeit mit Torsten bei Union verbracht. Er hatte einen riesigen Stellenwert bei den Fans, in der Mannschaft und im Verein. Ich fand es traurig, dass es so auseinandergegangen ist", sagt Kohlmann.

Norbert Düwel muss man zugute halten, dass er die Saison 2014/15 tatsächlich übersteht. In der Hinrunde steht er scheinbar mehrfach auf der Kippe, aber im Frühjahr führt er die Mannschaft auf einen respektablen siebten Platz. Als die Öffentlichkeit sich mit seinem Dasein bei Union schon abgefunden hat, wird er jedoch am 31. August 2015 um acht Uhr morgens in der Geschäftsstelle im Forsthaus gefeuert. An den ersten fünf Spieltagen der Saison 2015/16 hatte es vier Unentschieden und eine Niederlage gegeben. In der 15-zeiligen Pressemitteilung Unions wird Zingler so zitiert: „Wir sind überzeugt davon, dass ein Wechsel auf der Trainerposition notwendig ist, um unsere Ziele zu erreichen."

Düwels Entscheidung, Damir Kreilach zum Kapitän zu machen, wird von Nachfolger Sascha Lewandowski Ende Oktober 2015 korrigiert. Die Last für Kreilach war einfach zu groß. Düwel reicht 2015 eine Kündigungsschutzklage beim Arbeitsgericht Berlin (Aktenzeichen 14 Ca 12313/15) ein. Ein Gütetermin am 20. November 2015 scheitert. Düwel fordert 450.000 Euro Abfindung. Bevor es am 9. März 2016 zu einer Schlammschlacht vor Gericht kommt, einigen sich beide Seiten kurz vorher außergerichtlich.

Düwel findet bis zum Redaktionsschluss dieses Buches im März 2017 keinen neuen Trainerjob und wird bis heute auf die Personalie Mattuschka angesprochen. Am 10. März 2017 veröffentlicht *Spox.com* ein Interview mit Düwel, in dem er sagt: „Ich habe Mattuschka nicht degradiert, das war ein ganz normaler Prozess. Ich habe befunden, dass er in dem Moment nicht gut genug war für die erste Elf. Wenn ich bei so etwas Rücksicht auf Namen nehme, mache ich mich unglaubwürdig. Wir hatten in dieser Saison aber auch mit heftigeren Problemen zu kämpfen." Bereits in der *Sport-Bild* vom 17. September 2014 räumte Düwel zum Fall Mattuschka aber ein: „Das ganze Tohuwabohu um ihn hat die Leistung der Mannschaft negativ überschattet und einige Abläufe negativ beeinträchtigt. Wenn es einen Fehler gibt, den ich mir ankreiden muss, dann den: dass ich die Wucht dieses Themas unterschätzt habe."

Eine Kernfrage zu diesem Thema beantwortet Mattuschka im März 2017. Wie hätte er seine Wechselentscheidung im Sommer 2014 mit dem Wissen von heute gefällt? Mattuschka: „Ich würde natürlich bei Union bleiben. Hätte ich eine Glaskugel gehabt, wäre ich nicht gewechselt."

KAPITEL 11

Zurück zu den Wurzeln

2014 bis 2016

Wieder bei Energie: Großräschen statt Nürnberg
Torsten Mattuschka bekommt beim Drittligisten FC Energie einen Dreijahresvertrag bis 2017. Er will vor allem eines: endlich wieder regelmäßig auf dem Rasen stehen. Das ordentliche monatliche Grundgehalt im unteren fünfstelligen Bereich ist durchaus eine Entschädigung für das Aus beim 1. FC Union. Dort hätte er mit 22 Einsätzen ohne Minutenvorgabe in der Spielzeit 2014/15 einen weiteren Einjahresvertrag und im Anschluss höchstwahrscheinlich 2015 oder 2016 auch eine Anstellung im Verein erhalten. Nun bietet ihm Cottbus Ähnliches – einen unbefristeten Vertrag nach dem Karriereende. Auch ein Job für Susanne gehört zum Paket.

Bei Mattuschkas Ehefrau fließen aber erst einmal Tränen, obwohl es zurück in die gemeinsame Heimat geht. „Als Torsten anrief, dass er bei Cottbus unterschrieben hat, habe ich geheult. Ich hatte mich in Berlin eingelebt. Unsere Tochter wurde in Hellersdorf geboren. Berlin war mein neues Zuhause. Ich hatte mich von Cottbus gedanklich verabschiedet, auch wenn dort meine Freunde und die Familie wohnten. Das Leben mit einem Fußballer bedeutet viel Veränderung und Verzicht", erzählt Susanne Mattuschka. „Man ist als Spielerfrau oft allein. Und nun musste ich auch noch viele andere Dinge aufgeben. Ich wusste immer, dass der Tag des Abschieds bei Union kommen würde. Ich hatte Torsten aber geraten, bis zur Winterpause zu warten. Ich kann es nicht erklären, aber ich hatte kein gutes Gefühl bei der Sache. Für mich gehörte Torsten nicht mehr nach Cottbus."

Dort wird Mattuschka aber erst einmal mit Pauken und Trompeten empfangen. Präsident Wolfgang Neubert und der neue Energie-Star kennen sich. Der Vereinschef war bereits Direktor der Cottbuser Sportschule, als der junge Mattuschka dort sein Unwesen trieb und die Einrichtung 1998 als Sitzenbleiber verlassen musste. „Wir holen ihn nicht aus sentimentalen Gründen, sondern weil wir sportlich von der Verpflichtung überzeugt sind", sagt Neubert am Tag der Vorstellung Mattuschkas in Cottbus. Die 50.000 Euro Ablöse seien für Energie kein finanzielles Abenteuer. Er werde von Sponsoren bezahlt.

Mattuschka soll beim Neuanfang in Cottbus helfen. Denn der Verein ist fünf Monate zuvor nach 17 Jahren ununterbrochener Zugehörigkeit zu den ersten beiden Spielklassen sang- und klanglos in die 3. Liga abgestiegen. Schon im April 2014 übernahm Neubert vom langjährigen Vereinschef Ulrich Lepsch das Präsidentenamt. Der neue Trainer Stefan Krämer soll Cottbus sportlich wieder erstrahlen lassen. Zum Zeitpunkt der Verpflichtung Mattuschkas steht der FCE mit zwölf Punkten nach sieben Spielen auf Rang fünf. Der zweite Platz ist nur einen Zähler entfernt.

Sein erstes Training mit seinen neuen Kollegen absolviert Mattuschka am 2. September 2014 auf dem Sportplatz an der Parzellenstraße. Die Mannschaft ist pünktlich da, Mattuschka nicht. 50 neugierige Fans müssen eine halbe Stunde auf den prominenten Zugang warten, weil Mattuschka erst noch die sportärztliche Untersuchung hinter sich bringt. Trainer Krämer freut sich, dass Mattuschka überhaupt kommt. Eigentlich war er noch nicht eingeplant. „Aber das spricht dafür, dass er Bock hat", sagt Krämer.

Für den Fotografen stellen Krämer und Mattuschka nach dem Training noch mal eine Begrüßung mit Handschlag nach, weil es diese zuvor nur in der Kabine gab. Man spürt: Mattuschka und Krämer liegen auf einer Wellenlänge. Auch Abwehrspieler Uwe Möhrle freut sich auf den Neuen aus Berlin. „Das ist schon ein kleiner Paukenschlag, wenn wir so einen Mann verpflichten können. Wir wollen ihn so schnell wie möglich integrieren", sagt der Energie-Kapitän.

Nach der ersten Trainingswoche ist Mattuschka von seiner neuen Truppe angetan. „Die Jungs sind gut drauf. Die meisten haben noch nicht in der 2. Liga gespielt, man merkt, sie wollen mehr", sagt Mattuschka der *B.Z.* vom 8. September 2014.

Die *Lausitzer Rundschau* streckt ein Interview mit Mattuschka über drei Tage. Die Überschrift des ersten Teils lautet: „100 Spiele, 100 Tore und 100 Kilo". Natürlich erzählt Mattuschka noch mal von seiner (übergewichtigen) Zeit beim SV Dissenchen zwischen 1998 und 2001. Und da schließt sich der Kreis: Am 11. November 2001 erzielte Mattuschka beim 1:1 beim SV Großräschen eines seiner letzten Tore für Dissenchen, bevor er zur zweiten Mannschaft des FC Energie wechselte. Fast 13 Jahre

Junggesellen-Abschied als Banane: Tusche am 10. Dezember 2011 in der Berliner Simon-Dach-Straße.

Hochzeit von Torsten und Susanne Mattuschka im Hotel Zur Bleiche in Burg (Spreewald) am Silvestertag 2011.

Die Eheleute Mattuschka bei der Union-Weihnachtsfeier 2012. Motto: 1920er Jahre.

Union-Fan Johann Friedrich „Holly" van Sloten ließ sich im Sommer 2013 eine Tätowierung mit dem Konterfei von Torsten Mattuschka stechen.

Bei Union erlebt Mattuschka im Sommer 2013 die Eröffnung der neuen Haupttribüne mit – inklusive Entspannungsbecken.

Nach dem Heimspiel gegen Aue (1:1) im Oktober 2013 dankt Mattuschka den Union-Fans auf der Waldseite, links Tochter Miley.

Im DFB-Pokalspiel beim 1. FC Heidenheim (1:2) am 18. August 2014 spielt Mattuschka letztmals vor seinem Abschied 90 Minuten für Union, rechts Philip Heise.

Union-Trainer Norbert Düwel setzt Mattuschka am 29. August 2014 gegen den 1. FC Nürnberg (0:4) nicht ein. Zwei Tage später wechselt Mattuschka nach Cottbus.

16. Oktober 2014: Union-Fan Thomas Lehmann und Mattuschka-Tochter Miley packen beim Umzug von Berlin nach Cottbus an.

Rückkehrer Torsten Mattuschka bestreitet sein erstes Spiel für Energie Cottbus am 10. September 2014 im Landespokal beim SV Großräschen (6:0), rechts Stefan Klotz.

Die Fans von Energie feiern am 16. September 2014 beim Heimspiel gegen Sonnenhof Großaspach (2:0) die Heimkehr von Mattuschka.

Eine der bittersten Stunden seiner Laufbahn. Am 14. Mai 2016 steigt Mattuschka mit Cottbus durch die Niederlage gegen Mainz 05 II (2:3) aus der 3. Liga ab.

Bei der VSG Altglienicke fand Mattuschka eine neue sportliche und berufliche Heimat. Vereinssponsor Detlef Müller unterstützt ihn.

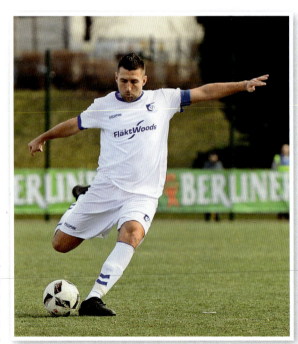

Kapitän Mattuschka im Trikot der VSG Altglienicke im Halbfinale des Landespokals am 25. März 2017 gegen den FC Viktoria 1889 (0:4).

Der Clan von Merzdorf im berühmten Party-Keller der Familie Zeitz im Dezember 2016: v. l. Daniel Dubrau, Mirko Treuger, Robert Zeitz (hinten), Torsten Mattuschka, Kai Havenstein, Andreas Tullick.

Mattuschka im Jahr 2012. Er hofft, dass ihm die Tür beim 1. FC Union noch mal offen steht.

Berlins beste Aussicht

Der Müggelturm

Das historische Ausflugslokal in Köpenick

Telefon: 030 / 654 899 50

— Täglich geöffnet von 10 - 20 Uhr —

später bestreitet er für die Cottbuser Drittliga-Profis sein erstes Pflichtspiel in Großräschen. Am 10. September 2014 wird beim Achtligisten die 2. Runde des Brandenburger Landespokals ausgetragen.

Beim 1. FC Union durfte er im letztmöglichen Spiel gegen den 1. FC Nürnberg nicht mehr ran, in Großräschen freuen sich die Fans beider Lager auf ihn. Beachtliche 3.100 Zuschauer sind da, eine Union-Fahne hängt auch im Stadion der Freundschaft von Großräschen. Cottbus gewinnt 6:0. „Tusche", der im zentralen Mittelfeld spielt, bereitet das 2:0 mit einem Freistoß vor. Ein weiterer „Höhepunkt" ist, dass die Ultras von Großräschen beim Abbrennen von Pyrotechnik aus Versehen ihre eigene Fahne abfackeln.

Nach dem Spiel will der Autor dieses Buchs von Mattuschka eine Stimme einholen. Es ist unmöglich. Der Platz gehört jetzt den Zuschauern. 30 Minuten lang wird der Cottbuser mit der Rückennummer 34 im Strafraum auf der Kabinenseite von Fans umlagert. Mattuschka schreibt Autogramme und steht für Dutzende Aufnahmen zur Verfügung. „Wenn Väter ihre Kinder für ein Erinnerungsfoto aus dem Kinderwagen holen, wenn selbst der Linienrichter um einen gemeinsamen Schnappschuss bittet, wenn Hunderte Hände immer wieder auf zwei Schultern klopfen – dann muss der Papst in Großräschen sein", schildert die *Lausitzer Rundschau* das Geschehen. „Oder eben Torsten Mattuschka. Der Neuzugang und Rückkehrer wurde bei seinem ersten Spiel für Energie Cottbus gefeiert wie ein Messias in kurzen Hosen."

In der Liga geht es für Mattuschka auch ganz gut los. Am 13. September 2014 erlebt er beim FSV Mainz 05 II (0:0) sein Drittliga-Debüt für Cottbus. Vor der Heimpremiere gegen die SG Sonnenhof Großaspach (2:0) gibt es auf der Nordwand eine riesige Choreografie, die auch Mattuschka ehrt. „Ein Sohn der Stadt kehrt heim – 27 Söhne, ein Verein", lautet die Aufschrift auf dem Spruchband. Von den 7.419 Zuschauern, abzüglich der drei vom Stadionsprecher namentlich genannten aus Großaspach, gibt es für jede gelungene Aktion Mattuschkas Applaus. „Schön, wenn man nach Hause kommt und so freundlich empfangen wird. Das freut mich natürlich", sagt Mattuschka der *Bild*-Zeitung.

Mitte Oktober 2014 ist er endgültig in Cottbus angekommen: Am Tag vor dem Heimspiel gegen den MSV Duisburg (2:0) schläft Mattuschka mit Frau Susanne und Tochter Miley erstmals im neuen Haus im Ortsteil

Branitz. Bis zu diesem Zeitpunkt war Mattuschka immer zwischen Berlin-Johannisthal und der Lausitz gependelt. Susanne Mattuschka fängt im Februar 2015 an, bei der Handwerkskammer der Stadt zu arbeiten – erst am Empfang und dann für die Geschäftsführung.

Familiär ist allmählich alles eingerichtet. Aber sportlich kommen 2014/15 weder Energie Cottbus noch Mattuschka aus dem Mittelmaß heraus. Die Mannschaft, die für die Aufstiegsränge nicht konstant genug spielt, landet am Saisonende mit 56 Punkten auf Platz sieben. Elf Zähler fehlen zum dritten Platz, den Holstein Kiel belegt. Mattuschka kommt in 28 Spielen immerhin auf neun Torvorlagen. Aber er schießt selbst nur zwei Treffer. Es sind zwei Elfmeter: gegen den MSV Duisburg beim Hinspiel (2:0) am 18. Oktober 2014 und beim Rückkampf am 18. April 2015 (2:3). Einen wichtigen Handstrafstoß verschießt Mattuschka jedoch: Am 13. Dezember 2014 scheitert er im Auswärtsspiel bei Dynamo Dresden vor 28.440 Zuschauern in der 89. Minute an Patrick Wiegers. So bleibt es beim 1:0 für Dresden. „Das erste Jahr in Cottbus war so lala. Energie hatte sich sicher mehr vorgestellt – ich auch", sagt Mattuschka. Ein kleines Trostpflaster für den Verein und den Kicker ist der Sieg im Landespokal-Finale am 6. Mai 2015 bei Union Fürstenwalde (3:2). Stolz zeigt sich Mattuschka nach dem Spiel mit der Trophäe.

„Für mich bleibt Tusche eine Rakete"
Interview mit Trainer Stefan Krämer

Stefan Krämer, geboren 1967 in Mainz, arbeitet 2014 als Trainer bei Energie Cottbus, als Torsten Mattuschka in die Lausitz zurückkehrt. Bis zu seiner Entlassung am 19. September 2015 ist er ein gutes Jahr für Mattuschka zuständig. Der frühere Trainer von Arminia Bielefeld und jetzige Coach von Rot-Weiß Erfurt denkt gern an Mattuschka zurück.

Herr Krämer, warum haben Sie Torsten Mattuschka nach Cottbus geholt?
„Ich war schon Mattuschka-Fan, als ich noch Trainer bei Arminia Bielefeld war. Wir hatten im Dezember 2013 relativ früh mit 1:0 beim 1. FC

Union geführt und besaßen sogar die Chance zum 2:0. Dann war Mattuschka mit zwei Vorlagen und einem Elfmetertor der entscheidende Kicker, der das Spiel mit seinen Standardsituationen, seiner Ruhe am Ball und seiner Ausstrahlung gedreht hat. Wir haben 2:4 verloren. Persönlich kannte ich ihn da noch nicht."

Profitierte Energie bei Mattuschkas Wechsel von Union davon, dass er aus Cottbus stammt?
„Als ich Trainer in Cottbus wurde, stellte ich schnell fest, dass er nicht nur bei Union als Aushängeschild und Idol galt, sondern auch in seiner Geburtsstadt Cottbus. Als sich dann irgendwann die Chance auftat, den Jungen nach Cottbus zu kriegen, haben wir alles versucht. Anfangs war ich eher skeptisch, dass das funktioniert. Ich konnte mir einfach nicht vorstellen, dass ihn Union aus dem Vertrag herauslässt. Wir sind aber dran geblieben."

Welche Rolle spielte dabei Energie-Präsident Wolfgang Neubert?
„Er hat in diesem Fall sehr viel im Hintergrund gearbeitet. Er kannte Torsten ja noch als Lehrer. Wir waren zu diesem Zeitpunkt in einer tabellarischen Situation, in der wir so eine Qualität hinzugewinnen wollten. Schließlich war er in der Vorsaison noch bester Torschütze und Vorlagengeber der 2. Liga gewesen. Wenn man so einen Mann in die 3. Liga kriegen und dies dem Verein einen Schub geben kann, muss man alles probieren."

Warum wurde es am Ende doch keine Erfolgsgeschichte mit Mattuschka? Was fehlte?
„Ich weiß gar nicht, ob da etwas gefehlt hat. Die 3. Liga ist vom Niveau her nicht so weit weg von der 2. Liga – zumindest, was die Laufintensität angeht. Aber selbst so ein Typ wie Torsten Mattuschka wird älter. Irgendwann ist auch das Ende einer Karriere absehbar. Das muss man akzeptieren. Wir wollten es als Mannschaft abfangen, wenn Torsten vielleicht mal einen Meter weniger macht."

Fehlte ihm hier und da die letzte Fitness?
„Rein von den Laufwerten war er noch top. Es war kein Himmelfahrtskommando und kein PR-Gag, ihn zu holen. Wir waren der festen Über-

zeugung, dass er sportlich eine absolute Verstärkung ist. Dass es nicht so funktioniert hat, wie wir uns und er sich das vorgestellt hatten, hängt damit zusammen, dass es irgendwann mit dem Altern jeden trifft. Selbst einen Torsten Mattuschka."

Ist die Erwartungshaltung der Öffentlichkeit zu hoch gewesen?
„Vielleicht dachten auch viele, dass einer, der in der 2. Liga überragend war, in der 3. Liga unantastbar sein müsste. Aber wenn das vielleicht ein komplett anderer Fußball ist und die Jungs nicht auf seine Ideen eingehen, kann das natürlich auch Probleme geben. Das kann neben dem fortschreitenden Alter ein Hauptgrund sein, warum es bei ihm nicht so lief. Bei Union gab es um Torsten herum bessere Kicker als in Cottbus. Bei Union hat er viel länger mit Leuten zusammengespielt, die ihn genau kannten. Das Spiel war schon auf ihn zugeschnitten."

In Cottbus gelang Mattuschka kein einziges Freistoßtor mehr, auch unter Ihnen nicht ...
„Er hat letztlich die ruhenden Bälle nicht mehr so gespielt wie bei Union. Warum, weiß ich nicht. Er hat sich in Cottbus auch Bälle zum Üben hingelegt. Im Training hatten die auch die Qualität."

Was bleibt Ihnen von „Tusche" in Erinnerung?
„Für mich ist und bleibt ‚Tusche' eine Rakete, sportlich und menschlich. Als er kam, hätte er sich in der Kabine einiges herausnehmen können. Aber er tat es nicht, auch nicht gegenüber den jungen Spielern, die noch gar nichts vorzuweisen hatten. Für jeden Spieler, der mit ihm zusammenspielte, war es deshalb wohl auch ein Gewinn. Ich habe mit ihm viel über Fußball gequatscht. Er ist ein Supertyp."

Was sollte Torsten Mattuschka nach seiner Karriere machen?
„In Berlin ist er eine Legende – und die wird er auch bleiben. Er wird hoffentlich im Fußball unterkommen, in welcher Funktion auch immer. Da mache ich mir keine Sorgen. Der Junge ist schon clever."

Käsebrot für die Mannschaft – Spiegeleier für Miriuţă

Die Saison 2015/16 ist für Torsten Mattuschka kein Ruhmesblatt. Doch das gilt für den ganzen Verein Energie Cottbus, obwohl der nach zwei Auftaktsiegen als einzige verlustpunktfreie Mannschaft die Tabelle anführt. Die Spielzeit endet Mitte Mai 2016 allerdings mit dem Super-GAU – dem erstmaligen Abstieg in die 4. Liga. Den können auch vier Trainer nicht verhindern.

Stefan Krämer wird nach nur zwei Siegen aus den ersten neun Spielen nach dem 0:1 bei Erzgebirge Aue gefeuert. Zwei Partien darf Interimstrainer René Rydlewicz ran, der einen Zähler holt. Dann versucht sich ab dem 24. September 2015 Vasile Miriuţă. Sein Start mit zwölf Spielen ohne Niederlage in Folge ist auf den ersten Blick beachtlich. Aber aus der Abstiegsgefahr befreien kann sich Energie nicht, weil neun Unentschieden dabei sind. Und in den nächsten zwölf Partien kommen nur noch zwei dreifache Punktgewinne dazu.

Nach dem Absturz auf Abstiegsrang 18 zieht die Vereinsführung noch mal die Reißleine. In den letzten fünf Saisonbegegnungen kann aber auch Claus-Dieter Wollitz – ein weiterer Rückkehrer – das Drama des Abstiegs nicht mehr verhindern. „Das zweite Jahr in Cottbus war richtig schlimm. Ich habe von Anfang an keine Rolle gespielt – auch unter Stefan Krämer nicht. Er hat Ronny Garbuschewski spielen lassen. Dann haben sie Krämer herausgehauen", sagt Mattuschka. „Für ihn kam Miriuţă. Das war eine Vollkatastrophe. Er hat sich menschlich schlecht verhalten."

Mattuschka stört vor allem die Umgangsweise von Miriuţă, der als Spieler im Jahr 2000 mit Energie unter Trainerlegende Eduard Geyer in die Bundesliga aufstieg. 15 Jahre später sagt Miriuţă der *Bild*-Zeitung nach seinem Übungsleiterdebüt am 15. September 2015 beim 1. FC Magdeburg (2:2): „Ich bin konsequent, aber demokratisch. Ich habe viel gelernt von Eduard Geyer. Man kann nicht nur ein Freund der Spieler sein."

Miriuţă führt gleich am Anfang den Zehn-Stunden-Tag bei Energie ein. Um 8.15 Uhr trifft sich die Mannschaft im Stadion zum Frühstück. Um 10 und um 15 Uhr wird trainiert. Erst nach der zweiten Einheit gegen 18 Uhr geht es für die Kicker nach Hause. „Das haben wir zehn, zwölf Wochen ohne freien Tag durchgezogen. Wir sind uns in der Kabine auf die Eier gegangen. Wir durften das Handy nicht benutzen und nicht Karten oder Backgammon spielen", berichtet Mattuschka. „Wir durften nichts machen. Um 8.30 Uhr waren wir in der Kabine und um 10 Uhr ging es erst zum Training heraus. Die einen schliefen, andere quatschten oder waren bei den Physios."

Die Folge ist ein mittlerer Lagerkoller. Da Cottbus zunächst unter Miriuță nicht verliert, wagt niemand, den Trainer darauf anzusprechen. Vielleicht wird in dieser Zeit schon der Klassenerhalt verspielt. Ein Vorbild stellt Miriuță wohl auch nicht dar. Das bekommen die Fußballer beim Frühstück im *Energie-Treff* am Stadion der Freundschaft oder beim Essen auf Reisen zu spüren. „Morgens gab es für 30 Mann jeweils einen Teller mit zwei Scheiben Brot und zwei Scheiben Wurst. Alle bekamen dasselbe. Aber Miriuță hat sich Spiegeleier oder Rühreier kommen lassen. Da wussten wir, was das für ein Typ ist", ärgert sich Mattuschka heute noch. „Alle bekamen den gleichen Fraß, nur er nicht. Auf einer Auswärtsfahrt zum SV Wehen Wiesbaden erhielten die Spieler an einer Raststätte Reis, Nudeln und Pute. Miriuță hat sich einen Riesenteller Pommes rot-weiß bestellt."

Das sind Kleinigkeiten, die vermutlich zur Entfremdung zwischen Mannschaft und Miriuță beitragen. Die Spieler diskutieren intern solche Dinge, sie lehnen sich aber nicht auf. Viele wollen die Saison mit Miriuță zumindest zu Ende bringen. „Keiner hat sich getraut, etwas zu sagen. Wäre Trainer Wollitz zwei Wochen eher gekommen, hätten wir den Klassenerhalt geschafft", ist sich Mattuschka sicher.

Der frühere Union-Kapitän kommt 2015/16 in der 3. Liga 23-mal zum Einsatz. Sein einziges Saisontor schießt er im ersten Spiel unter Miriuță vor 19.435 Zuschauen beim 2:2 in Magdeburg zur zwischenzeitlichen 2:1-Führung. Vorlagen gelingen ihm keine. Von Mitte Oktober 2015 bis Mitte Februar 2016 spielt Mattuschka kaum, auch weil er durch einen Rippenbruch, eine Fußprellung und Infekte gehandicapt ist. Phasenweise wirkt er sportlich wie ein Fremdkörper. „Er wurde in Cottbus erst als Held gesehen. Später ebbte das ab. Der Typ wurde geliebt. Aber vom Spieler Mattuschka hatten sich alle mehr erwartet. Wir auch", sagt Mattuschkas Merzdorfer Kumpel Daniel Dubrau.

Bald rächt sich, dass es für einen Spielertypen wie Mattuschka bei Energie eigentlich gar keine Verwendung gibt. Der damalige Trainer Stefan Krämer und Sportdirektor Roland Benschneider haben sich 2015 vielleicht Präsident Wolfgang Neubert gebeugt, der sich mit der Rückholaktion des verlorenen Sohnes wohl ein bisschen profilieren wollte. Die Voraussetzungen, die von Beginn an ungünstig sind, werden im zweiten Jahr noch schlechter. Ähnlichkeiten zur Saison 2006/07 bei Union unter Trainer Christian Schreier sind unverkennbar. Wenn Mattuschka nicht regelmäßig spielt und trainiert, ist er nicht wirklich zu gebrauchen. Athletik und Spritzigkeit fehlen. Ohne Spielrhythmus kann er auf dem Platz keine tragende Rolle übernehmen – weder unter Krämer noch unter Miriuță.

Versöhnung mit den Eisernen
Das Verhältnis zwischen Torsten Mattuschka und seinem Ex-Verein 1. FC Union ist anfänglich kompliziert. Am 4. September 2014 findet im Stadion An der Alten Försterei ein Benefizspiel für die Kinder des Ex-Unioners Andreas Biermann statt, der sich am 18. Juli 2014 das Leben genommen hat. Die Partie zwischen Union und den Biermann-Allstars endet 3:3. Mattuschka, der 2006/07 mit Biermann bei den Eisernen spielte, hätte vier Tage nach seinem Wechsel zu Energie Cottbus theoretisch bei den Biermann-Allstars auflaufen können. Doch dazu kommt es nicht. „Ich fahre nicht zum Spiel, weil sonst andere Dinge als der eigentliche Grund im Vordergrund stehen würden", sagt Mattuschka am 1. September 2014.

Bei einem Zweitliga-Heimspiel von Union wird Mattuschka erst wieder am 8. März 2015 gegen den 1. FC Kaiserslautern (0:0) gesichtet. Mattuschka bringt die Cottbuser Mitspieler Max Oberschmidt, Patrick Wolf und Fanol Perdedaj mit und sitzt beim Spiel neben dem verletzten Union-Stürmer Sören Brandy auf der Tribüne. „Tusche-Comeback nach 189 Tagen", schreibt der *Berliner Kurier*. Im Stadion schüttelt Mattuschka viele Hände. Es spricht sich herum, dass der Ex-Kapitän erstmals wieder in seinem „Wohnzimmer" ist. Doch eine offizielle Begrüßung über den Stadionfunk gibt es nicht. Vergessen wird Mattuschka aber nie. Monatelang reisen seinetwegen Union-Fans zu Spielen von Energie Cottbus.

Ein weiterer „Annäherungsversuch" zwischen Mattuschka und Union scheitert am 29. Mai 2015 in Cottbus beim Spiel zwischen den Lausitzer Legenden des FC Energie Cottbus und der Traditionself des 1. FC Union Berlin (6:8). In dieser Partie steht das Comeback Mattuschkas im Union-Trikot bevor. Es ist abgesprochen, dass Mattuschka und Christian Beeck jeweils 40 Minuten für Cottbus und 40 für Union spielen. Doch nach einem 1:4-Rückstand der Energie-Oldies fällt das Überlaufen flach. Mattuschka und Beeck bleiben den Lausitzer Legenden bis zum Abpfiff treu. „Union war schon zu stark. Es ging nicht, die hätten Energie sonst kaputt geschossen. Es hat trotzdem Spaß gemacht", sagt Mattuschka der *B.Z.*

Die Absolution von Union erhält Mattuschka am 20. Januar 2016 im Berliner Velodrom. Auf der festlichen Mitgliederversammlung zum 50. Vereinsjubiläum mit 4.000 eingetragenen Anhängern und geladenen Gästen wird Mattuschka in der Rede von Präsident Dirk Zingler erwähnt. Die Fans applaudieren dem im Saal anwesenden Idol spontan. An diesem Abend erklingt auch sein Lied. Mattuschka und Frau Susanne, die im Ehrengastbereich sitzen, bekommen Gänsehaut. „Das habe ich nicht erwartet. Man sieht, dass ich nicht viel falsch gemacht habe", sagt Mattuschka der *Bild*-Zeitung.

Später in dieser langen Nacht steht Mattuschka gemeinsam mit den früheren Union-Stars Olaf Seier und Daniel Teixeira sowie Talent Eroll Zejnullahu in einer Talkrunde auf der Bühne. Mit Zejnullahu spielte Mattuschka noch bei den Eisernen zusammen. Auf der Festveranstaltung stellt Zingler öffentlich ein Abschiedsspiel für Mattuschka und Karim Benyamina in Aussicht. Mattuschka: „Das wusste ich vorher nicht."

Der Vertrag bei Energie ist futsch

Nach der Jubelarie bei Union hat Mattuschka im Frühjahr 2016 beim FC Energie fast nichts mehr zu feiern. Auch der neue Trainer Claus-Dieter Wollitz, der mit einer 0:5-Heimklatsche gegen die SG Sonnenhof Großaspach startet, kann das sinkende Schiff in den letzten fünf Spielen nicht mehr auf Kurs bringen.

Dabei hat Cottbus nach zwei 1:0-Auswärtssiegen – bei der zweiten Mannschaft des VfB Stuttgart und beim FC Rot-Weiß Erfurt – und einer Heimniederlage gegen die Würzburger Kickers (1:2) nach dem vorletzten Spieltag alle Trümpfe in der Hand. Die Mannschaft steht mit 41 Punkten auf dem letzten Nichtabstiegsrang. Jeweils einen Zähler dahinter sind Werder Bremen II und der SV Wehen Wiesbaden eigentlich klinisch tot. Aus eigener Kraft können diese Teams nicht mehr die Klasse halten, wenn Energie am letzten Spieltag gegen Mainz II gewinnt. Doch es kommt zum schlimmsten aller vorstellbaren Szenarien.

Bis zur 88. Minute sieht es nach dem Klassenerhalt aus. Durch zwei Tore von Kapitän Richard Sukuta-Pasu in der 57. und 78. Minute führt Energie mit 2:1. Die 13.841 Zuschauer verbreiten eine Stimmung wie zu Cottbuser Erstligazeiten. Doch mit dem 2:2 eine Minute vor dem Abpfiff zieht der Mainzer Fabian Kalig den Stecker. Im Stadion der Freundschaft herrscht um 15.22 Uhr plötzlich Totenstille. Die Schockstarre führt auch noch zum 2:3 durch Marcel Costly in der Nachspielzeit. Energie muss ausgerechnet im 50. Gründungsjahr erstmals in die 4. Liga runter, zusammen mit den Stuttgarter Kickers und Schlusslicht VfB Stuttgart II. Bremen II und Wehen Wiesbaden bleiben dagegen drin. Drei Punkte fehlen den Lausitzern am Ende. Viele Energie-Spieler weinen. Rund 150 teilweise vermummte Cottbuser Fans stürmen den Rasen. Die trauernden Energie-Kicker lassen sie glücklicherweise in Ruhe. Präsident Wolfgang Neubert ist fassungslos: „Die Gefühlslage ist unwirklich. Wir hatten einen Sechser im Lotto und haben vergessen, den Lottoschein abzugeben."

Mattuschka erlebt den Anpfiff und den Abpfiff dieser denkwürdigen Begegnung auf der Bank. Bereits in der zwölften Minute wird er für Patrick Breitkreuz eingewechselt, der sich einen Kreuzbandriss zuzieht. Mattuschka legt einen guten Auftritt hin. Beim Stand von 2:1 für Cottbus verlässt er aber drei Minuten vor Abpfiff den Rasen. Chefcoach Wollitz wechselt für ihn Talent Malte Karbstein ein. Von draußen sieht Mattuschka, wie Cottbus in den letzten Minuten Sieg und Klassenerhalt verspielt. „So wie ‚Tusche' auf der Bank saß, habe ich ihn noch nie gesehen", sagt Mattuschkas Trauzeuge Daniel Dubrau.

Natürlich stellt sich die Frage, warum so ein erfahrener Mann in so einer entscheidenden Phase eines überlebenswichtigen Spiels runtergeht? Mattuschka sagt, dass er Krämpfe hatte. Ob seine weitere Anwesenheit auf dem Platz geholfen hätte, ist hypothetisch. Aber vielleicht hätte Wollitz dem Routinier einfach Beine machen müssen. So ereilt Mattuschka sein faktisches Ende beim FC Energie tatenlos und ohnmächtig. Der Spielervertrag ist futsch. Denn er gilt nicht für die 4. Liga. „Das Allerschlimmste war der Abstieg", sagt Mattuschka. Seine Pläne, in der nachfolgenden Saison in der 3. Liga nur noch als Standby-Profi zur Verfügung zu stehen, sind dahin. Und für den Neuanfang mit einer verjüngten Mannschaft in der Regionalliga kommt Mattuschka für Wollitz nicht in Frage.

Schnell wird deutlich, dass auch Mattuschkas Anschlussvertrag wackelt. Wochenlang zieht sich die Entscheidung darüber hin. „Sein Vertrag als Spieler ist durch den Abstieg ungültig. Er hat einen Anschlussvertrag, allerdings müssen wir auf der Geschäftsstelle umstrukturieren. Es wird Einsparungen und Stellenkürzungen geben", sagt Präsiden Neubert der *Fußball-Woche* vom 23. Mai 2016. „Für Torsten tut es mir persönlich sehr leid. Er war auch Schüler bei mir. Aber noch können wir keine konkreten Gespräche mit ihm führen. Vorher müssen wir andere Hausaufgaben erledigen."

Mattuschka weiß selbst, dass sein Bleiben der Öffentlichkeit nicht zu vermitteln ist, wenn auf der Geschäftsstelle mehrere Angestellte ihren Job verlieren. Am 14. Juni 2016 verkündet Energie Cottbus per Pressemitteilung, dass Mattuschka darauf verzichtet, die Klausel für einen Anschlussvertrag zu ziehen. Energie dankt Mattuschka ausdrücklich und wünscht ihm bei der angedachten Fortsetzung seiner Karriere viel Erfolg. In der *Fußball-Woche* vom 20. Juni 2016 begründet Mattuschka den Verzicht auf die Klausel so: „Cottbus ist meine Heimatstadt und Energie mein Heimatverein. In der schwierigen finanziellen Situation des Vereins nach dem Abstieg will ich keinen Stress machen. Das wäre Wahnsinn. Deswegen haben wir offene Gespräche geführt. Wir haben eine Lösung gefunden, mit der beide Seiten leben können."

Mattuschkas sportliches Fazit nach zwei Jahren bei Energie fällt logischerweise schlecht aus, schließlich ist er erst zum zweiten Mal nach 2003 abgestiegen. „In Cottbus bin ich eigentlich gar nicht in mein Spiel gekommen. Die Dinge waren vorher anders besprochen. Ich brauche einen spielstarken Sechser, schnelle Spieler um mich herum, die Pille und Ballkontakte", erzählt Mattuschka. „Im ersten Jahr ging es noch mit Fanol Perdedaj und Manuel Zeitz hinter mir auf der Sechserposition. Im zweiten Jahr war die Mannschaft nicht gut zusammengestellt. Alle haben nur auf mich geschaut. Ich hatte aber nicht mehr die Lockerheit."

Der Spieler Mattuschka konnte Cottbus nicht mehr helfen. Als Mensch brachte er sich dennoch bis zum bitteren Ende voll ein. „In der Mannschaft sorgte er für gemeinsame Abende, ging in der Krise voran und stellte sich den Trainern und der Geschäftsführung zum Dialog. Mattuschka war beliebt in der Geschäftsstelle und wichtig in der Sponsorenpflege und bei öffentlichen Terminen", sagt der damalige Cottbuser Pressesprecher Lars

Töffling. „Er war immer offen, hatte stets ein offenes Ohr und brachte sich als Teamplayer ein. Ob er spielte oder draußen saß, ‚Tusche' murrte nie, er verbreitete keine schlechte Stimmung. Er verhielt sich vorbildlich."

KAPITEL 12

Letzte Ausfahrt Altglienicke

Ab Sommer 2016

Zurück in Berlin: Altglienicke hat einen neuen Star
Mitte Juni 2016 sorgt die VSG Altglienicke für eine Sensation. Der Berliner Meister und Aufsteiger in die NOFV-Oberliga Nord verpflichtet Torsten Mattuschka für zwei Jahre. Nach dem Abstieg mit Energie Cottbus kehrt der Mittelfeldmann damit nach Berlin zurück. Die VSG – ausgeschrieben Volkssport Gemeinschaft – hat schon einige Monate an Mattuschka gebaggert. Der 35-jährige Altstar ist sich für die 5. Liga nicht zu schade. „Dort ist das Gesamtpaket am besten. Sie haben sich um mich bemüht. Wir haben ein paar Dinge durchgesprochen", sagt Mattuschka der *Fußball-Woche* vom 20. Juni 2016. „Wir sind auf einen Nenner gekommen. Ich kann mich schließlich auch auf die Zeit nach meiner Karriere vorbereiten."

Die Verpflichtung Mattuschkas fädeln Daniel Böhm und Detlef Müller ein. Böhm ist als Trainer mit der VSG seit Mitte der 2000er Jahre mehrfach aufgestiegen, seit 2012 ist er Sportchef der Fußballer aus dem Südosten Berlins. Müller ist einer der Sponsoren der VSG. Ihn verbindet eine langjährige Freundschaft mit Böhm.

Böhm verstärkt die Mannschaft ganz gern mit prominenten Ex-Profis. Seit 2014 ist der frühere Bremer Bundesligakicker Francis Banecki dabei. 2015/16 gehört zum Kader das übergewichtige Enfant terrible Kevin Pannewitz, der bei Hansa Rostock seine besten Jahre hatte.

Das erste Treffen zwischen Mattuschka und den Verantwortlichen der VSG findet bereits im April 2016 statt. Böhm stellt Mattuschka die Frage, was passiert, wenn Cottbus aus der 3. Liga absteigt. „Die Chance, Torsten zu uns zu holen, war zu diesem Zeitpunkt gering", erinnert sich Böhm.

Müller und Böhm basteln aber weiter an ihrem Traum. Sie besuchen die letzten Heimspiele von Energie Cottbus. Sie sind auch beim Endspiel gegen den Abstieg am 14. Mai 2016 gegen den FSV Mainz 05 II im Stadion der Freundschaft dabei. Da der benötigte Sieg ausbleibt, steigt Cottbus ab.

„Wir saßen mit gemischten Gefühlen auf der Tribüne. Wir sind beim Ausgleich der Mainzer aufgestanden und haben uns zumindest abgeklatscht", sagt Müller. „Wir hätten Torsten aber auch gewünscht, dass er noch das eine Jahr in Cottbus spielen kann. Aber wir wollten ihn auch unbedingt haben."

Altglienicke zählt nicht nur wegen der Verpflichtung von Mattuschka, der das Kapitänsamt übernimmt, auf Anhieb zu den Staffelfavoriten für die neue Saison. Vom Regionalligisten BFC Dynamo kommen auch noch die Mittelfeldspieler Björn Brunnemann und Christian Preiß dazu. Im Kader tummeln sich zudem etliche Spieler, die die Nachwuchsabteilung des 1. FC Union Berlin durchlaufen haben. Hinsichtlich der Ambitionen seiner neuen Mannschaft ist sich Mattuschka im Sommer 2016 unsicher: „Ich kenne die Liga nicht. Aber wir wollen eine gute Rolle spielen. Altglienicke hatte schon in der Verbandsliga eine ganz gute Mannschaft. Ich will auf jeden Fall noch zwei erfolgreiche Jahre haben. Vielleicht können wir aufsteigen." Das wollen insgeheim auch Tennis Borussia und Regionalliga-Absteiger Optik Rathenow.

„Tusche" muss „arbeiten"

Die Zeiten, in denen Berater Jörg Neubauer die Verträge seines „Klienten" Torsten Mattuschka aushandelt, sind nach dem Abstieg von Energie Cottbus vorbei. 2016 muss Mattuschka sich mit Altglienicke selbst auseinandersetzen. „Wir waren uns aber schnell einig. Ich habe gesagt, was mir vorschwebt. Dann hieß es von Seiten der VSG: Das bekommen wir hin."

Mattuschka wird von Detlef Müller dafür bezahlt, dass er in Altglienicke Fußball spielt, Co-Trainer der A-Jugend ist und für Projekte von *Müller's Fanshop* zur Verfügung steht. Dazu gehören beispielsweise die Durchführung von Fußball-Camps oder die Übernahme von Schirmherrschaften im sportlichen Bereich.

Müller's Fanshop hat seinen unscheinbaren Hauptsitz in einer Nebenstraße in Berlin-Friedrichshagen. Doch auf dem Fanartikelmarkt ist er keine kleine Nummer. Müller wickelt das Merchandising für mehrere Eishockeyvereine wie die Eisbären Berlin, die Saale Bulls aus Halle und die Dresdner Eislöwen ab. Früher gehörten auch Fanartikel der inzwischen nicht mehr existierenden Profivereine Hamburg Freezers und HSV Hand-

Fanartikel der VSG Altglienicke

Heim-und Auswärtstrikot

je
34,- €

Handyschalen

Mousepads

je
10,- €

je
10,- €

normale Tasse
7,- €
Jumbo-Tasse
10,- €

Tusche-Tasse

VSG-Tasse

Diese und viele weitere Fanartikel von Torsten Mattuschka und der VSG Altglienicke finden Sie in unserem Onlineshop unter
www.vsgaltglienicke.muellersfanshop.org

Müller's Fanshop
Inh. Detlef Müller | Scharnweberstraße 70 | 12587 Berlin

ball zur Produktpalette. Haupt- und Kerngeschäft Müllers ist jedoch die Abwicklung des Merchandisings bei Sportveranstaltungen und Konzerten in drei großen Arenen Deutschlands: der Mercedes-Benz Arena Berlin, der Barclaycard Arena Hamburg und der TUI Arena Hannover. Wenn beispielsweise Justin Bieber in Berlin auftritt, setzt Detlef Müller schon mal über 100 Mitarbeiter ein, um exklusiv T-Shirts oder CDs an den geneigten Fan zu bringen.

Und da kommt Familie Mattuschka ins Spiel, in dem Fall Ehefrau Susanne. „Ich arbeite an fünf Tagen in der Woche für den Fanshop, drei Tage im Büro und zwei Tage im Homeoffice. Ich mache die vorbereitende Buchhaltung", sagt die Gattin des Fußballers. „In unserer jetzigen Situation nach der Einschulung unserer Tochter passt der Job perfekt. Ich kann Torsten öfter sehen. Das war auch ein Punkt bei unserer Rückkehr nach Berlin. Mein Mann wollte auf keinen Fall pendeln. Er wollte nicht auf der Autobahn sein, während wir allein zu Hause sitzen."

Müller kann es sich sicher leisten, die Mattuschkas für sich arbeiten zu lassen. Er kommt dem Fußballer und Menschen Torsten Mattuschka aber auch entgegen. „Wir wollen versuchen, ihn im Gespräch zu halten und zu einer Marke zu entwickeln", sagt Müller. „Wir möchten durch Torsten zudem mit der VSG Altglienicke vorankommen."

Ein Stück weit ist das gelungen. In der Oberliga verzeichnet der Verein im Vergleich zur Vorsaison eine drei- anstatt zweistellige Zuschauerzahl. Am 26. August 2016 kamen beim 2:1-Sieg gegen Tennis Borussia sogar 1.000 Besucher auf den Ausweichsportplatz an der Dörpfeldstraße. „Das Interesse ist durch ‚Tusche' viel größer geworden – in den Medien und den sozialen Netzwerken", sagt Sportchef Böhm. Detlef Müller berichtet, dass das Altglienicke-Trikot Mattuschkas mit der Rückennummer 34 zwischen Sommer 2016 und März 2017 rund 500-mal verkauft wurde.

Mattuschka kann (keine) Kopfballtore

Am 22. Oktober 2016 tut sich Ungeheuerliches beim Heimspiel der VSG Altglienicke gegen Grün-Weiss Brieselang. Torsten Mattuschka gelingt nicht nur sein erster Doppelpack in dieser Oberligasaison. Der Treffer zum 2:2-Endstand in der 72. Minute auf dem Sportplatz auf der Dörpfeldstraße ist sogar ein Kopfballtor. „Mattuschka rettet Remis", lautet die

Schlagzeile in der *Fußball-Woche*. Das seit 1924 erscheinende Fachblatt beschreibt den zweiten Treffer als Flugkopfball.

Das ist eigentlich schwer vorstellbar, denn Mattuschka ist beileibe kein Kopfballungeheuer, weder offensiv noch defensiv. Ein Video vom Spiel gegen Brieselang beweist, dass er die Kugel vom Elfmeterpunkt quasi aus dem Stand in die rechte Ecke wuchtet. Nicht einen Millimeter ist er gesprungen. „Ich habe überlegt, was mache ich: Fuß oder Kopf. Ich und Kopfballtore – das funktioniert eigentlich nicht. Ich bin nicht abgesprungen, sondern dagegengelaufen", sagt Mattuschka. Eigenen Angaben zufolge ist es erst das zweite Kopfballtor seiner Karriere im Männerbereich. Das andere gelang ihm in der Saison 2004/05 Jahre im Trikot von Energie Cottbus II: Am 16. Dezember 2004 hielt er seinen „Nischel" zum 1:0 bei Tennis Borussia hin. Statistisch gesehen macht Mattuschka also alle zwölf Jahre ein Kopfballtor. Der Zeitzeugenkreis ist exklusiv: Das Tor 2004 bei TeBe Berlin sahen 314 Zuschauer, 2016 waren bei der Partie gegen Brieselang 154 Besucher zugegen.

Für Altglienicke trifft Mattuschka also wieder mal mit dem Kopf. Zu Saisonbeginn 2016/17 kommt er aber nur schwer in die Gänge. Die fehlende Spielpraxis in Cottbus macht sich an den ersten Spieltagen bemerkbar. Erst zum Ende der Hinrunde fühlt sich Mattuschka richtig fit. Zur Winterpause ist er mit fünf Treffern der beste Torschütze seiner Elf, die als Herbstmeister Weihnachten feiert.

Mit der VSG gelingt Mattuschka zudem am 6. Dezember 2016 im Berliner Landespokal ein Achtungserfolg. Auf Kunstrasen im Stadion Altglienicke wird der Regionalligist Berliner AK 07 im Achtelfinale mit 3:1 nach Verlängerung ausgeschaltet. An diesem Tag sagt Sportchef Daniel Böhm über Mattuschka: „Er macht Doppelschichten und hat einen Personal Trainer. Wir werden es nicht schaffen, ihm einen Waschbrettbauch zu verpassen. Aber er ist fleißig und ein Vorreiter. Man sieht auch, dass er es bei uns nicht ausklingen lässt. Ich behaupte, dass er jetzt fitter ist als zu Cottbuser Zeiten und zum Ende seiner Karriere bei Union."

Gegenüber seiner Zeit als Profifußballer erlebt Mattuschka aber schon einige Umstellungen. Vormittagstraining ist eher die Ausnahme. Die vier Einheiten pro Woche finden am Abend statt. Dazu kommen zwei wöchentliche Termine im Fitnesscenter. Regelmäßig muss Mattuschka für Pflichtspiele auf Kunstrasen ran. Dass sich zu den Begegnungen oft nur 100 bis 150 Zuschauer einfinden, stört Mattuschka nicht: „Ich kenne das ja von früher."

Der Traum vom Einzug in die 1. Runde des DFB-Pokals bleibt Mattuschka 2017 verwehrt. Am 25. März 2017 verliert Altglienicke das Halbfinale im Landespokal gegen den Regionalligisten FC Viktoria 1889 deutlich mit 0:4. Immerhin kommen trotz der TV-Liveübertragung in Konferenzschaltung mit dem Brandenburger Halbfinale zwischen Optik Rathenow und Energie Cottbus (0:1) 528 Zuschauer ins Stadion Altglienicke. Sie sehen ein Duell der Union-Legenden Mattuschka und Karim Benyamina, das Benyamina mit zwei Toren klar für sich entscheidet. Unter den Zuschauern sind viele Union-Fans und frühere Weggefährten bei den Eisernen wie Christian Beeck und Holger Bahra.

Mattuschka ist noch heiß auf die Regionalliga. Ob er es mit Altglienicke tatsächlich bis zum Ende seines Vertrages in die 4. Liga schafft, wird sich zeigen. Bislang ist der Trainerstab mit ihm zufrieden. „Torsten hat sich extrem gesteigert. Er macht das, was wir erwartet haben. Er kämpft und führt die Truppe. Er bringt aber auch Lockerheit rein", sagt Dennis Kutrieb, der zusammen mit Simon Rösner die Mannschaft coacht.

Comeback im Union-Trikot

Am 14. Januar 2017 streift Mattuschka erstmals „offiziell" wieder das Trikot des 1. FC Union über. Er verstärkt beim AOK Traditionsmasters die Mannschaft seines Ex-Vereins. Für Freistoßspezialist Mattuschka werden sogar die Turnierregeln modifiziert. Der Berliner Fußball-Verband verschickt am 2. Dezember 2016 eine Pressemitteilung (!), in der auf eine Erweiterung der Turnierregel Nummer 17 hingewiesen wird: „Alle Freistöße sind indirekt auszuführen. Wird ein Spieler bei der Ausführung eines Freistoßes durch seine Fankurve mit einem eigenen Lied, welches seinen Namen trägt, unterstützt, so ist der Freistoß auch direkt ausführbar. Bedingung für diese Ausnahme ist, dass der Freistoß aus der eigenen Spielhälfte ausgeführt wird."

Ein eigenes Lied hat als Spieler eigentlich nur Mattuschka vorzuweisen. Die vielen Union-Fans unter den 8.000 Besuchern in der Berliner Max-Schmeling-Halle stimmen es am Turniertag auch etliche Male an. Der verlorene Sohn wird richtig abgefeiert. Die „Lex Mattuschka" endet allerdings mit einem kleinen Skandal: Im Halbfinale gegen Hertha BSC (5:2) versenkt Mattuschka gleich drei Freistöße direkt – allerdings aus der gegnerischen Hälfte. „Tusche ballert schon wieder Hertha weg", schreibt die *B.Z.* in Anlehnung an Mattuschkas Siegtreffer im Olympiastadion im Februar 2011.

Anno 2017 verzichtet Hertha auf einen Protest wegen der irregulären Mattuschka-Tore. Die Extraregel für Mattuschka ist halt für alle verwirrend. Dafür verzichtet Mattuschka nach Unions Endspielniederlage gegen Borussia Mönchengladbach (1:3) trotz seiner sechs Treffer auf die Torjägerkanone. Ihm bleiben aber die Auszeichnungen als bester Turnierspieler und Publikumsliebling. „Er hat sich hervorragend in die Mannschaft eingefügt. Torsten konnte nicht nur mit den Toren, sondern auch mit Vorlagen überzeugen. Er wird jetzt sicher häufiger in der Traditionsauswahl des 1. FC Union zum Einsatz kommen", sagt Union-Trainer Detlef Schwarz.

Einen Tag später, am 15. Januar 2017, soll „Tusche" beim 39. Regio-Cup der Berliner Regional- und Oberliga-Vereine für die VSG Altglienicke zaubern. Vor 2.730 Zuschauern in der Max-Schmeling-Halle wird die VSG sogar Turniersieger. Aber Mattuschka spielt nur auf Bitten der Turnierleitung für ein paar Minuten in der Vorrunde mit. Zudem verwandelt er im Halbfinale und Endspiel jeweils seine Versuche im Entscheidungsschießen. Mehr ist nicht drin. „Ich bin fest", sagt Mattuschka der *B.Z.* Die Adduktoren im Oberschenkel spielen nach der Galavorstellung an selber Stelle einen Tag zuvor nicht mehr mit ...

Der lange Weg zum Abschiedsspiel
Die Pressemitteilung des 1. FC Union vom 31. August 2014 zum Wechsel von Torsten Mattuschka zu Energie Cottbus endete mit diesen beiden Sätzen: „Die offizielle Verabschiedung von Torsten Mattuschka wird der 1. FC Union Berlin im Rahmen eines Abschiedsspiels nachholen. Ihm wird diese Ehre als zweitem Spieler nach Daniel Teixeira zuteil."

Präsident Dirk Zingler ist von dieser Planung auch nicht abgerückt, nachdem der Mattuschka-Abgang mit viel Theater verlief. Am 20. Januar 2016, auf der Mitgliederversammlung zum 50. Vereinsjubiläum, spricht er erneut von einem Abschiedsspiel für Mattuschka. „Kurz danach haben wir uns in einer Bar im Soho House in Berlin getroffen. Da habe ich gefragt, wie das aussehen kann und wann es stattfinden soll", berichtet Mattuschka. „Wir hatten es eigentlich für das Jahr 2016 im September geplant. Dann kam der Abstieg von Energie Cottbus dazwischen. Ich musste dann erst einmal schauen, wie es weitergeht."

Wenige Tage nach dem Abstieg des FC Energie im Mai 2016 treffen sich Zingler und Mattuschka erneut, diesmal in Berlin-Schöneweide. Mattuschka unterrichtet Zingler über seine Pläne mit Altglienicke. „Wenn Dirk den Wechsel nach Altglienicke nicht gut gefunden hätte, hätte ich es mir natürlich überlegt. Für mich ist es wichtig, dass ich nach meiner Zeit in Altglienicke im besten Fall wieder zu Union zurückkann", erzählt Mattuschka. Die Tür im Stadion An der Alten Försterei scheint für ihn weiterhin offen zu stehen. „Dirk Zingler hat gesagt, dass es für mich immer einen Weg zurück gibt. Ich soll erst einmal meine Trainerscheine machen und mich weiter qualifizieren."

Stadionaktionär und Vereinsmitglied bei Union ist Mattuschka immer noch. Er trat 2014 nicht aus, als er Köpenick verließ. 2016 wurde er mit zwölf Monaten Verspätung für seine zehnjährige Mitgliedschaft per Post geehrt. Die Sekretärin Zinglers fragte Mattuschka vorher nach der Adresse.

Auf der ordentlichen Mitgliederversammlung des Vereins am 30. November 2016 wird Zingler von einem Mitglied zum Abschiedsspiel Mattuschkas befragt. Zingler traut sich nicht, einen Termin zu nennen. Die Partie gegen die Union-Profis soll aber in der Saison 2016/17 stattfinden. Zingler strebt ein gemeinsames Abschiedsspiel von Mattuschka und Unions Rekordtorschützen Karim Benyamina an. Der zunächst für Ende Mai 2017 geplante Termin scheitert aber an der akuten Aufstiegsgefahr der aktuellen Union-Profis. Denen „drohen" zu diesem Zeitpunkt Relegationsspiele zur 1. Liga, was eine langfristige Planung erschwert. Jetzt ist der 2. September 2017 ins Auge gefasst.

Benyamina hat sechs Jahre nach seinem Abgang bei Union sicher nicht mehr mit einer solchen Ehre gerechnet. „Ich finde nicht gut, dass Torsten sein Abschiedsspiel zusammen mit Karim Benyamina austragen wird. Meiner Meinung nach hätte er ein Spiel allein erhalten müssen", sagt Mattuschka-Berater Jörg Neubauer.

Mattuschkas früherer Mitspieler Marco Gebhardt bezeichnet es als „überragend", dass Zingler das Abschiedsspiel für Mattuschka im Januar

2016 wieder anspricht. „Dann gibt es ein Happy End. Das wird eine emotionale Sache", glaubt Gebhardt. Für Susanne Mattuschka kann ein Traum doch noch Wirklichkeit werden: „Für mich ist Torsten Union – und Union Torsten. Ich hatte vor Augen, dass er dort seine Karriere beendet und zum Abschiedsspiel mit Miley an der Hand vom Rasen geht."

„Er hätte eine Bundesligakarriere hingelegt"
Interview mit Mattuschka-Berater Jörg Neubauer

Jörg Neubauer, Jahrgang 1962, kennt alle Geheimnisse des Profis Torsten Mattuschka. Seit 2002 ist er der Berater des Fußballers. Nicht immer lagen Neubauer und Mattuschka auf einer Wellenlänge.

Herr Neubauer, wie und wann kam es zur Zusammenarbeit mit Torsten Mattuschka?
„Im August 2002 sprach mich der bereits von mir beratene Spieler Christian Beeck bezüglich Torsten Mattuschka an. Beide spielten bei Energie Cottbus. Ich habe mich dann mit Torsten unterhalten, der sich dann von seinem bisherigen Berater Bodo Fietze trennte."

Haben Sie Mattuschka zuvor in Spielen beobachtet?
„Nein, ich habe der sportlichen Einschätzung meines Spielers Christian Beeck vertraut. Er hielt Torsten für bundesligatauglich. Insofern wurde er zum Thema für mich."

2005 wechselte Mattuschka von Cottbus zum 1. FC Union. Wie lief das ab? Gab es noch andere Angebote?
„Im Juni 2005 haben wir uns mit Union in Verbindung gesetzt. Zudem gab es 2004 und 2005 Interesse von Dynamo Dresden. Dynamo-Trainer Christoph Franke hat sich bei mir wegen Torsten am 6. Mai 2004 gemeldet. 2005 fragte Dynamo erneut nach. Aber zu Verhandlungen ist es nicht gekommen. Am 9. Juni 2005 habe ich mich mit Unions Sportchef Lothar Hamann über Torsten unterhalten, wie der Vertrag aussehen kann. Wir sind relativ schnell übereingekommen. Am 22. Juni 2005 war der Zweijahresvertrag unterschrieben."

Unter Trainer Christian Schreier kam Mattuschka 2006/07 überhaupt nicht klar. War die erste Saison unter Uwe Neuhaus so etwas wie Mattuschkas letzte Chance?
„Die Spielzeit unter Schreier hat Torsten nicht gutgetan. Torsten drohte der absolute Karriereknick. Er bekam im Sommer 2007 bei Union nur noch einen Einjahresvertrag, mit dem er gerade so seine fixen Kosten bestreiten konnte. Sowohl Unions Teammanager Christian Beeck als auch ich waren uns einig, dass Torsten erst einmal über die Leistung kommen muss."

Was heißt das?
„,Tusche' erhielt eine ganz schmale monatliche Grundvergütung, die maximal für die Miete, Telefon und Auto reichte – vielleicht auch noch für Brot und Butter. Aber für Wurst musste er Prämien einspielen. Das habe ich ihm auf der Trainingsfläche klargemacht, die heute ein Parkplatz am Stadion An der Alten Försterei ist. Ich sagte damals zu ihm: ,Tusche'! Das ist das Angebot, und es gibt kein anderes. Das, was du hier brutto bekommst, kannst du in Guben sicherlich netto kriegen. Aber dann ist deine Karriere zu Ende. Guben war für mich als Berliner dasselbe wie Dissenchen."

Wie fiel seine Reaktion aus?
„Ich gab ihm eine Nacht Zeit, darüber nachzudenken. Aber so lange hat es nicht gedauert. Noch am Abend rief er mich an und sagte, dass er es weiter bei Union versuchen würde. Den Vertrag hat er nur Christian Beeck und mir zu verdanken. Denn der neue Trainer Uwe Neuhaus hatte Torsten eigentlich schon abgeschrieben."

Konnten und mussten Sie Mattuschka manchmal ins Gewissen reden?
„Ich habe ihm immer deutlich gemacht, was es bedeutet, Fußball zu spielen. Er hat 272 Punktspiele für Union bestritten. Für mich sind das 272 Erstligapartien, die er verpasst hat. Mit seinen Fähigkeiten hätte er diese Partien eigentlich in der Bundesliga bestreiten müssen. Sicherlich hat ihm für die Bundesliga das Tempo gefehlt. Aber wenn er die Hinweise aller ihm wohlgesinnten Leute ernst genommen hätte, hätte er eine Bundesligakarriere hingelegt. Dabei bleibe ich."

Wann hätte er denn dafür Union verlassen sollen?
„Gar nicht. Er konnte Union nicht verlassen, weil er seine vorhandene Qualität nicht nachhaltig auf den Rasen gebracht hat. Es gab auch nie Angebote. Viele Vereine werden vielleicht gespürt haben, dass er genau im richtigen Verein kickt. Manche Spieler können nur in einem Verein spielen."

Sie beraten und berieten Akteure wie René Adler, Sergej Barbarez, Steffen Baumgart, Jérôme Boateng, Leon Goretzka, Sebastian Deisler, Sami Khedira und Christoph Metzelder. Passt ein Typ wie Mattuschka in so eine Reihe?
„Metzelder als durchschnittlich talentierter Spieler machte beispielsweise eine tolle Karriere, weil er eine professionelle Einstellung besaß. Er wusste genau, worauf es ankommt im Profifußball. Deisler hat seine Laufbahn in jungen Jahren beenden müssen, weil er es psychisch nicht verkraftete. Mattuschka hätte mehr erreichen können. Trotzdem passt er rein. Ich habe ihn weiter in der 2. Liga begleitet. Dass wir nicht immer einer Meinung waren, sah man daran, dass ich ihm 2014 dringendst davon abgeraten habe, nach Cottbus zu gehen. Er hat für sich selbst einen anderen Weg gewählt. Aber ich bin eben nur der Berater, der Spieler entscheidet. Ich habe seine Entscheidung mitgetragen, obwohl ich wusste, dass sie falsch war."

Warum passten Trainer Uwe Neuhaus und Mattuschka so gut zusammen?
„Oft ist es ja so, dass unterschiedliche Typen gut miteinander harmonieren. Und Uwe Neuhaus hat als Fußball-Lehrer auch von ‚Tusches' Ideen und Spielvermögen profitiert – und sei es durch ein Freistoßtor."

Was sprach dafür, dass Mattuschka 2010 Kapitän beim 1. FC Union wurde?
„Auf jeden Fall nicht, dass er der Lustigste in der Mannschaft war, sondern weil er sportlich eine ganze Menge auf dem Kasten hatte."

Sie sind häufig zu Gast im Berliner Olympiastadion. Haben Sie dort im Februar 2011 auch Mattuschkas 2:1-Siegtreffer gegen Hertha BSC gesehen?
„Leider Gottes nicht live. Im Februar bin ich immer in den USA zum Super Bowl. Aber ich habe es im TV verfolgt, durch die Zeitverschiebung früh morgens. Durch dieses Tor wird er immer einen festen Platz in der Union-Geschichte haben. Das wird jeden Fan immer bewegen."

Haben Sie ihn auch noch in Cottbus und Altglienicke betreut?
„Den Vertrag mit Cottbus habe ich ausgehandelt. Für die 3. Liga war der Vertrag überragend. Ich bin weiterhin sein Berater und für ihn da, wenn er es mag. Aber das mit Altglienicke musste er selbst verhandeln."

Beruht seine Popularität gerade darauf, dass er nicht alles perfekt gemacht hat?
„Die rührt aus seiner Leidenschaft und Leistung für Union. Er ist einer von den ganz Großen des Vereins."

Wird er auch nach seiner Karriere im Fußballgeschäft bleiben?
„Das muss er selbst herausfinden. Für mich gehört er zu Union. Wenn ich der Verein wäre, würde ich diesen Jungen schnellstens zurückholen."

KAPITEL 13

Der Blick in die Zukunft

Heute

Erste Schritte als Trainer
Schon in seiner letzten Phase bei Energie Cottbus zwischen 2014 und 2016 fasst Torsten Mattuschka ein Dasein als Übungsleiter nach dem Ende seiner aktiven Laufbahn ins Auge. „Ich kann mir schon einen Trainerjob vorstellen, aber erst einmal als Co-Trainer. Ich glaube, dass ich der perfekte Co-Trainer sein könnte: Ich bringe Spaß rein und habe viel erlebt. Das wäre cool", sagt Mattuschka im März 2015.

Bei Energie kommt Mattuschka nicht mehr dazu, sich im Nachwuchsbereich einzubringen. In Altglienicke ist es Bestandteil seines Jobs. Unter Chefcoach Jürgen Franz agiert Mattuschka als Co-Trainer der A-Jugend. Die Mannschaft gehört in der Saison 2016/17 in der Landesliga-Staffel 1 zu den Aufstiegskandidaten. Anfang April 2017 steht sie auf Platz drei. „Wenn alle da sind, haben wir eine vernünftige Truppe. Aber es sind ein paar Pflegefälle dabei. Es geht einem auf die Eier, wenn immer dieselben zu spät kommen", sagt Mattuschka. „Da könnte man wahnsinnig werden. Die Jonnys kommen dann auch noch ganz cool angelaufen mit ihren 17 Jahren. Ich quatsche schon locker mit ihnen. Jürgen Franz ist da anders."

Die Heranwachsenden dürfen „Tusche" zum früheren Profi sagen. Wenn Spiele der ersten Männermannschaft und der A-Jugend parallel stattfinden, fehlt Mattuschka dem Nachwuchs. Das ist auch der Fall, wenn beide Teams wie in der Sommervorbereitung parallel trainieren. „Man muss berücksichtigen, dass Torsten manchmal wegen einer Besprechung der Oberliga-Mannschaft nur eine halbe Stunde zur Verfügung steht. Das ist dann doof für ihn, weil er gern dabei ist", sagt Franz.

Der 1960 in Berlin geborene A-Lizenz-Inhaber berichtet, dass es zwischen Mattuschka und ihm keine Liebe auf den ersten Blick war – aber gegenseitiger Respekt. Inzwischen haben beide längst ein freundschaftliches Verhältnis. Die Mischung scheint zu stimmen. Franz blickt auf eine 30-jährige Trainererfahrung zurück, sechs Jahre lang davon bei den Frauen des 1. FC Lübars in der 2. Bundesliga. Mattuschka kann Ereignisse in seiner Profikarriere reflektieren. Franz, der in der Regel bei den Partien an der Seitenlinie steht, ist der Lautere und Strengere von beiden. „‚Tusche' ist manchmal sehr direkt, aber er verzeiht schneller", sagt Franz. Mal schauen, ob es später einen Cheftrainer Torsten Mattuschka geben wird. Für Mutter Christa ist er schon auf dem richtigen Weg: „Ich würde mir wünschen, dass er etwas mit der Jugend macht."

Mit seinem Bekanntheitsgrad könnte Mattuschka sicher punkten, wenn er nebenbei noch Lehrgänge zum Erwerb von Trainerlizenzen absolvieren würde. „Ich will meine Trainerscheine machen. Das wird aber noch genau besprochen. Ich muss sehen, ob die Aufgabe als Trainer mein Ding ist", berichtet Mattuschka.

Mit jüngeren Spielern erlebt Mattuschka in den Oktoberferien 2016 eine intensive Woche auf dem Sportplatz Alter Schönefelder Weg in Altglienicke. 48 Kinder und Jugendliche tummeln sich in „Tusches Fußball-Camp". Zum Trainerstab gehören neben Mattuschka auch die Ex-Profis Björn Brunnemann und Francis Banecki. Auch sie spielen bei Altglienicke. Mattuschka schnürt in fünf Tagen so viele Fußballschuhe wie nie zuvor in seinem Leben. Bei den Kleinsten sind die Senkel ständig offen. Aber alle ziehen mit. Ein Höhepunkt ist „Tusches Freistoß-Training".

Mattuschka hat Spaß, er ist nach der Woche aber richtig platt. „Man muss immer aufpassen. Die Kleinen hauen sich schnell mal eine. Ab dem zweiten Tag haben sie gespurt. Wenn sie auf Toilette gehen, melden sie sich vorher ab", sagt Mattuschka. In den Osterferien im April 2017 findet die zweite Auflage von „Tusches Fußball-Camp" statt.

Medial hat sich Mattuschka auch eingerichtet. Seine offizielle Facebook-Seite hat im Frühjahr 2017 über 10.000 Follower. Für den Rundfunk Berlin-Brandenburg (RBB) spricht er wöchentlich in Online-Videos in der *Tuschelyse* über regionalen Fußball. Mattuschka stellt sich breit auf. Sein Berater Jörg Neubauer wünscht sich, dass Mattuschka irgendwann wieder für den 1. FC Union arbeitet: „Ich hoffe sehr für ihn und den Verein, dass beide Seiten nochmal zusammenkommen. Mattuschka und Union: Das gehört für mich einhundertprozentig zusammen. Torsten hat mir aber diesbezüglich von Gesprächen mit Präsident Dirk Zingler berichtet."

Der Clan aus Merzdorf muss warten
Familie Mattuschka ist seit dem Sommer 2016 in Berlin-Schmöckwitz zu Hause. Die ruhelose Zeit in Cottbus ist Geschichte. „Ich staune selbst, wie wir das hinbekommen haben. In Cottbus sind wir innerhalb von zwei Jahren dreimal umgezogen. Unsere Tochter nahm das ganz schön mit. Sie hat sich jetzt hier in Schmöckwitz super eingelebt", sagt Susanne Mattuschka. „Miley ist in der ersten Klasse angekommen und wird von einer tollen Lehrerin unterrichtet. In Cottbus hat sie sich wie ich nie so richtig wohlgefühlt. Miley jammerte oft, dass sie zurück nach Berlin möchte."

Torsten Mattuschka genießt das Leben als Amateurkicker, auch wenn sein Ehrgeiz immer noch groß ist. Seine helle markante Stimme ist bei den Punktspielen der VSG Altglienicke sehr gut zu hören. Wer weiß, vielleicht gelingt tatsächlich noch der Aufstieg in die Regionalliga?

Mattuschka reist gern mit Freunden durch die Gegend. 2016 besucht er beispielsweise Christoph Kramer bei Borussia Mönchengladbach oder den ehemaligen Unioner Adam Nemec bei Dinamo Bukarest. Er schaut sich Champions-League-Spiele von Bayern München vor Ort oder bei den Jungs in Merzdorf an. Regelmäßig drückt er dem 1. FC Union die Daumen. Ende 2016 fliegt er mit zehn Freunden in knallbunten Anzügen zur Darts-WM nach London. Hat er nach 14 Jahren des Profidaseins etwas nachzuholen? „Nein, er war schon immer viel unterwegs. Ich kenne das ja nicht anders", sagt Ehefrau Susanne. „Es ist nicht einfach für mich, aber ich lasse ihn ziehen. Ich weiß ja, dass er immer gern zurückkommt."

Mattuschka hat oft betont, dass er nach dem Ende seiner Karriere wieder mit seinen alten Kumpels in Merzdorf Fußball spielen will. Das ist durch die Rückkehr nach Berlin jetzt wieder schwieriger geworden. In diesem Fall legt Susanne ihr Veto ein. „Ich verbiete ihm sonst nichts, aber das kann er vergessen. Wir wohnen jetzt in Berlin", sagt Susanne Mattuschka. Sie weiß, dass solche Fußballabende regelmäßig im Partykeller von Robert Zeitz enden würden.

Der Clan aus Merzdorf muss auf den Spieler Mattuschka wohl warten. In der Woche wird Mattuschka aber weiter regelmäßig an den Stätten seiner Jugend auftauchen. Mit den Freunden hat sich Mattuschka nie gestritten. Mattuschka liefert dafür keinen Anlass. „Wenn ihm etwas nicht passt, lässt es sich der Hund ja nicht anmerken. Das kann er gut.

Er mag keinen Stress", meint Zeitz. Trauzeuge Daniel Dubrau überlegt einen Moment auf die Frage, wann er mal Streit mit Mattuschka hatte, und erklärt: „Mir fällt keiner ein." Mattuschka lacht und sagt: „Ich bin schwierig aus der Reserve zu locken. Wir sind aber alle schmerzfrei."

„In letzter Zeit fängt er auch an, Staub zu saugen"
Interview mit Susanne Mattuschka

Susanne Mattuschka ist seit dem Silvestertag 2011 mit Torsten Mattuschka verheiratet. Ihre gemeinsame Tochter Miley kam am 5. Juli 2010 zur Welt. Wie es sich mit einem Typen wie Mattuschka lebt, verriet die 1980 in Spremberg geborene Sekretärin und Buchhalterin im März 2017.

Frau Mattuschka, wie hält man es mit einem Quatschkopf wie Torsten Mattuschka aus?
„Nur sehr schwer. Das geht nur mit sehr viel Liebe."

Wann und wie haben Sie ihn kennengelernt? Wie lief das erste Date?
„Ich habe Torsten im Januar über das Internet bei studiVZ kennengelernt. Ich hatte mich gerade frisch von meinem Partner getrennt und habe bei einer Bekannten gewohnt. Torsten ist aus Berlin nach Cottbus gekommen und hat mich abgeholt. Er stand draußen mit seinem weißen VW Tiguan. Als ich zur Tür herausging, kam er mir entgegen. Es war ein bisschen so, als wenn der Prinz mit dem weißen Pferd käme. Ich habe ihn gesehen, und es hat gleich klick gemacht. Mir war irgendwie klar: Der ist es. Wir sind in Cottbus in den „Stadtwächter" zum Essen gegangen. Für mich gab es ein großes Schnitzel und ein Cola-Bier. Dann haben wir gequatscht, und ich musste dann noch mal los, weil ich einen Auftritt hatte. Torsten ist mit seinen Kumpels in die Disco gegangen."

Es gab immer das Gerücht, dass Sie eine Tänzerin gewesen seien …
„Ich war in der Tat ein Go-go-Girl, aber keine Stripperin. Als Nebenjob habe ich das in Cottbus und Umgebung gemacht."

Wussten Sie, wen Sie mit Mattuschka vor sich hatten?
„Nein. Er hat mir später gestanden, dass er bei studiVZ den Mädels immer den gleichen Spruch geschickt hat. Ich habe ihn aber vor dem ersten Treffen abgecheckt. Ich sah in seinem Profil, dass er mit meiner besten Freundin Marika Wieder befreundet ist. Es stellte sich heraus, dass sie seine Großcousine ist. Ich fragte Marika, wie Torsten so drauf ist. Sie meinte, dass ich ihn nehmen kann, und hat mich in der Familie gleich willkommen geheißen."

Wie hat er Ihnen seinen Alltag als Fußballer erklärt?
„Gar nicht, er hat damals auch nur in der 3. Liga gespielt. Und Fußball war uninteressant für mich. Ich wusste auch nichts von seiner gerade erst zu Ende gegangenen Beziehung. Darüber war zwar in den Medien berichtet worden. Ich bekam das aber nicht mit."

Was hat sich für Sie durch die Beziehung zu Torsten geändert?
„Als wir im Frühjahr 2009 fest zusammengekommen sind, hatte ich gerade meine Wohnung in Cottbus neu bezogen. Wir haben uns aber regelmäßig gesehen. Torsten fuhr oft zu mir oder ich zu ihm. Im Mai 2009 sind wir das erste Mal zusammen in den Urlaub gefahren. Im November 2009 wurde ich schwanger und bin zu Torsten nach Berlin gezogen."

Welches war Ihr erstes Spiel, das Sie von ihm live gesehen haben?
„Ich kann das nicht mehr genau sagen. Aber es fand im Jahn-Sportpark in Berlin statt. Fußball ist für mich nicht so wichtig. Ich weiß auch nie, gegen wen er am Wochenende spielt."

Wie ist es, eine Spielerfrau zu sein?
„Normal, für mich hat sich nicht so viel geändert. Ich sehe mich nicht anders als vorher – und auch nicht als typische Spielerfrau."

Hat es Vor- und Nachteile?
„In der Jobsuche gibt es zum einen Nachteile. Wenn ich mich auf eigene Faust irgendwo beworben habe, gab es beim Blick auf meinen Nachnamen schon mal die Frage, wie lange ich überhaupt in der Stadt bleibe –

falls Torsten den Verein wechselt. In anderen Dingen ist es förderlich. Aber man muss sich dann umso mehr beweisen. Um zu zeigen, dass ich den Job nicht nur bekommen habe, weil ich Frau Mattuschka bin. Aber man kann durch Torstens Kontakte an einige Dinge auch eher herankommen."

Mussten Sie lernen, damit umzugehen, dass Mattuschka auch viele weibliche Fans hat?
„Nein, das geht an mir völlig vorbei. Bei uns hat auch noch niemand an der Haustür geklingelt."

Kann Torsten überhaupt ernsthaft sein?
„Selten bis nie. Er ist ein Kind geblieben. Vom Kopf her ist er gefühlt zwölf Jahre alt. Nicht mal, wenn wir uns streiten, wird er ernst. Er schafft es immer, dass ich dann irgendwann lachen muss. Selbst unserer Tochter ist das schon aufgefallen. Wenn wir streiten, hält dieser Zustand nie lange an."

Was mögen Sie besonders an ihm?
„Seinen Humor und Optimismus. Ich bin genau das Gegenteil. Aber er zieht mich mit. Er reicht schon, wenn er mir zu Hause den Schwanensee macht."

Kann er tanzen und kochen?
„Tanzen ein bisschen, die Annemarie-Polka. Aber er schafft es nicht mehr, mich durch die Luft zu schwingen oder zu drehen. Beim Kochen beschränkt er sich auf das Auftauen von Mischgemüse."

Wie packt er im Haushalt an?
„Er bringt den Müll raus und räumt den Geschirrspüler leer. In letzter Zeit fängt er auch an, Staub zu saugen."

Welche Hobbys besitzt er?
„Fernsehgucken, *Fußball-Manager* spielen und schlafen. Zum Geburtstag habe ich ihm einige Male den neuesten *Manager* geschenkt. Dadurch kamen wir uns beim Fernsehen selten in die Quere, wenn er auf der Couch spielte."

Schauen Sie zusammen Liebesfilme?
„Nein. Abgesehen vom Hochzeitsantrag ist Torsten wenig romantisch. Mich interessiert das aber auch nicht. Zusammen sehen wir den *Bachelor*, *Germany's next Topmodel* und *4 Hochzeiten und eine Traumreise*. Bei der Hochzeitssendung hat Torsten schon mal mitgemacht und im Stadion An der Alten Försterei die Ringe überreicht."

Kann Torsten Mattuschka weinen?
„Das kommt selten vor. Er soll bei unserer Hochzeit feuchte Augen gehabt haben, bevor ich in den Raum kam. Er wird sentimental, wenn es um seine Großeltern geht. Er ist insgesamt ein sehr fröhlicher Mensch. Gänsehaut bekommt er, wenn bei Gesangswettbewerben im Fernsehen junge Künstler starke Auftritte hinlegen."

Ist er eitel?
„Auf jeden Fall. Im Bad braucht er länger als ich. Und wenn er ausgeht, fragt er mich mehrfach, was er anziehen soll. Er gelt sich die Haare und macht und tut. Da kann er mir schon auf den Keks gehen."

Leidet er unter der Morgenmuffel-Krankheit?
„Nein, er steht einfach auf und legt los."

Könnten Sie ihn manchmal auf den Mond schießen?
„Einmal täglich mindestens. Er ist mir manchmal zu laut. Manchmal stänkert er mit Miley und mir rum. Er findet es lustig, wenn er uns necken kann."

Konnten Sie ihm 2014 bei seiner Entscheidung, Union zu verlassen, irgendwie helfen?
„Ich habe Torsten gesagt, dass ich mit ihm überall hingehe. Ich wollte meinen Mann nicht aufhalten. Das mache ich nie. Ich wusste auch, dass er alles für uns macht. Das hat er immer wieder betont. Ich habe ihm gesagt, wie ich das sehe. Entscheiden musste er es letztendlich allein."

Die Zeit des Leistungsfußballs ist vorbei. Fehlt ihm die große Bühne?
„Nein, überhaupt nicht. Er ist ja nicht jemand, der den Mittelpunkt sucht. Es ist eher so, dass sich die Leute um ihn scharen. Da hat er irgendwie eine

Aura. Er ist auch schon immer ein Glückskind gewesen. Er braucht nicht viel, um glücklich zu sein. Er hat ja immer gesagt, dass er auch als Maler und Lackierer hätte arbeiten können."

Hat er denn zu Hause schon mal gemalert?
„Nein, das schafft er nicht. Er hat auch noch keinen Nagel in die Wand gehauen – und wenn, dann schief. Das muss ich machen."

Jetzt wohnen Sie in Berlin-Schmöckwitz? Bleibt das so?
„Die aktuelle Wohnung ist sicher nicht die letzte Lösung, weil sie etwas zu klein ist. Aber ich kann mir nicht schon wieder einen Umzug in ein Haus vorstellen. Ich brauche auch mal Ruhe. Ich bin eigentlich ein geerdeter Mensch, der wissen will, was in fünf Jahren passiert. Aber das geht ja mit Torsten nicht. Da musste ich mich umstellen. Miley wurde jetzt hier eingeschult. Da will ich sie auch nicht mehr herausholen."

Immer wieder Björn Brunnemann!

Im Fußballerleben von Torsten Mattuschka gibt es eine Konstante: Immer wieder trifft er in unterschiedlichen Vereinen auf Björn Brunnemann. Beide sind 1980 geboren. Erstmals finden sie 1993 in der Landesauswahl Brandenburg zueinander. Mattuschka spielt bei Energie Cottbus, Brunnemann bei seinem Heimatverein Blau-Weiß Wusterhausen. „Im Rahmen eines Trainingslagers mit der Landesauswahl in Uckley haben wir im Alter von 13 Jahren am Flipperautomaten gespielt und ein Fünf-Mark-Stück nach dem anderen versenkt. Da haben wir jeden Tag gezockt", erinnert sich Brunnemann.

Drei, vier Trainingslager in Vorbereitung auf den Länderpokal in Duisburg absolvieren Brunnemann und Mattuschka als Teenager zusammen. Dann verlieren sie sich erst einmal aus den Augen – bis zum Wiedersehen bei Energie Cottbus im Sommer 2003. Mattuschka spielt nach seinem Ausschluss bei Energie Cottbus zwischen 1996 und Ende 2001 bei Rot-Weiss Merzdorf und dem SV Dissenchen. Brunnemann kickt beim MSV Neuruppin und Hansa Rostock II.

Bei Energie sind sie 2003 schnell wieder ein Herz und eine Seele. „Wir sind aus dem gleichen Holz geschnitzt. Es hat nicht lange gedauert, bis wir wieder zusammengefunden haben", sagt Brunnemann. „Wir waren ziemlich oft zusammen – auch bei seinen Großeltern in Merzdorf." Während Mattuschka in der Regel nur bei Energie II ran darf, kommt Brunnemann in zwei Spielzeiten immerhin auf 31 Zweitliga-Einsätze.

Im Sommer 2005 verlassen die beiden Freunde Cottbus. Mattuschka wird Unioner. Brunnemann spielt zwei Jahre in der drittklassigen Regionalliga Nord beim FC Rot-Weiß Erfurt. Es folgen zwei Zweitligajahre beim FC St. Pauli.

Zwischen 2009 und 2011 stehen Mattuschka und Brunnemann nach dem Aufstieg des 1. FC Union in die 2. Liga wieder gemeinsam auf einer Bühne. „Tusche hat mir in der Kabine neben sich einen Platz frei gehalten. Die Freude war groß, und wir haben uns direkt wieder verstanden", berichtet Brunnemann.

In den nächsten 24 Monaten erlebt Brunnemann, wie Mattuschka bei Union zum Kapitän und nach seinem Siegtor gegen Hertha BSC zum Derby-Helden aufsteigt. „Das Mattuschka-Lied habe ich gern mitgesungen. Das war eine coole Sache. Und für Torsten persönlich ist es natürlich geil, wenn die Fans ein Lied für ihn anstimmen. Das singen wir im Freundeskreis heute immer noch", sagt Brunnemann.

Zwischen 2011 und 2016 gehen Mattuschka und Brunnemann noch einmal getrennte Wege. Brunnemann verdingt sich bei den Regionalligisten Berliner AK 07 und BFC Dynamo. Mattuschka wechselt 2014 von Union zu Energie Cottbus. Das Duo kommt aber privat regelmäßig zusammen. Ab dem Sommer 2016 heißt ihr gemeinsamer Hotspot VSG Altglienicke. Weil Mattuschka mit Cottbus absteigt, schließt sich der „Brunne-Tusche-Kreis" zum vierten Mal – aber unabhängig voneinander. Denn Brunnemann ist mit VSG-Sportchef Daniel Böhm schon im Februar, März 2016 handelseinig.

Jetzt sitzen beide bei den Spielen von Altglienicke wieder nebeneinander in der Kabine. „Wir kennen uns seit über 20 Jahren. Es ist schön, dass wir unsere Karriere zusammen ausklingen lassen", sagt Brunnemann. Mattuschka hat vom Dauerkumpel auch noch nicht genug: „Er ist ein Supertyp und genauso verrückt wie ich." 2018 laufen die Verträge von Mattuschka und Brunnemann aus. Was dann passiert, ist offen. Brunnemann sagt, dass man ja nicht so einfach aufhören kann. Wer weiß, vielleicht kicken die beiden ja auch noch irgendwo bei den Alten Herren zusammen.

Thomas „Lehmy" Lehmann: ein Fan packt aus

Thomas Lehmann ist ein Weltreisender in Sachen Fußball. Der 1969 in Berlin geborene Bühnenbauer und Tickethändler sieht Spiele auf fast allen Kontinenten und berichtet darüber ausführlich auf Facebook. Bei Welt- und Europameisterschaften taucht er regelmäßig auf, um die englische Nationalelf zum ersten Titel seit 1966 zu brüllen. Weltweit faszinieren ihn Derbys. Seine Sympathien gehören Tottenham Hotspur, den Glasgow Rangers und dem 1. FC Union. Dort steht er von Kindheit an in der Kurve. In der Saison 1997/98 springt er sogar mal für einige Monate bei den Union-Profis im Training als Torwart ein, weil sich während der Amtszeit von Chefcoach Ingo Weniger mehrere Torhüter verletzen. Am 12. Mai 1998 tritt Union deshalb bei Lehmanns Heimatverein Kickers Hirschgarten zu einem „Dankeschön-Spiel" an. Die Eisernen gewinnen beim Nachfolgeverein von Chemie Köpenick mit 9:1.

Seit Sommer 2016 sieht man „Lehmy" aber auffallend oft bei der VSG Altglienicke. Er friert sich bei den Landespokalspielen gegen den Berliner AK (3:1 n.V.) und den Berliner SC (4:0) abends bei Funzelflutlicht die Füße ab. Quasi direkt nach einer weiteren Fußballreise durch Südamerika taucht er zum Pokal-Halbfinale gegen Viktoria 89 (0:4) im Stadion Altglienicke auf.

Wie manch anderer Union-Fan schaut er sich die Spiele des Fünftligisten an, weil dort Torsten Mattuschka kickt. „Ich hatte bei Union schon immer einen ganz guten Kontakt zu den Spielern. Irgendwann kam Torsten Mattuschka dazu", berichtet Lehmann. „Wir haben in der Kneipe auch mal ein Bierchen getrunken. Seit der Saison 2009/10 kann man von einer Freundschaft sprechen."

Lehmann erzählt, dass Mattuschka einen Pfeil im Kopf habe. Er sei aber natürlicher als alle anderen, die bei Union rumrennen würden. „‚Tusche' ist ein Star und trotzdem behandelt er alle gleich, egal ob es sich um ein kleines Kind, einen normalen Fan oder einen Behinderten handelt", findet Lehmann. „So einen trifft man nicht an jeder Ecke. Er ist authentisch.

Wenn Torsten nicht Fußball spielen würde, würde er regemäßig vor der Kaufhalle sitzen, ein Bierchen trinken und jede Reise mitmachen."

Mattuschkas ruhmlosen Abgang bei Union im Sommer 2014 hat Lehmann bis heute nicht verdaut. Er fragt sich immer noch, wie Norbert Düwel als Trainer auf die Agenda eines Vereins wie Union kommen konnte.

Diesen Klub trägt er seit über 40 Jahren in seinem Herzen. Einen Mitgliedsantrag hat er bislang nicht ausgefüllt, weil er immer etwas zu mäkeln habe. Mit einigen Entscheidungen sei er nicht einverstanden gewesen. „Ich glaube, dass 90 Prozent der Fans die Verpflichtung von Düwel kritisch sahen. Ich war damals bei der Abschlussfahrt von zwölf Union-Spielern auf Mallorca dabei, als Union Düwel als Trainer auf einer Pressekonferenz vorgestellt hat. Wir saßen zusammen mit den Fußballern des FC St. Pauli und des SC Paderborn am Strand", erinnert sich Lehmann. „Ich hatte als Einziger ein Handy dabei und erhielt so die Information, wer neuer Trainer bei Union geworden ist. Als ich den Namen Düwel in die Runde geworfen habe, konnte das keiner glauben. Ich wurde aufgefordert, den richtigen Namen zu sagen. Rund 50 Vollprofis kannten Düwel nicht. Nur Fabian Boll von St. Pauli wusste, dass er mal bei Hannover 96 Co-Trainer war."

Lehmann gehört zu den Leuten, die Mattuschka überreden wollen, seine neun Jahre bei Union wegen Düwel nicht einfach wegzuschmeißen. Lehmann findet, dass „Tusche" in diesem Fall einen längeren Atem hätte haben müssen. Doch Mattuschka zieht das Ding allein durch. Lehmann blutet das Herz. Dennoch organisiert er am 16. Oktober 2014 den Umzug der Familie Mattuschka von Berlin nach Cottbus.

Lehmann würde es begrüßen, wenn Union und Mattuschka irgendwann wieder zusammenfinden. „Normalerweise müsste Union so einen Typ, so eine Ikone wie Mattuschka beschäftigen", glaubt Lehmann. „Er könnte jede Woche Sponsoren besuchen und die bei Laune halten. Mattuschka könnte wie kein Zweiter Union nach außen verkaufen." Bis es dazu vielleicht kommt, wird Lehmann Spiele der Mannschaften von Mattuschka besuchen und in Erinnerungen schwelgen.

Wie in der vom 17. Dezember 2012. Mattuschka ist beim Auswärtsspiel Unions bei Eintracht Braunschweig (3:4) nach dem Erhalt der fünften Verwarnung gesperrt. Thomas Lehmann und der mit ihm geschäftlich verbundene spätere Mattuschka-Sponsor Detlef Müller kommen auf die Idee, dass Mattuschka wegen der Sperre in einem von ihnen organisierten Fanbus mitfahren könne. Nachdem Trainer Uwe Neuhaus nichts dagegen hat, sind die knapp 60 Plätze im „Tusche-Express" ruckzuck ausverkauft. „Das Handy stand nicht mehr still. Wir hätten mit zehn Hängern fahren können", erzählt Lehmann. Auf der zweistündigen Fahrt unterschreibt Mattuschka alles, was ihm die Anhänger hinhalten. Selbstverständlich sieht sich Mattuschka die Partie dann noch aus der Fankurve an.

Im Oktober 2013 organisieren Mattuschka und Lehmann am freien Wochenende zusammen eine Mottoparty zum 33. Geburtstag von Susanne und Torsten Mattuschka im Köpenicker Eiche-Casino. Mattuschka kommt wie viele Mitspieler und Freunde als Frau verkleidet. Weibliche Gäste verwandeln sich in Männer. Nicht alle Roben sind jugendfrei, aber die 70 Partyjünger haben ihren Spaß. „Ein Großteil der Mannschaft und viele Freunde erschienen mit den grandiosesten Kostümen, man prostete sich zu. Aber erst nach dem Lüften der Perücken erkannte man, wer einem gegenüberstand", sagt Lehmann.

Bis sechs Uhr morgens geht es rund. Mattuschka fährt dennoch wenige Stunden später in ein Tonstudio in der Nalepastraße. Dort wird der von Roland Krispin und Christoph Thiel komponierte Song „Wir sind Union" von Prominenten wie Dirk Zöllner und Angelika Mann eingesungen. Mattuschka mischt ebenfalls gesanglich mit – oder versucht es zumindest. Seine Fingernägel sind von der nächtlichen Party immer noch lackiert. Um die Stimme zu ölen, ruft der Union-Kapitän nach verrichteter Gesangsarbeit einen Teil seiner Kumpels zurück ins Eiche-Casino zum Frühschoppen.

Thomas Lehmann und Torsten Mattuschka verbringen zudem seit 2009 viele gemeinsame Fußballabende, zweimal reisen sie im Trupp zur Darts-WM nach London. „Auf Lehmy ist Verlass. Mit ihm hat man jede Menge Spaß", sagt Mattuschka. „Wir haben mal besprochen, dass wir irgendwann zusammen zum Fußball nach Argentinien reisen."

KAPITEL 14

Die Lausbubengeschichten des Torsten M.

Torsten Mattuschka ist bekannt für seine Streiche und Witze. Eine Auswahl soll diese Biografie abrunden. Mattuschka zählt auf jeden Fall zu den größten Spaßvögeln der Branche. Dem Vernehmen nach hat sich das nach dem Ende seiner Profikarriere nicht geändert ...

Der Po-Blitzer von Köpenick
Am 15. Juli 2010 steht beim 1. FC Union der offizielle Fototermin an. Im Stadion An der Alten Försterei werden das Mannschaftsfoto und die Porträtaufnahmen der Spieler geschossen. Nichts Besonderes also. Allerdings gelingt Fotograf Harald Ottke ein ungewöhnlicher Schnappschuss, als er bei der Aufstellung der Spieler zum Mannschaftsfoto hinter der letzten Reihe nach dem etwas anderen Motiv sucht. Das bietet ihm unverhofft Torsten Mattuschka, der kurzerhand für ein paar Sekunden seinen Hintern entblößt. Die neben ihm stehenden Teamkollegen Bernd Rauw und Christoph Menz feixen. „Das war nicht einkalkuliert. So wie ich bin, war ich schon immer. Ich habe stets das rausgehauen und gemacht, was ich denke. Ob das manchmal gut ist oder nicht", schaut Mattuschka zurück. „Und den Fotografen kannte ich überhaupt nicht. Ich wusste nicht, dass der Typ die Bilder an eine Zeitung schickt. Da war ich blauäugig."
Vom Fotografen spricht am nächsten Tag niemand, aber Mattuschkas Hintern ist Stadtgespräch. Er erscheint nämlich ziemlich groß in der *Bild*. Die Überschrift lautet: „Au, Backe! Ist das Unions offizielles Mannschafts-Poster?", wobei die zwei Buchstaben „Po" in roter Schrift hervorgehoben sind.
Die Bewertung der Aktion fällt unterschiedlich aus. „Das mit dem Foto war eher eine humoristische Einlage", sagt Mattuschka-Berater Jörg Neubauer. Mattuschkas Mutter Christa wird in Cottbus während der Arbeit darauf angesprochen: „Typisch Torsten, haben meine Kolleginnen gesagt.

Was hat dein Sohn denn da wieder gucken lassen?" Die Begeisterung von Unions sportlicher Führungsriege hält sich dagegen in Grenzen. Christian Beeck, damals Teammanager, sieht das heute locker – 2010 weniger: „Alle außerhalb des Vereins fanden das lustig, für uns als Verantwortliche war es eine Katastrophe. Wir sind wahnsinnig geworden. Natürlich gab es Gespräche mit ihm, dass das in der Form nicht geht", sagt Beeck. „Aber Torsten ist immer aus allem heil herausgekommen, weil er seine Leistung gebracht hat. ‚Tusche' hat sich allerdings mit solchen Aktionen auch ein Stück weit unter Druck gesetzt, weil er dann noch mehr Leistung abliefern musste."

Brisant ist, dass Mattuschka ausgerechnet bei der Trainingseinheit am Tag des Fotoshootings von Trainer Uwe Neuhaus gefragt wird, ob er sich vorstellen kann, Kapitän zu werden. 24 Stunden später wird erst einmal Mattuschkas Hintern in der Zeitung veröffentlicht. Co-Trainer André Hofschneider fragt Mattuschka, wie man ihn da zum Spielführer machen soll. „In der Kabine habe ich die Zeitung aufgemacht und sehe meinen Hintern. Ich dachte, na super", erzählt Mattuschka. „Ich musste zu Christian Beeck und Strafe zahlen. Ich glaube, es waren 1.000 oder 1.500 Euro. Im Endeffekt hat mich Uwe Neuhaus trotzdem zum Kapitän gemacht."

Neuhaus kann heute darüber schmunzeln. Er meint, dass man bei Mattuschka immer mit so etwas rechnen musste. „Als wir mal ein Motivationsvideo während unserer Life Kinetik in der Halle gedreht haben, zeigte er während der Ansprache in die Kamera der Dame hinten auch seinen Hintern", berichtet Neuhaus 2017.

Winterdienst à la Mattuschka

Ab dem 28. Dezember 2010 wird beim 1. FC Union schon wieder trainiert, weil das erste Rückrundenspiel bereits am 14. Januar 2011 daheim gegen Alemannia Aachen (2:1) stattfindet. In diesem Winter ist in Köpenick sehr viel Schnee gefallen. Am 30. Dezember 2010 macht Torsten Mattuschka nach seiner Streptokokkenerkrankung infolge einer Knöchelverletzung zusammen mit Offensivmann Santi Kolk und Fitnesstrainer Dirk Keller einen Waldlauf.

Das ist dem Union-Kapitän aber offensichtlich nicht genug. Er beginnt mit dem Winterdienst à la Mattuschka und schnappt sich einen

Schneeschieber. Aber Mattuschka kommt erst gar nicht in den Sinn, die weiße Pracht zu räumen. Sein Ziel ist es, das direkt am Kabinencontainer stehende Auto von Mitspieler Christian Stuff mit Schnee voll zu schippen. Mattuschka arbeitet akribisch. Sein Schneewalzer dauert über 20 Minuten. Er gibt sich richtig Mühe, dass danach weder die Räder noch die Seitenspiegel zu sehen sind. „Das war geil", sagt Mattuschka im Rückblick.

Den ruhigen Zeitgenossen Stuff foppt Mattuschka ganz gern. Doch in diesem Fall bringt „Stuffi" das nicht aus der Ruhe. Das Unheil, das er vom Containerfenster zur Waldseite beobachtet, ist am Ende gar nicht so groß. „Nach ein, zwei Minuten war mein Auto wieder frei. Der Aufwand von Tusche war viel größer", sagt Stuff. Er braust davon, während der ausgepowerte Mattuschka noch unter der Dusche steht.

Heiße Schlüpfer – eiskalte Töppen
Sören Brandy spielt beim 1. FC Union Berlin vom Sommer 2013 bis zum 31. August 2014 zusammen mit Torsten Mattuschka. Der Stürmer lobt Mattuschkas überragende Persönlichkeit und seine Fähigkeiten als Fußballer. „Er war ein toller Kapitän, der immer ein offenes Ohr hatte – auch für die jüngeren Spieler", sagt Brandy. „Er ist ein riesengroßer Spaßvogel, er hat für gute Stimmung in der Kabine gesorgt. Und wenn es um die Wurst ging, war er ein richtiger Anführer."

Legendär seien Mattuschkas Streiche gewesen, schmunzelt Brandy. „Es verging kein Tag, an dem es keinen Scherz von Torsten gab. Ich bin zum Glück meistens verschont geblieben", sagt Brandy und verrät: „Er hat beispielsweise Wärmesalbe in Schuhe oder Unterhosen geschmiert." Mattuschka gesteht den Einsatz von Finalgon. „Das hat dann ordentlich gebrannt", feixt er.

Zusammen mit Stürmer Karim Benyamina treibt Mattuschka auch mit Mittelfeldmann Salvatore Rogoli sein Unwesen, der im Kalenderjahr 2006 bei Union spielt. Es wird aber nicht heiß, sondern frostig. „Wir haben einmal die Töppen von Salvatore eine halbe Stunde vor dem Training komplett mit Wasser gefüllt und ins Tiefkühlfach gepackt. Fünf Minuten vor dem Training wollte Salvi seine Schuhe anziehen", erzählt Benyamina. „Er fand sie aber nicht. Er ist hilflos rumgerannt. Eine Minute vor Trainingsbeginn haben wir ihm gesagt, wo sie sind. Er hat dann zwei Eisklötze herausgeholt und ist ausgerastet."

So begrüßt der Kapitän
Verteidiger Toni Leistner wechselt im Sommer 2014 von Dynamo Dresden zum 1. FC Union. Viel Zeit hat er nicht, um Torsten Mattuschka kennenzulernen. Denn der flüchtet schon Ende August 2014 nach Cottbus. Aber einen bleibenden Eindruck hinterlässt „Tusche" trotzdem. „Mattuschka ist auf jeden Fall der lustigste Mannschaftskollege gewesen, den ich je hatte", sagt Leistner. „Ich habe noch nie einen erwachsenen Menschen gesehen, der so viel lustigen Blödsinn macht wie er."

Für Neuzugänge ist es in der Regel ein kleiner Kulturschock, wenn sie zu Union kommen und auf Torsten Mattuschka treffen. „Was ist das denn für ein verrückter Vogel, habe ich nach meinem ersten Training bei Union im Sommer 2008 gedacht", berichtet Unions langjähriger Linksverteidiger Patrick Kohlmann. „Dass ich mich mit Mattuschka mal gut verstehen würde, hätte ich nicht geglaubt. Von der Persönlichkeit her ist er ja das komplette Gegenteil von meiner Person."

Kohlmann stößt vom FC Rot-Weiß Erfurt zu Union. Für den vom Naturell sehr zurückhaltenden Kicker ist es anfänglich schon schwierig, mit Mattuschkas Humor klarzukommen. Er kann nicht einschätzen, was Mattuschka ernst meint. „Der haut Sprüche raus, egal, ob man ihn kennt oder nicht! Teilweise sind die unter der Gürtellinie, aber immer lustig gemeint", erzählt Kohlmann. „Als neuer Spieler muss man das erst einmal einordnen können. Es ist nicht ganz so einfach, wenn man am ersten Tag nach seiner Freundin und bevorzugten Liebespraktiken gefragt wird. Das habe ich häufig bei jüngeren Spielern erlebt."

Wer den Union-Kapitän Mattuschka vorher nur aus der Presse oder dem Fernsehen kannte, muss bei so einer Begrüßung erst einmal schlucken. „Da sind einige mit hochrotem Kopf einfach nur sitzen geblieben und haben keinen Ton hervorgebracht. Die Fragen stellt ‚Tusche' auch quer durch den Raum. Von Diskretion brauchen wir da nicht reden", sagt Kohlmann.

Im Laufe der Zeit würden die Spieler aber merken, dass Mattuschka ein ehrlicher, authentischer Typ ist. „Er ist auch ein total liebenswerter Kerl. Privat hat er auch nicht nur Unsinn im Kopf. Man kann vernünftige

Sachen mit ihm besprechen", erzählt Kohlmann. „Unsere Frauen haben sich auch angefreundet. Wir haben Kinder im selben Alter."

Den Media Markt leergeschossen

Christoph Menz spielt zwischen 2007 und 2013 in der Männermannschaft des 1. FC Union. Der in der Verteidigung und im Mittelfeld einsetzbare Allrounder gesteht: „Man kann absolut sagen, dass ich ein Spezi von Torsten Mattuschka war. Tusche zeichnet aus, dass er wirklich jeden gleich behandelt. Das traf auch auf mich als 18-jährigen Nachwuchsspieler zu. Viele mögen Mattuschka, weil er für jeden ein offenes Ohr hat." Freunde werden sie durch ihre gemeinsame Leidenschaft für das PC-Spiel *Fußball-Manager*. Dadurch kommen Mattuschka und Menz ins Gespräch. Sie treffen sich bald oft privat, um ihrer kleinen Spielsucht zu frönen.

Am 11. Juni 2013 verlassen sie das Haus gemeinsam, um bei Media Markt in Waltersdorf im südöstlichen Speckgürtel Berlins ein großes Ding zu starten. Der Elektronik- und Technikmarkt veranstaltet ein Torwandschießen. Die einzige Spielregel lautet: Wer das relativ große Loch in der Mitte der Wand trifft, bekommt das Geld für im Media Markt erworbene Produkte eins zu eins zurück. „Christoph und ich sind jeweils mit 3.000 Euro hingegangen. Wir wollten uns beide einen Fernseher für knapp 2.000 Euro und eine Soundanlage für rund 600 Euro schießen", sagt Mattuschka.

Für den letzten Tag dieser Aktion hat sich der Union-Kapitän extra vernünftige Schuhe angezogen, um mit der Innenseite schießen zu können. Mit vier Quittungen für die Fernseher und Soundanlagen kommen Menz und Mattuschka aus dem Markt. Die Torwand ist draußen im Freien auf der Straße aufgebaut. Pro Zettel ist ein Versuch erlaubt. Menz lässt Mattuschka auch für sich antreten. Wofür hat man denn einen Spezialisten für Standardsituationen als Kumpel? Mattuschka legt Wert darauf, unparteiisch zu sein. „Ich wollte vor den Schüssen nicht wissen, ob es sich um Sachen für mich oder Christoph handelte. Ich habe gleich zwei- oder dreimal getroffen", erzählt Mattuschka.

Für die erfolgreichen Treffer gibt es im Media Markt für die jeweiligen Kassenzettel das Geld sofort bar zurück. Die Kohle geben Mattuschka und Menz dann umgehend wieder aus und kehren mit den Quittungen postwendend zurück an die Torwand. „,Tusche' hat ordentlich getroffen. Wir haben dort fast einen halben Tag verbracht. Es waren bestimmt fünf, sechs Stunden", sagt Menz lachend.

Irgendwann wissen die Verkäufer im Media Markt, um wen es sich bei dem schießwütigen Kunden handelt. Doch es gibt kein Halten mehr. „Ich habe dann Susanne angerufen, was wir noch brauchen", sagt Mattuschka. Bei 16 Versuchen ist Mattuschka elfmal erfolgreich. Neben zwei großen Fernsehern und zwei Soundanlagen holen die Profis am Ende noch zwei Drucker, eine Kaffeemaschine, vier iPads, eine Wii mit mehreren Lenkrädern für das Videospiel *Mario Kart*, eine Videokamera und ein Handy heraus. „Wir haben für rund 8.000 Euro Zeug geschossen. Jeder hat 2.000 Euro ausgegeben", sagt Mattuschka. Der Gewinn betrug also 4.000 Euro.

Einer Familie von Union-Fans, die ihn um Schusshilfe bittet, kann Mattuschka jedoch nicht weiterhelfen: Er verzieht. Kurz vor 19 Uhr kommt ein Mitarbeiter von Media Markt auf Mattuschka zu und sagt zu ihm: „Können Sie mal bitte aufhören!"

Mattuschka und Menz packen ein. Im Haus von Mattuschka wird die erzockte Ware für Fotos aufgestellt. Die Aufnahmen sind bis heute auf der Facebook-Seite von Christoph Menz zu sehen.

Vorsicht: scharf und salzig!

Anderen Leuten scharfes Zeug ins Essen zu machen, gehört zu den Spezialitäten von Torsten Mattuschka. Dafür setzt er gern *1 Million Scoville Sauce* ein. „Da fliegt einem die Schnauze weg", grinst Mattuschka. Fast alle in Mattuschkas Umkreis sind darauf schon hereingefallen. Bei Union traf es beispielsweise Christoph Menz und Torwart Marcel Höttecke. Der Autor dieser Zeilen kann bestätigen, dass ein Glas Milch schnell für Linderung sorgt. Er wurde Opfer bei Mattuschkas Junggesellenabschied …

Am 27. Januar 2012 sind die Union-Spieler Marcel Höttecke, Christian Stuff, Markus Karl und Torsten Mattuschka Stargäste im Kochstudio in der Brandenburg-Halle der *Grünen Woche* in Berlin. Schick sehen sie aus mit ihren weißen Kochmützen. Das Quartett filetiert beim Schaukochen Forellen und brutzelt Kartoffelrösti. „Mattuschka brät Fisch ab", schreibt die *Bild*. Aber für einen Besucher der *Grünen Woche* gibt es noch eine Extrabeilage. „Wir haben immer auf kleinen Tellern serviert und bei einem Typen etwas von der scharfen Soße mit raufgetan", verrät Mattuschka 2017. „Der hat sich erst einmal eine Flasche aus dem Rucksack genommen und gesoffen. Später kam er an unserem Stand mit einem Glas Milch vorbei. Wir konnten nicht mehr vor Lachen."

Am 5. Mai 2012, einen Tag vor Unions Saisonfinale bei Energie Cottbus (1:2), wollen Mattuschka und Torwarttrainer Holger Bahra Unions Videoanalysten Daniel Stenz eins auswischen. „Wir haben etwas zusammen ausgeklügelt. ‚Tusche' brachte das scharfe Zeug mit, und ich habe es dem Stenz beim Abendbrot im Teamhotel in Cottbus reingekippt. Es hat funktioniert", berichtet Bahra.

Mattuschka mag's aber nicht nur scharf. Gern bringt er auch Salz und Pfeffer zum Einsatz. Bei ihm darf sich die Mannschaft nie sicher sein. „Irgendetwas ins Essen oder Trinken zu mischen, ist ‚Tusches' Welt. Im Trainingslager war es irgendwann so weit, dass man sein Glas nicht mehr aus den Augen gelassen hat", erzählt Verteidiger Patrick Kohlmann. „Es konnte auch mehr Salz als gewohnt im Essen sein. Aber mich hat er immer verschont. Häufiger waren die jüngeren Spieler oder Christoph Menz dran."

Karim Benyamina bestätigt die lauernde Gefahr, die Mattuschkas Anwesenheit beim Essen darstellt. „Er hat immer den Salzstreuer so weit aufgedreht, dass beim Benutzen zu viel herauskam. Sobald man mal vom Tisch aufstand und dann wieder zurückkam, hatte man ein komisches Gefühl."

Wenn im Hotelzimmer die Bombe einschlägt

Trainingslager sind anstrengend. Aber im Fall von Torsten Mattuschka geben die Aufenthalte im Hotel noch mehr Möglichkeiten zum Quatsch machen. „In jedem Trainingslager haben wir von einigen Spielern die Zimmer ausgeräumt oder alle Sachen und Gegenstände in Toilettenpapier eingewickelt", sagt Mattuschka lachend. „Oder wir haben die Betten, Stühle und Tische komplett aus dem Zimmer rausgeräumt und irgendwo in den nächsten Raum gestellt." Am letzten Tag des Trainingslagers werden auch gern noch mal die bereits reisefertigen Taschen ausgeräumt und die Sachen durch die Gegend gefeuert.

Karim Benyamina erzählt von einem Union-Trainingslager in den 2000er Jahren in der Türkei, bei dem Unions langjähriger Physiotherapeut Frank Placzek zum Opfer der Fußballer wird. „Guido Spork, ‚Tusche' und ich sind am letzten Abend bei Physiotherapeut Frank Placzek ins Zimmer gegangen und haben es komplett auf den Kopf gestellt. Wir haben die Matratzen und Stühle im Raum verteilt. Es sah so aus, als wäre da eine Bombe eingeschlagen", beichtet Benyamina. „Wir sind dann auf unsere Zimmer gegangen. Irgendwann haben wir Frank nur brüllen hören: Mattuschka, Spork, Benyamina! Wo seid ihr? Er hatte uns sofort im Verdacht. Wir haben aber gesagt, dass wir es nicht gewesen seien."

Die Tradition, Hotelzimmer zu verwüsten, setzt Mattuschka im Januar 2015 auch bei Energie Cottbus fort. Dort hat er mit Mitspielern Fitnesstrainer Christian Behring auf dem Kieker. Sie lassen sein Zimmer so aussehen, als ob dort eingebrochen worden sei. „Der kam runter in die Lobby gerannt. Wir sollten die Polizei rufen", sagt Mattuschka. „Wir hatten die Matratzen verschoben, sein Handy und sein iPad im Schrank versteckt, die Balkontür angelehnt und die Taschen ausgeräumt."

Nach Flügen lässt Mattuschka in der Regel vom allerjüngsten Spieler völlig sinnlos die Bordkarten aller Mitglieder des Kaders einsammeln. Den Trick hat er von Holger Bahra übernommen, der als junger Kerl beim 1. FC Magdeburg so reingelegt wurde.

Homeshopping Energie

Beim FC Energie Cottbus macht Torsten Mattuschka in den beiden Spielzeiten 2014/15 und 2015/16 sportlich keine leichte Zeit durch. Aber seinen Spaß hat der Rückkehrer dennoch. „Seine Witze und Sprüche waren unübertroffen. Sein iPhone platzte vor Schabernack", erinnert sich Lars Töffling. Der damalige Energie-Pressesprecher bittet im November 2014 Mattuschka und Mitspieler Sven Michel, sechs Produkte aus dem Fanartikelsortiment der Cottbuser vor laufender Kamera zu bewerben – ohne Skript und vorherige Probe. „‚Tusche' und Michel stellten sich da hin und schüttelten zehn Minuten Sitcom aus dem Ärmel", berichtet Töffling. „Es ist das meistgeklickte Cottbuser Vereinsvideo der vergangenen Jahre." Über 12.000 Nutzer haben sich bis heute über die gegenseitigen Frotzeleien von Michel und Mattuschka schlapp gelacht.

Mattuschka lässt auch ein bisschen den Ossi raushängen. Den Adventskalender bewirbt er als „Blockschokolade" mit nussigem Abgang. Das Energie-Trikot bezeichnet er als „Nicki".

Konkrete Streiche will Töffling nicht ausplaudern. Er sagt aber: „Bei allem Spaß ist Torsten Mattuschka kein Spinner, Schnösel oder Stänkerer. Sein Humor ist eher die Situationskomik."

Der Stinkefinger von Sandhausen
25. März 2014: Der 1. FC Union spielt beim SV Sandhausen. Kapitän Torsten Mattuschka gehört erstmals in der Rückrunde 2013/14 nicht zur Startelf. Der Autor dieses Buchs ist wie bei jedem Union-Spiel vor Ort und dokumentiert die Bankrolle Mattuschkas mit der Kamera. Mattuschka bemerkt das und macht aus Spaß den doppelten Stinkefinger. Neben ihm feixt sich Benjamin Köhler eins. Die TV-Zuschauer zu Hause sehen bei Sky aber nur Mattuschka in Großaufnahme – mit der obszönen Geste. Sie wissen nicht um den an sich harmlosen Hintergrund. Der eine oder andere wird denken, dass Mattuschka so seinem Frust gegenüber Trainer Uwe Neuhaus Ausdruck verleiht. Frau Susanne ist zu Hause am Bildschirm entsetzt: „Ich fand es ungezogen", sagt sie heute noch.

Konsequenzen gibt es 2014 in Sandhausen aber nicht. Er wird nach 71 Minuten für Damir Kreilach eingewechselt. Die 1:2-Niederlage, die die letzten Aufstiegsträume Unions beendet, kann er aber nicht mehr verhindern.

Sockenschuss in der Kabine
Shergo Biran sitzt zwischen Januar 2008 und Sommer 2010 neben Torsten Mattuschka in der Union-Kabine. Auch der Stürmer kann von Mattuschka-Scherzen berichten. „Wenn ich duschen war, hat mir Torsten mehrere Male von meinen frischen Wechselsocken die Zehen abgeschnitten", erzählt Biran. „Natürlich haben dann alle gelacht, als beim Anziehen der Strümpfe meine Zehen vorn herausgeschaut haben." Biran lacht mit und steigt barfuß in seine Schuhe.

Fußballern, die gern auf den letzten Drücker zum Training kommen, verpasst Mattuschka auf lustige Weise Denkzettel. Einen bekommt

Karim Benyamina ab. Bevor der Stürmer zum Training erscheint, verstecken sich alle Spieler im Zimmer der Physiotherapeuten. „Wir haben Karim über Mannschaftsleiter Detlef Schneeweiß ausrichten lassen, dass Videoanalyse ist", sagt Mattuschka. „Vom Fenster aus konnten wir sehen, wie Karim zum Mediencontainer rannte. Wir haben uns schön beeiert."

Unions ehemaliger Sportdirektor und Teammanager sagt, dass Mattuschka gern Party machte und am Saisonende nach Mallorca fuhr. „Aber er schlug nicht über die Stränge. Ich kann mich nicht erinnern, dass er mal unpünktlich zum Training kam", sagt Beeck.

Aber auch Mattuschka wird mal von seinen Mitspielern aufgezogen. Der defensive Mittelfeldmann Dominic Peitz, der zwischen 2009 und 2011 das Union-Trikot trägt, tauscht eines Tages einfach mal zwei Nummern im Handy von Mattuschka aus. Er ersetzt die von Teammanager Beeck durch seine eigene. Mattuschka: „Ich habe dann eine vermeintliche SMS-Nachricht erhalten, dass ich rüberkommen soll in die Geschäftsstelle. Habe ich auch gemacht. Aber Beeck war gar nicht da."

Naschen? Nur heimlich!
Torsten Mattuschka sieht in Privatklamotten durchaus schlank aus. Aber sobald er ein Fußballtrikot überzieht, ändert sich das. „Das ist nicht sein Style", findet Schwester Katja. „Mit Trikots sieht er immer dick aus", meint Mutter Christa. Ein bisschen sei das auch Veranlagung.

Mattuschka wird deshalb zum Kultkicker mit Herz und Plauze. Waschbrettbäuche haben nur die Mitspieler. „Das ist nun mal so. Aber was soll ich machen?", fragt Mattuschka. Er ist eben wie der Typ von nebenan, nur, dass er überdurchschnittlich gut Fußball spielen kann. Gerade das führt vielleicht zu seiner bis heute anhaltenden Popularität.

Man kann Mattuschka schon mal am Handy erwischen, während er gerade eine Bestellung am Drive-in-Schalter von McDonald's aufgibt. Er nascht auch gern. Ehefrau Susanne verrät, dass Tusche auf Kinder Riegel, Yogurette und Chips steht. In der Sommer- und Wintervorbereitung, die viel Körner kostet, schlägt Mattuschka in Trainingslagern heimlich zu. „Da hatte ich immer Schokolade dabei. Beim Büffet habe ich das Süße lieber weggelassen. Da haben ja alle drauf geschaut, ob ich mir was hole", gesteht

Mattuschka. „Ich habe lieber auf dem Zimmer Schokolade gefressen. Ein oder zwei Riegel reichten mir dann."

Schuhtick und Rituale

2001 bestreitet der übergewichtige Siebtliga-Kicker Torsten Mattuschka sein legendäres Bewerbungsspiel bei Energie Cottbus mit weißen Schuhen von Adidas. „Da war ich auf dem Dorf noch der Gott, da konnte ich mir noch extravagante Schuhe leisten", grinst er. Aber diese Marotte treibt ihm Trainerlegende Eduard Geyer bei den Cottbuser Profis aus. „Als ich oben bei Energie dabei war, habe ich mir das abgewöhnt. Geyer sagte immer: Ihr könnt nicht geradeaus laufen, habt aber bunte Schuhe an. Da habe ich immer probiert, unten schwarz zu bleiben", erzählt Mattuschka.

Das ist bis heute so geblieben. Schwarze Töppen gibt es aber nicht immer. Mattuschka besprüht und übermalt deshalb in Zeiten des Engpasses auch schon mal seine Treter mit schwarzer Farbe. Und wenn es schwarze Fußballschuhe gibt, kauft er gern gleich sechs, sieben Paar auf einmal. Bei der VSG Altglienicke besitzt er aktuell vier schwarze Paar Schuhe, zwei davon sind für den Kunstrasen.

Die Schuhe sind ihm wichtig. Mit Technik und Stellungsspiel macht er die fehlende Schnelligkeit wett. „Bevor der Ball kommt, weiß ich, was ich mache", sagt Mattuschka. Auch in der 5. Liga bei Altglienicke spielt er immer noch gern direkt mit dem ersten Ballkontakt. „Das ist meine Spielweise. Das habe ich so drin, und dadurch mache ich auch das Spiel schnell, wenn man die Spieler hat, die damit rechnen", sagt Mattuschka. „So war es bei Union, außer in den ersten zwei, drei Jahren, in denen vom ‚Tusche-Kreisel' geredet wurde." Die etwas despektierliche Bezeichnung der Fans für das ihrer Meinung zu lange Ballhalten Mattuschkas inklusive Drehung mag der Spieler selbst nicht.

Bei den Rückennummern ist Mattuschka ziemlich konstant geblieben. In Cottbus entscheidet er sich im Sommer 2002 ohne Hintergedanken für die 34, die gerade frei ist. Beim 1. FC Union Berlin steht 2005/06 in der NOFV-Oberliga keine 34 zur Verfügung. „Da habe ich die Hälfte von 34 genommen", sagt Mattuschka. Die 17 wird bei den Eisernen sein Markenzeichen. Als er 2014 zu Energie zurückkehrt, nimmt er wieder die 34. Die streift er auch bei der VSG Altglienicke über. Auf die 17 verzichtet er, „weil die zu Union gehört".

Im August 2016 vergibt der 1. FC Union Mattuschkas alte Nummer 17 erstmals neu. Sie erhält der Schwede Simon Hedlund. „Ich hatte fünf Nummern zu Auswahl. Ich habe mich dafür entschieden, weil es die Glückszahl meines Beraters ist", sagt Hedlund. Mattuschka ist davon wenig begeistert.

Manche Dinge ändern sich aber nie. Mattuschka geht immer, auch im Jahr 2017, vor Spielen als letzter Fußballer aus der Kabine. „Ich frage immer, ob noch einer da ist. Wenn einer pinkeln muss, warte ich auf den. Einfach so ..."

Zahlen und Fakten

Persönliche Daten:
Geboren am: 4. Oktober 1980 in Cottbus
Größe: 1,86 Meter
Wettkampfgewicht: 83 plus x Kilogramm
Schuhgröße: 44
Familienstand: verheiratet mit Susanne seit dem 31.12.2011
Kinder: Tochter Miley (geboren am 5.7.2010)
Berufe: Maler und Lackierer, Fußballprofi, einfach Torsten Mattuschka sein

Sportliche Daten:
Position: Mittelfeld offensiv
Fuß: Rechtsfuß

Vereine als Spieler:

1985 bis 1988:	BSG Aufbau Merzdorf
1988 bis 1996:	BSG bzw. FC Energie Cottbus
1996 bis 1998:	SV Rot-Weiss Merzdorf
1998 bis 31.12. 2001:	SV Dissenchen 04
1.1.2001 bis 2005:	FC Energie Cottbus Amateure und Profis
2005 bis 31.8.2014:	1. FC Union Berlin
1.9.2014 bis 2016:	FC Energie Cottbus
Seit 2016:	VSG Altglienicke

Größte Erfolge
- 4 Erstligaspiele für Energie Cottbus 2002/03
- Topscorer der 2. Bundesliga 2013/14 für den 1. FC Union (12 Tore / 12 Vorlagen)
- Drittliga-Meister 2008/09 mit dem 1. FC Union inklusive Aufstieg in die 2. Bundesliga
- Landespokalsieger mit dem 1. FC Union 2007 und 2009 sowie mit Energie Cottbus 2015
- Union-Fußballer des Jahres 2009/10
- Torschützenkönig beim SV Dissenchen 04 in der Landesklasse Brandenburg 1999/00 und 2000/01

Gesamtbilanz

1. **Bundesliga: 4 Spiele / 0 Tore für Energie Cottbus**
2. **Bundesliga: 171 Spiele / 42 Tore**
   10 Spiele / 0 Tore für Energie Cottbus
   161 Spiele / 42 Tore für den 1. FC Union
3. **Liga: 86 Spiele / 6 Tore**
   35 Spiele / 3 Tore für den 1. FC Union
   51 Spiele / 3 Tore für Energie Cottbus

Regionalliga Nord (3. Spielklasse): 51 Spiele / 7 Tore für den 1. FC Union

NOFV-Oberliga Nord und Süd (4. Spielklasse): 103 Spiele / 41 Tore
   78 Spiele / 33 für Energie Cottbus
   25 Spiele / 8 Tore für den 1. FC Union

NOFV-Oberliga (5. Spielklasse): 15 Spiele / 5 Tore für VSG Altglienicke in der ersten Halbserie 2016/17

DFB-Pokal: 9 Spiele / 1 Tor für den 1. FC Union

Berliner Landespokal: 19 Spiele / 9 Tore
   18 Spiele / 9 Tore für den 1. FC Union
   1 Spiel / 0 Tore für VSG Altglienicke (Stand 31.12.2016)

Brandenburger Landespokal: mindestens 6 Spiele / 3 Tore
   6 Spiele / 3 Tore für Energie Cottbus und einige für den SV Dissenchen (keine genaue Angabe möglich)

Landesklasse Brandenburg: 100 Spiele / 100 Tore für den SV Dissenchen 04

Ranking in der Historie des 1. FC Union

Das 300. Pflichtspiel für den 1. FC Union blieb Torsten Mattuschka verwehrt. In der Vereinsgeschichte der Eisernen gehört er dennoch zu den ganz Großen. In allen Bestenlisten findet er sich wieder. Diese entsprechen dem Stand vom 31.12.2016. Von der Saison 2016/17 ist also nur die erste Halbserie berücksichtigt. Die mit einem Asterisk gekennzeichneten Spieler sind 2016/17 noch bei Union aktiv.

Meiste Pflichtspieleinsätze seit Vereinsgründung 1966

1. Lutz Hendel   421
2. Tom Persich   323
3. Joachim Sigusch   301
4. *Torsten Mattuschka* 299
5. Wolfgang Matthies   253
6. Jan Glinker   248
7. Christian Stuff   237
8. Ronny Nikol   228
9. Olaf Reinhold   228
10. Olaf Seier   226

Meiste Einsätze in der 2. Bundesliga (2001–2004, seit 2009)
1. Michael Parensen* 179
2. Torsten Mattuschka 161
3. Christopher Quiring 131
4. Damir Kreilach* 116
5. Patrick Kohlmann 114
6. Christian Stuff 116
7. Daniel Haas 115
8. Roberto Puncec* 109
9. Fabian Schönheim* 106
10. Steven Skrzybski* 96

Beste Pflichtspieltorschützen (seit 1966 inklusive Punkt-, Pokal-, Relegations-, UEFA-Cup- und Intercupspiele)
1. Karim Benyamina 87
2. Jacek Mencel 77
3. Uwe Borchardt 72
4. Torsten Mattuschka 70
5. Daniel Teixeira 67
6. Joachim Sigusch 62
7. Nico Patschinski 59
8. Sergej Barbarez 59
9. Meinhard Uentz 59
10. Matthias Zimmerling 53
11. Goran Markov 53

Beste Torschützen in der 2. Bundesliga (2001–2004, seit 2009)
1. Torsten Mattuschka 42
2. Damir Kreilach* 26
3. Simon Terodde 23
4. Steffen Baumgart 22
5. Sreto Ristic 22
6. John Jairo Mosquera 21
7. Christopher Quiring 19
8. Sören Brandy 18
9. Bobby Wood 17
10. Kostadin Widolow 17

Die Spiele im Männerbereich nach einzelnen Serien

1998/99 ist Torsten Mattuschka noch für die A-Junioren des SV Dissenchen spielberechtigt. Hauptsächlich läuft er aber für die Männer in der Landesklasse Staffel Süd (7. Spielklasse) auf. Weil die Tabellen aus dieser Zeit im Gegensatz zu den Profligen schwer zu finden sind, werden an dieser Stelle die Abschlusstabellen teilweise veröffentlicht.

1998/99
SV Dissenchen: Landesklasse Staffel Süd (Platz 3 von 16 Mannschaften)
Bilanz: Mattuschka erzielt 18 Treffer.

		Spiele	Tore	Punkte
1.	SV Werben 1892	30	92:35	73
2.	FSV Lauchhammer 08	30	54:32	54
3.	SV Dissenchen 04	30	49:35	54
4.	SV Großräschen	30	45:45	51

1999/00
SV Dissenchen: Landesklasse Süd (Platz 6 von 16)
Bilanz: 30 Treffer, davon 14 in der Hinrunde. Er wird Torschützenkönig.

1.	SV Einheit Drebkau	30	61:29	73
2.	FSV Lauchhammer 08	30	71:30	68
3.	KSV Tettau	30	82:35	62
4.	SV Süden Forst	30	67:31	56
5.	SV Großräschen	30	59:48	50
6.	SV Dissenchen 04	30	65:55	47

2000/01
SV Dissenchen: Landesklasse Staffel Süd (Platz 3 von 16)
Bilanz: Torschützenkönig mit 36 Treffern

1.	KSV Tettau	30	87:37	66
2.	SV Dissenchen 04	30	81:47	62
3.	SV Süden Forst	30	61:46	50

2001/02
SV Dissenchen (1. Halbserie): Landesklasse Staffel Süd (Endplatzierung Platz 3 von 16)
Bilanz: Nach der ersten Halbserie verabschiedet sich „Tusche" mit 16 Toren zu den Amateuren von Energie Cottbus II.

1. SV Chemie Guben 1990	30	81:44	62
2. FSV Lauchhammer 08	30	63:28	58
3. SV Dissenchen 04	30	62:44	56
4. SV Eintracht Ortrand	30	42:36	53

FC Energie Cottbus Amateure (2. Halbserie): NOFV-Oberliga Süd (Platz 9 / 44 Punkte)
Bilanz in der damals vierthöchsten Spielklasse: 12* Spiele / 2 Tore

2002/03
FC Energie Cottbus (Profis): 1. Bundesliga (Platz 17 / 30 Punkte / Abstieg)
Bilanz: 4 Spiele / 0 Tore
FC Energie Cottbus Amateure: NOFV-Oberliga Süd (Platz 8 / 46 Punkte)
Bilanz: 28 Spiele / 7 Tore

2003/04
FC Energie Cottbus (Profis): 2. Bundesliga (Platz 4 / 64 Punkte)
Bilanz: 4 Spiele / 0 Tore
FC Energie Cottbus Amateure: NOFV-Oberliga Süd (Platz 6 / 48 Punkte)
Bilanz: 17 Spiele / 14 Tore

2004/05
FC Energie Cottbus (Profis): 2. Bundesliga (Platz 14 / 39 Punkte)
Bilanz: 6 Spiele / 0 Tore
FC Energie Cottbus Amateure: NOFV-Oberliga Nord (Platz 7 / 53 Punkte)
Bilanz: 21 Spiele / 10 Tore

2005/06
1. FC Union Berlin: NOFV-Oberliga Nord (Platz 1 / 69 Punkte)
  Bilanz in der damals vierthöchsten Spielklasse: 25 Spiele / 8 Tore und 4 Einsätze im Landespokal (5 Tore)

2006/07
1. FC Union Berlin: Regionalliga Nord (Platz 12 / 48 Punkte)
  Bilanz in der damals dritthöchsten Spielklasse: 17 Spiele / 0 Tore und Landespokalsieger (5 Spiele / 0 Tore)

2007/08
1. FC Union Berlin: Regionalliga Nord (Platz 4 / 60 Punkte)
  Bilanz: 34 Spiele / 7 Tore sowie ein Einsatz im DFB-Pokal (0 Tore) und 3 im Landespokal (2 Tore)

2008/09
1. FC Union Berlin: 3. Liga (Platz 1 / 78 Punkte / Aufstieg)
  Bilanz: 35 Spiele / 3 Tore und Landespokalsieger (6 Spiele / 2 Tore)

---

* Transfermarkt.de weist wohl irrtümlicherweise nur 11 aus.

2009/10
1. FC Union Berlin: 2. Bundesliga (Platz 12 / 44 Punkte)
Bilanz: 34 Spiele / 10 Tore

2010/11
1. FC Union Berlin: 2. Bundesliga (Platz 11 / 42 Punkte)
Bilanz: 29 Spiele / 5 Tore und 1 DFB-Pokal-Spiel (0 Tore)

2011/12
1. FC Union Berlin: 2. Bundesliga (Platz 7 / 48 Punkte)
Bilanz: 31 Spiele / 5 Tore und 1 DFB-Pokal-Spiel (0 Tore)

2012/13
1. FC Union Berlin: 2. Bundesliga (Platz 7 / 49 Punkte)
Bilanz: 32 Spiele / 10 Tore und 2 DFB-Pokal-Spiele (0 Tore)

2013/14
1. FC Union Berlin: 2. Bundesliga (Platz 9 / 44 Punkte)
Bilanz: 33 Spiele / 12 Tore und 3 DFB-Pokal-Spiele (1 Tor)

2014/15
1. FC Union Berlin: 2. Bundesliga (Endplatzierung Platz 7 / 47 Punkte)
Bilanz: 2 Spiele / 0 Tore und 1 DFB-Pokal-Spiel (0 Tore)
Ab 1.9.2014 FC Energie Cottbus: 3. Liga (Platz 7 / 56 Punkte)
Bilanz: 28 Spiele / 2 Tore und Landespokalsieger (3 Spiele / 0 Tore)

2015/16
FC Energie Cottbus: 3. Liga (Platz 19 / 41 Punkte / Abstieg)
Bilanz: 24 Spiele / 1 Tor und 3 Landespokalspiele / 2 Tore

2016/17 (Stand zur Halbserie 2016/17)
VSG Altglienicke*: NOFV-Oberliga Nord (Platz 1 zur Halbserie)
Bilanz zur Halbserie: 15 Spiele / 5 Tore und 1 Partie im Landespokalspiel (0 Tore)

---

* Stand 31.12.2016 (ohne Nachholspiel in Rathenow/0:3)

Best of Mattuschka

Die zehn größten Spiele
Die Zeit beim 1. FC Union hat Torsten Mattuschka sehr geprägt. Bei der Auswahl seiner zehn größte Spielen erwähnt er nur Ligaspiele der Eisernen.

Platz 1
5.2.2011: Hertha BSC – 1. FC Union (1:2)
Am 21. Spieltag der 2. Bundesliga siegt Außenseiter 1. FC Union sensationell vor 74.244 Zuschauern im Berliner Olympiastadion mit 2:1 bei Hertha BSC. Union ist „Stadtmeister".

Platz 2
21.8.2005: 1. FC Union – BFC Dynamo (8:0)
Der 1. FC Union macht mit dem Uraltrivalen BFC Dynamo am 3. Spieltag der NOFV-Oberliga kurzen Prozess. 14.020 Fans sehen das Viertligaspiel und zwei Mattuschka-Treffer.

Platz 3
11.2.2013: Hertha BSC – 1. FC Union (2:2)
Wieder sind 74.244 Fans im Olympiastadion versammelt. Union führt nach 49 Minuten mit 2:0. Am Ende reicht es diesmal aber „nur" zu einem 2:2-Unentschieden.

Platz 4
21.8.2007: Eintracht Braunschweig – 1. FC Union (3:5)
In der Regionalliga Nord sieht Union nach einem 0:2- und 2:3-Rückstand fast schon wie der Verlierer aus. Doch alles wird gut – auch dank zweier Buden von „Tusche".

Platz 5
5.10.2012: FC St. Pauli – 1. FC Union (2:2)
Union sichert sich nach einem 1:2-Rückstand noch einen Zähler. Für den zweifachen Torschützen Mattuschka ist es der einzige Zweitliga-Doppelpack seiner Karriere.

Platz 6
31.8.2013: 1. FC Union – FC St. Pauli (3:2)
In diesem Zweitligaspiel liegt Union nach sechs Minuten mit 0:2 zurück. Vor 21.717 Zuschauern im Stadion An der Alten Försterei gelingt aber noch ein 3:2-Erfolg.

Platz 7
9.5.2009: 1. FC Union – Jahn Regensburg (2:0)
Am viertletzten Spieltag der 3. Liga macht Union den Zweitliga-Aufstieg im Jahn-Sportpark perfekt. Zur Feier geht es in die Alte Försterei, die in dieser Saison modernisiert wird.

Platz 8
25.10. 2008: 1. FC Union – SC Paderborn (3:2)
Im Drittliga-Spiel steht es 0:2 nach 66 Minuten. Michael Bemben sieht Gelb-Rot. Aber in Unterzahl gewinnt Union noch durch Tore von Karim Benyamina (2) und Nico Patschinski.
Platz 9
9.8.2013: Dynamo Dresden – 1. FC Union (1:3)
Bei den Sachsen zeigt Union eine der besten Leistungen in dieser Zweitliga-Saison. Mattuschka gelingt das Tor zum 2:0 (25.). Das 1:0 legt er Sören Brandy auf.
Platz 10
7.8.2009: Rot-Weiß Oberhausen – 1. FC Union (0:3)
Es ist das erste Zweitligaspiel für Union seit dem Wiederaufstieg. Mattuschka bereitet das 2:0 von Karim Benyamina vor. Das 3:0 erzielt er selbst.

Die zehn schönsten und wichtigsten Treffer

Tore kommen und gehen. Einige hat Torsten Mattuschka aber nicht vergessen. Nicht immer sind sie attraktiv, aber drin ist bekanntlich drin. Ein von ihm ausgewähltes Tor schoss er noch nicht einmal selbst.

Platz 1
5.2.2011: Hertha BSC – 1. FC Union (Endstand 1:2, Tor zum 1:2)
In diesem Zweitligaspiel schießt Mattuschka das bedeutendste Tor seines Lebens. Der direkt verwandelte Freistoß zum 2:1 ist nicht schön, der Jubel im Anschluss aber unbeschreiblich.
Platz 2
17.4.2010: 1. FC Union – FC St. Pauli (2:1, zum 1:0)
Der FC St. Pauli gehört zu den Lieblingsopfern von Mattuschka. Mit einem direkt verwandelten Freistoß bringt er Union in Liga zwei auf die Siegerstraße.
Platz 3
5.10.2012: FC St. Pauli – 1. FC Union (2:2, zum 2:2)
Nie zuvor und danach schießt Mattuschka wuchtiger als an diesem Freitagabend am Millerntor. Der Dropkick schlägt aus 18 Metern halbrechts unter der Latte ein.
Platz 4
21.8.2007: Eintracht Braunschweig – 1. FC Union (3:5, zum 3:4)
Der direkt verwandelte Freistoß zum 4:3 ist das erste Saisontor Mattuschkas. Mit dem Dreier in Braunschweig kommt Union in der damals drittklassigen Regionalliga Nord in Schwung.

Platz 5
5.10.2012: FC St. Pauli – 1. FC Union (2:2, zum 0:1)
Das 2:2 in dieser Partie hat „Tusche" schon auf Platz drei gewählt. Die 1:0-Führung ist nicht weniger fetzig. Der Fernschuss landet links oben im Knick.
Platz 6
21.9.2012: 1. FC Union – 1. FC Köln (2:1, zum 2:1)
In der Zweitliga-Saison 2012/13 reicht es gegen Köln erst am 6. Spieltag zum ersten Saisonsieg. Mattuschka holt in der 56. Minute den Siegtreffer heraus.
Platz 7
21.8.2005: 1. FC Union – BFC Dynamo (8:0, zum 1:0)
Sein erstes Saisontor hebt sich Mattuschka für ein besonderes Spiel auf. Er legt auch das 2:0 nach. Was der Sieg gegen den Hassgegner des Vereins bedeutet, erfährt er erst später.
Platz 8
11.9.2011: 1. FC Union – FC Ingolstadt (4:1, zum 2:1 durch Silvio)
Den Treffer zum 2:1 erzielt nicht Mattuschka. Er assistiert aber, indem er einen Flugball von Patrick Kohlmann direkt in den Strafraum weiterleitet. Dort vollstreckt der Brasilianer Silvio per Seitfallzieher. Die Zuschauer der ARD-*Sportschau* wählen es zum „Tor des Monats".
Platz 9
25.9.2013: VfL Osnabrück – 1. FC Union (0:1, zum 0:1)
Der Elfmeter beim Drittligisten landet im rechten unteren Eck. Mattuschka jubelt ausgelassen. Erstmals zieht er mit Union in die 3. DFB-Pokalrunde ein.
Platz 10
29.2.2008: VfL Wolfsburg II – 1. FC Union (0:3, zum 0:1)
„Der Schuss ging aus 35 Metern rein", sagt Mattuschka. Es ist das 1:0. Union freut sich am Ende über einen 3:0-Triumph bei der Reserve des Bundesligisten.

Die zehn traurigsten Momente seiner Karriere

Das Leben eines Fußballers besteht nicht nur aus Freude, Friede und Eierkuchen. Dramen gehören im Sport dazu. Auch eine Frohnatur wie Mattuschka bleibt davon nicht verschont.

Platz 1
31.8.2014: Abschied beim 1. FC Union
Der vorzeitige Abgang bei Union schmerzt Mattuschka bis heute. Eigentlich wollte der Mittelfeldspieler seine Karriere in Köpenick beenden.
Platz 2
14.5.2015: Drittliga-Abstieg mit Energie Cottbus
Die 2:3-Niederlage gegen Mainz 05 II nach 2:1-Führung bedeutet für Cottbus den Absturz in die Regionalliga. Der Verein versinkt im Chaos. Der Vertrag von Mattuschka wird ungültig.

Platz 3
12.8.2011: Dynamo Dresden – 1. FC Union (4:0)
Es ist eines der größten Zweitliga-Debakel der Berliner. Es geht überhaupt nichts. Die Fans sind sauer, die Spieler enttäuscht.

Platz 4
31.5.2008: 1. FC Union – Rot-Weiß Oberhausen (0:3)
Vor dem letzten Spieltag der Regionalliga Nord hofft Union noch auf den Aufstieg in die 2. Liga. Doch die eigene Pleite und Siege der Konkurrenz lassen den Traum platzen.

Platz 5
20.3.2011: 1. FC Union – Arminia Bielefeld (2:2)
Mattuschka sieht nach 26 Minuten die Rote Karte. Sein Mitspieler John Jairo Mosquera erhält in der Schlussphase Gelb-Rot. Union punktet dennoch bei diesem Zweitliga-Kick.

Platz 6
3.2.2013: SC Paderborn – 1. FC Union (3:2)
Vor der Pause besorgt Mattuschka den 1:1-Ausgleich. Im zweiten Abschnitt fliegt er mit Gelb-Rot vom Platz. Dadurch fehlt er eine Woche später beim 4:0-Sieg gegen Dresden.

Platz 7
31.5.2008: 1. FC Union – Rot-Weiß Oberhausen (0:3)
Das Spiel wurmt Mattuschka doppelt (siehe Platz 4). Die Rote Karte nach 44 Minuten bezeichnet er übrigens wie alle seine Hinausstellungen in Liga zwei als „Witz".

Platz 8
15.8.2010: Hallescher FC – 1. FC Union (1:0)
Im Leipziger WM-Stadion wird Union gegen den Viertligisten Hallescher FC der Favoritenrolle nicht gerecht. Der Zweitligist scheidet in Runde eins des DFB-Pokals aus.

Platz 9
11.2.2011: 1. FC Union – VfL Osnabrück (3:3)
Sechs Tage zuvor war Mattuschka in der Zweitligapartie bei Hertha BSC (2:1) noch Derbyheld. Gegen Osnabrück scheitert er beim Stand von 3:3 mit einem Elfmeter (87.) an Tino Berbig.

Platz 10
13.12.2014 Dynamo Dresden – Energie Cottbus (1:0)
In Dresden führt Dynamo im Drittligamatch mit 1:0. Cottbus hat kurz vor Schluss die Strafstoßchance zum Ausgleich. Doch Mattuschka überwindet Patrick Wiegers nicht.

„Tusches" Lieblings-Stadien

Die Auswahl ist groß. Dennoch hat Mattuschka nicht nur Fußballstadien gefunden. Er mischte noch eine Kultstätte einer anderen Sportart unter. Verwendet werden die aktuellen Stadionamen.

1. Stadion An der Alten Försterei (Spielstätte des 1. FC Union)
2. Signal Iduna Park (Borussia Dortmund)
3. DDV-Stadion (Dynamo Dresden)
4. Allianz Arena (Bayern München und 1860 München)
5. Millerntor-Stadion (FC St. Pauli)
6. Olympiastadion Berlin (Hertha BSC, aber nur wenn Union dort spielt)
7. Eintracht-Stadion (Eintracht Braunschweig)
8. Alexandra Palace London („Ally Pally", Darts-WM)
9. Sportplatz SV Rot-Weiss Merzdorf
10. Sportplatz SV Dissenchen 04

„Tusches" All-Star-Team

Torsten Mattuschka konnte gar nicht alle Spieler in „Tusches" All-Star-Team unterbringen, die er in Erwägung zog. Er hat sich für eine Mannschaft entschieden, die jeweils elf Kicker pro Halbzeit stellt. Zudem sitzen sieben Ersatzspieler auf der Bank.

Mit den meisten arbeitete Mattuschka bei Union zusammen. Thomas Reichenberger, Gunnar Berntsen, Manuel Zeitz, Fanol Perdedaj und Ronny Thielemann kennt Mattuschka nur aus Cottbus. Mit seinem Trauzeugen Daniel Dubrau mischte Mattuschka als Spieler die Konkurrenten des SV Rot-Weiss Merzdorf und SV Dissenchen 04 auf.

Chef des üppigen Trainer- und Betreuerstabes ist Trainer Uwe Neuhaus, mit dem Mattuschka von 2007 bis 2014 die erfolgreichste Zeit seiner Karriere erlebte.

TEAM 1. HALBZEIT:

TEAM 2. HALBZEIT:

Bank: Daniel Haas (Tor), Macchambes Younga-Mouhani, Guido Spork, Ronny Nikol, Ronny Thielemann, Daniel Dubrau, Fanol Perdedaj
Cheftrainer: Uwe Neuhaus
Co-Trainer: Holger Bahra, Stefan Krämer, André Hofschneider, René Rydlewicz
Busfahrer: Sven Weinel
Mannschaftsbetreuer: Detlef Schneeweiß, André Rohbock, Elvira Henschke
Physiotherapeuten und Athletik-Trainer: Frank Placzek, Hendrik Schreiber, Thomas Riedel, Oliver Krautz
Ärzte: Tankred Haase, Andreas Koch

Quellenverzeichnis

Soweit nicht anders gekennzeichnet, stammen alle Interviews und Fließtext-Zitate aus Gesprächen, die ich mit Torsten Mattuschka und Zeitzeugen geführt habe. Weitere Quellen sind:

Archive und Sammlungen von Matthias Koch, Rudi Kusatz und Manuel Wilde.

Broschüren, Programmhefte und Presseinformationen des 1. FC Union Berlin.

Broschüren, Programmhefte und Presseinformationen von Energie Cottbus.

Deutscher Sportclub für Fußballstatistiken (D.S.F.S.), Nordost-Almanach 2002/03, 2003/04 und 2004/05 (Jahrbücher über den Fußball im Nordosten), http://www.dsfs.de/index.php?id=359 (abgerufen am 4.4.2017).

Fanzines des 1. FC Union (*Die Waldseite, Wuhleprädikat Wertvoll*)

Koch, Matthias: *Da wie noch nie, Energie Cottbus, Das Wunder aus der Lausitz*, Verlag das Neue Berlin, Eulenspiegel-Verlagsgruppe, Berlin 2004.

Koch, Matthias: *Immer weiter – ganz nach vorn, Die Geschichte des 1. FC Union Berlin*, Verlag die Werkstatt, Göttingen 2013.

Zeitungen und Zeitschriften

Berliner Kurier, Berliner Morgenpost, Berliner Zeitung, Bild-Zeitung Berlin-Brandenburg, B.Z., Fußball-Woche, Kicker Sportmagazin, Lausitzer Rundschau, Märkische Allgemeine, Neues Deutschland, Sport Bild, Der Tagesspiegel 11Freunde.

Webseiten

www.fcenergie.de
www.fcenergie-museum.de
www.fc-union-berlin.de
www.immerunioner.de
www.kicker.de
www.textilvergehen.de
www.transfermarkt.de
www.tsawnica.de (Internetpräsenz des Heimatvereins Tranitz – Tšawnica)
www.unionforum.de
www.vfl-nauen.de (Fußball-Archiv VfL Nauen)
www.wuhlesyndikat.de

Dank

Mein Dank gilt in erster Linie Torsten Mattuschka. In unzähligen Treffen und Telefonaten hat er mir tiefe Einblicke in sein Leben und privates Umfeld gewährt, damit diese von ihm autorisierte Biografie entstehen konnte.

Ich danke zudem allen Gesprächs- und Interviewpartnern, die mir im Rahmen meiner sportjournalistischen Tätigkeit oder der Buchrecherche zur Verfügung standen, vor allem: Holger Bahra, Christian Beeck, Karim Benyamina, Shergo Biran, Daniel Böhm, Sören Brandy, Björn Brunnemann, Daniel Dubrau, Bodo Fietze, Jürgen Franz, Marco Gebhardt, Eduard Geyer, Bernhard Hansch, Joachim Helas, Karl-Heinz Jahn, Uwe Neuhaus, Christoph Kramer, Stefan Krämer, Patrick Kohlmann, Denis Kutrieb, Timo Laschke, Jan Lehmann, Thomas Lehmann, Toni Leistner, Frank Lieberam, Christa Mattuschka, Susanne Mattuschka, Christoph Menz, Jürgen Meseck, Detlef Müller, Jörg Neubauer, Wolfgang Neubert, Uwe Neuhaus, Ulrich Nikolinski, Andreas Raack, Thomas Reichenberger, Petrik Sander, Christian Schreier, Christian Stuff, Horst Schudack, Detlef Schwarz, Lars Töffling, Detlef Ullrich, Claus-Dieter Wollitz, Katja Wuchold und Robert Zeitz.

Archive öffneten für mich Horst Bläsig (*Fußball-Woche*), Max Bosse (*Berliner Zeitung*), Anita Dubrau, Jirka Grahl (*Neues Deutschland*), Angelika Schreiter (*Lausitzer Rundschau*), Statistiker Frank Leonhardt sowie die Sammler Rudi Kusatz und Manuel Wilde. Kontakte zu früheren Nachwuchstrainern des FC Energie Cottbus stellte René Stiller her. Die Medienabteilung des 1. FC Union vermittelt mir seit Jahren Gesprächspartner nach Trainingseinheiten und Spielen.

Ein besonderes Dankeschön hat sich mal wieder meine Familie verdient, die ab und an viel zu kurz kommt. „Leider" muss ich Jana und Maxi Koch an dieser Stelle mitteilen, dass wohl noch weitere Fußballbücher folgen werden. Meine Eltern Ursel und Thomas Koch waren die ersten Korrekturleser. Mein Vater, der mit Fußball nichts am Hut hat, kennt nun sogar die Melodie des Mattuschka-Liedes.

Verfeinert wurden die Texte durch die Lektoren Julia Vogt und Hardy Grüne vom Verlag die Werkstatt, bei dem ich sehr gern publiziere. Von der Idee bis zur Umsetzung hat es über drei Jahre gedauert. Bernd Beyer beziehungsweise Christoph Schottes haben mich stets ohne Druck machen lassen.

Der Autor

Matthias Koch, 1970 in Berlin-Köpenick geboren, arbeitete nach Abitur und Berufsausbildung zum Offsetdrucker (1987–90) ein Jahr lang in Oberschöneweide als Drucker. Den Entschluss, Lehrer für Geschichte und Sport zu werden, revidierte er nach etlichen Jahren des Studiums, um ab 1999 seinen Traum vom Sportjournalismus zu verwirklichen. Von 2003 bis 2008 war er als Volontär und im Anschluss als Sportredakteur fest angestellt bei *Neues Deutschland*.

Seitdem schreibt er als freier Mitarbeiter in erster Linie über den Fußball in den neuen Bundesländern, u. a. für *Fußball-Woche, Bild, B.Z., dpa Berlin/Brandenburg, Neues Deutschland, Kicker Sportmagazin, Ostthüringer Zeitung* und *Tagesspiegel*.

Seit 2001 hat er auch immer eine professionelle Fotoausrüstung dabei. Seine Fotos (www.matzekoch.com) erscheinen regelmäßig in Berliner Zeitungen und Fachmagazinen. 2011 und 2015 belegte er beim Wettbewerb „Sportfoto des Jahres" des Verbandes Deutscher Sportjournalisten (VDS) in der Kategorie „Fußball" jeweils den zweiten Platz. Als Journalist beziehungsweise Fotograf war Koch für die Fußball-WM 2006 sowie die Europameisterschaften 2004, 2008, 2012 und 2016 akkreditiert.

Das Geschehen beim 1. FC Union Berlin verfolgt er seit Ende der 1970er Jahre, seit 1999 als Journalist. Er beobachtet regelmäßig das Training und sieht fast alle Pflicht- und Testspiele Unions. Bei Motor Köpenick/Köpenicker SC kickte er über 20 Jahre lang aktiv Fußball. Parallel trainierte er von 1985 bis 2000 Nachwuchsteams bei seinem Heimatverein sowie zwischen 2000 und 2002 beim 1. FC Union. Koch lebt in Berlin-Grünau, ist verheiratet und hat eine Tochter.

Torsten Mattuschka mit Autor Matthias Koch

448 S., 17 x 24 cm, Hardcover, viele Farbfotos
ISBN 978-3-7307-0049-5, € 24,90

»Das erste Kultbuch über den Kult-Klub.« *(B.Z.)*

»Man muss schon sagen, da hat sich einer was getraut.
Fazit: Daumen hoch, kaufen!« *(Neues Deutschland)*

»Es ist schon nach erstem Augenschein eines der besseren
Bücher, wenn nicht das beste Buch über unseren Verein,
das je erschienen ist.« *(Union-Stadionheft)*

»Koch liefert Fakten in aller nur möglichen Hülle und Fülle.
Die Fans von Union werden es ihm danken.« *(11Freunde)*

VERLAG DIE WERKSTATT
www.werkstatt-verlag.de

206 S., Großformat, Hardcover, viele Farbfotos
ISBN 978-3-7307-0178-2, € 19,90

»Dieses Buch ist eine Wucht. ... Trefflich bebildert bietet dieser Kopfkissenzerwühler nicht nur Sporthistorie. Man schmökert deutsche Volksgeschichte, von der Nachkriegszeit bis in unsere Tage.« *(Zeit Online)*

»Weise trifft stets den richtigen Ton, und spannend schreiben kann er sowieso. ... Die Mischung aus Vereinschronik, Spielreportagen, Interviews mit Zeitzeugen, historischen Hintergründen und subjektiven Reminiszenzen ist fast perfekt gelungen.« *(11Freunde)*

VERLAG DIE WERKSTATT
www.werkstatt-verlag.de